市場サイクルを極める

勝率を高める王道の投資哲学

ハワード・マークス
貫井佳子訳

MASTERING THE MARKET CYCLE
Getting the Odds on Your Side
HOWARD MARKS

日本経済新聞出版

市場サイクルを極める——勝率を高める王道の投資哲学

Mastering the Market Cycle
by
Howard Marks

Japanese translation published by arrangement
with Howard Marks c/o Levine Greenberg Rostan Literary Agency
through The English Agency (Japan) Ltd.

ナンシー、
ジェーン、ジャスティン、ロージー、サム、
アンドリュー、レイチェルに心から愛を込めて

目次

はじめに

七年前、私は『投資で一番大切な20の教え――賢い投資家になるための隠れた常識』という本を著し、投資家が最大の注意を傾けるべき点について記した。そこで、「一番大切なのは、サイクルに注意を向けること」と書いたのだが、実はこの「一番大切なのは」というフレーズは、ほかの一九の要素に関しても用いた。投資において、たった一つの最も重要なことなど存在しない。同書で論じた二〇の要素一つひとつが、成功を願う投資家にとって絶対に欠かせないものなのである。

ナショナル・フットボール・リーグ（ＮＦＬ）グリーンベイ・パッカーズの伝説的なヘッドコーチ、ビンス・ロンバルディは、「勝利がすべてなのではない。勝利にしか価値はないのだ」という名言で知られる。ロンバルディの真意は知る由もないが、一番大切なのは勝つことだと考えていた点は疑いない。私としては、ロンバルディのように、サイクルを理解することが投資においてすべてである、あるいは唯一価値のあることである、とは断言できない。だが、それが二〇ある中で最重要項目に間違いなく一番近い要素だと考えている。

これまでに私が知り合ったすぐれた投資家の大半は、サイクルが一般的にどのような動きをするか、そして今、サイクルのどこに位置しているのかを察知する類いまれな感覚を身につけている。こうした感覚のおかげで、先行きに備えたポートフォリオを組むという卓越した仕事を成し遂げているのだ。私の会社オークツリー・キャピタル・マネジメントの成功も、大部分がサイクルのタイミングをうまくとらえること（そして、そこに効果的な投資アプローチと非凡な人材という要素が組み合わさること）によって実現したものだ。

こうした理由から、また個人的にサイクルの変動に並々ならぬ興味をかきたてられていること、顧客に特によく聞かれる質問が「今、サイクルのどこに位置しているのか」であること、そしてサイクルの根本的な性質について書かれた文献がほとんど存在しないことから、私は『投資で一番大切な20の教え』の続編として、サイクルとは何かというテーマに的を絞った本を書く決意をした。役に立つ一冊だと思っていただけたら幸いである。

我々が生きる世界には、繰り返し生じては我々の行動や生活に影響を及ぼすパターンや出来事がある。たとえば、冬は夏よりも寒く、雪が降りやすい。昼は夜よりも明るい。だから人は冬にスキー旅行を、夏に船旅を計画し、昼間は仕事や娯楽に時間を費やして、夜に睡眠をとる。夕暮れが迫ると明かりをつけ、寝るときに消す。冬が近づけば暖かいコートを、夏が来れば水着を出す。中には、爽快感を味わおうと冬に海で泳いだり、昼の時間を自由に使いたくて夜勤を選んだりする者もいるが、大多数の人は通常の周期的なパターンに従って活動し、日々の生活をすごしやすくしている。

我々人間は、決断を下しやすくしたり、利益を増やしたり、痛みを避けたりするために、パターンを認識し、理解する能力を用いている。重要なのは、我々が繰り返されるパターンに関する知識を頼みとしており、だからこそ一つひとつの決断をゼロの状態から下さずに済んでいるということだ。アメリカ人はハリケーンが九月に最も発生しやすいと知っており、その時期にカリブ地域へ行くのを避ける。ニューヨーカーは、ニューヨークよりも現地の気温が高くなる冬に、フロリダ州マイアミやアリゾナ州フェニックスへの出張を計画する。また今が一月なら、毎朝起きるたびに今日は暖かいのか、寒いのか、何を着ればよいのかと考えなくても済む。

経済や企業や市場もパターンに従って動く。そうしたパターンの中には、俗にサイクルと呼ばれるものがある。サイクルは自然発生的な現象に起因するが、重要なことに人間の心理の浮き沈みや、その結果生じた人間の行動に端を発する場合もある。人間の心理や行動はサイクルの形成においてきわめて大きな役割を果たすため、そのような要因から生じたサイクルは時計やカレンダーと同じほど規則正しくはならない。それでもそのサイクルは、特定の行動に好不調の波をもたらし、投資家に多大な影響を及ぼしうるのだ。投資の世界では、サイクルに注意を向けていれば優位に立つことができる。過去のサイクルを研究し、それらがどのようにして始まったのかを理解し、知識として取り込み、次に生じるサイクルへの警戒を怠らずにいれば、投資環境が変化するたびに一からやり直して把握する必要はなくなる。また、何らかの出来事で不意打ちを食らう危険性も低下する。繰り返し起こるパターンに習熟し、よりすばらしい投資家生活を送ることも可能なのだ。

〜

サイクルに注意を向けよ。これは私が何よりも強く伝えたいメッセージだが、「サイクルに耳を傾けよ」と言い換えるべきかもしれない。オンライン辞書のディクショナリー・コム（Dictionary.com）は、「耳を傾ける（listen）」という動詞について、関連性は強いが異なる二つの定義を示している。一つ目は「聞くために細心の注意を向ける」、二つ目は「留意する（heed）」である。どちらの定義も、私がこれから書こうとしていることに関連している。環境の変化（そして、それが市場の先行きに及ぼす影響）に対応できるようにポートフォリオを組むために、投資家は注意力を研ぎ澄ませつづける必要がある。出来事は、特定の環境内で活動する者すべてに平等に降りかかる。だが、そうした出来事にみなが同じように耳を傾ける、つまり注意を向け、認識し、そしてできることならば、その含蓄するものを見出すわけではない。

また、みなが同様に留意することがないのも確かだ。この場合の「留意する（heed）」とは、「言うことを聞く、心に留める、従って行動する、肝に銘じる」という意味だ。「教訓を学び、その教訓が命じるところに従う」とも言い換えられる。「耳を傾ける」という意味で使う、この「留意する」のニュアンスは、その反意語を並べれば、よりうまく伝わるだろうか。反意語とは、無視する、ないがしろにする、軽視する、退ける、見過ごす、なおざりにする、敬遠する、あざ笑う、背く、耳を貸さない、聞く耳を持たない、注意を寄せない、である。いつだって、今、サイクルのどこに位置しているのかという点をないがしろにする投資家は、深刻な事態を招き、苦しむはめになるのだ。

本書が伝えることを最大限に生かすには（そして最も効果的にサイクルに対処するには）、投資家はサイクルを認識し、評価し、どうすべきかをそこから読み取ろうとし、それが示すとおりに動く術《すべ》を身につけなければならない。このようにして耳を傾ける投資家は、サイクルを大混乱を引き起こす制御不能な荒々しい力から、理解し、乗じることのできる現象へと変えられるだろう。サイクルは、著しいアウトパフォーマンスをもたらす鉱脈にもなりうるのだ。

〜

成功をもたらす投資哲学は、数多くの必須要素が組み合わさることによってしか生まれえない。

●会計、金融、経済などの分野の知識や技能が投資哲学の土台となるが、それらは必要条件であり、決して十分条件ではない。

●市場がどう動くかという点に関する見解は重要であり、投資を始める前に有しておくべきだが、投資活動を進めるなかで補足したり、問い直したり、磨きをかけたり、新たにしたりする必要がある。

●当初の見解には、それまでに読んだ書物から得たものがある程度、反映されるだろう。読書は投資家に必要不可欠な基本要素だ。読書を続ければ、魅力的だと感じたアイデアを取り入れ、取るに足らないアイデアは切り捨てることによって、自身の投資アプローチの効果を高められる。重要なのは、投資という分野に固執せず、他の領域の本を読むのが役に立つという点だ。伝説的な投資家のチャーリー・マンガーは、さまざまな分野の本を読むことの利点をよく説く。他の分野における歴史や物事の変遷を知ることは、効果的な投資アプローチや決断に一段と寄与しうる。

●投資家仲間との意見交換は、かけがえのない成長の源となる可能性がある。投資の非科学性を考慮すれば、学ぶべきことに終わりはない。見識を独り占めする個人もいない。誰とも交わらずに投資を行うこともできるが、そうした孤独な投資家は情報の面でも、対人関係の面でも見失うものが大きいと私は考える。

●最後に、何と言っても経験に代わるものはない。私自身、投資に対する考え方は毎年変わっている。そして、その時々のサイクルを切り抜けてきた経験から、次に生じるサイクルにどう対処すべきかを、おのずと学んできた。読者には、投資家生活を長く続けるよう勧めたい。

すぐにでもやめる必要などない。

こうして本を執筆することで、これまで自分の投資観と職業人生模様に多大な影響を与えてくれた人々へ感謝の意を表する、願ってもない機会に私は恵まれた。

●私はピーター・バーンスタイン、ジョン・ケネス・ガルブレイス、ナシーム・ニコラス・タレブ、チャールズ・エリスの著作から、非常に多くのことを学んできた。

●これまで『投資で一番大切な20の教え』や顧客向けレターなどでセス・クラーマン、チャーリー・マンガー、ウォーレン・バフェット、ブルース・ニューバーグ、マイケル・ミルケン、ジェイコブ・ロスチャイルド、トッド・コームズ、ロジャー・アルトマン、ジョエル・グリーンブラット、ピーター・カウフマン、ダグラス・カスらの言葉を引用してきた。その一部は、本書でも取り上げている。また、子どもの都合を優先し、二〇一三年に家族そろってニューヨークへ引っ越したことで、幸運にもオスカー・シェーファー、ジム・ティッシュ、アジット・ジェインと出会い、新たな刺激を受けた。これらの人々の物の見方は、私自身の物の見方に広がりをもたらしてくれた。

●最後に、とりわけ大切な協力者たちにあらためて感謝の意を表したい。オークツリーの共同創業者であるブルース・カーシュ、シェルドン・ストーン、リチャード・マッソン、ラリー・キールだ。光栄にも、私の哲学をオークツリーの投資アプローチの礎《いしずえ》とすることを受け入れ、みごとに生かし（そして認知度を高めることに成功し）、三十余年にわたってともに歩むなかで、それをさらに強固にする手助けをしてくれた。本編をお読みいただければわかるように、この三十余年間、ブルースと私は毎日のように互いに意見を交わし、支え合ってきた。そして、（とりわけ非常に厳しい時期における）この持ちつ持たれつの関係が、この本のテーマであるサイクルに対するアプローチを築くうえで、欠くことのできない要素となってきたのである。

本書の出版にあたり、重要な役割を担ってくれた人たちにも、お礼を言いたい。HMHの有能な担当編集者リック・ウォルフ、リックを紹介してくれた優秀なエージェントのジム・レビーン、事あるごとに本書がより魅力的になるよう、後押ししてくれた親友カレン・マック・ゴールドスミス、そして長年にわたり私を強く支えつづけてきてくれたアシスタントのキャロライン・ヒールドの諸氏だ。最後に、シカゴ大学ブース・スクール・オブ・ビジネスのランドール・クロズナー教授が、景気サイクルと政府の干渉について論じた第4章と第5章に目を通してくれたことを特記しておく。

知識は蓄積されていくものだが、あらゆる知識を身につけるのは不可能だ。だから私は、今後さらに自分の知識が深まることを楽しみにしている。投資の世界では、つねに通用するものなどない。環境が絶えず変化しているうえ、それに対応しようとする投資家の取り組みがさらに変化をもたらすからだ。だからこそ、これから先も今の自分にない知識を身につけていきたいと思っている。そして、顧客向けレターや本を通じ、みなさんとそれを共有する日を心待ちにしている。

著者注記

1 『投資で一番大切な20の教え』の場合と同じく、本書全般で、投資家の代名詞として男性を示す単語を一貫して用いている点について、あらかじめお断りをしておきたい。これは、六〇年も前に書く仕事を始めた者の惰性によるものと言える。私にとっては、「彼または彼女」と書くよりも「彼」と書くほうがはるかに楽であり、つい、そうしたくなってしまうのだ。場合によって「彼」と書いたり「彼女」と書いたりしたところで、わざとらしいと思われるだろう。また、一人の人間を対象としているのに「彼ら」という主語を使うのは嫌なのだ。光栄にも、これまでの経歴の中でともに働く機会を持てた非常に有能な女性たちには、私があらゆる点で、同じような立場にある男性の場合と変わらず、彼女らをプロ、そして投資家として見ている点をご理解いただいている。

2

やはり前作の場合と同じく、本書でも要点をはっきり伝えるために、一九九〇年から書きつづけてきた顧客向けレターを折に触れて引用する。そして前作の記述も引用する。同じテーマについて、また一から新たな形で書き直すというやり方もあったが、それはせず、過去の顧客向けレターから、そのレターの主旨がよくわかる重要な文章を引用する。そのせいで、購入した読者が本書に値段相応の価値がないと感じるようなことがなければよいのだが……。

本書の目的を前面に打ち出すために、場合によっては引用文に加筆や削除といった修正を加えたり、原典とは段落の順番を変えて引用したりしている。もともと自分が書いたものであるため、いちいち変更点を注記しなくても特に問題はないだろう。とはいえ、そうした変更を行うのは、引用文の有用性が高まる場合に限っている。後知恵から意味を変えたり、より正確性を高めたりしようとして変更していることはない。

3

そしてもう一点、やはり前作の場合と同じく、本書では（投資全般がそうであるように）重複しており、きれいに分けて別々の章で論じることができない諸要素がかかわる、複雑なトピックを取り扱う。中には複数の箇所で言及している要素もあり、ほかの人物の特筆すべき言葉や、何度も取り上げずにはいられない私の本や顧客向けレターからの引用とともに、同じような話が繰り返し出てくると読者は感じることだろう。

4

注意していただきたいのは、本書で「投資」という言葉を使う場合、投資家が買うこと、継続保有すること、あるいは特定の資産が値上がりすると見込んで買い持ちする（いわゆる「ロング・ポジションをとる」）ことを想定しているという点だ。買い持ちとは、値下がりするとの見通しから保有していない証券を借りて売る、空売り（売り持ちする、「ショート・ポジションをとる」とも言う）の対義語である。投資家はいつも「ショート」ではなく「ロング」のポジションをとっているわけではないが、ほとんどの場合は「ロング」ポジションをとっている。株式を空売りする、さらには「ネット・ショート・ポジション」（ショート・ポジションの総額が保有している株式の総額を上回っている状態）をとる投資家の数は、それ以外の投資家の数に比べると非常に少ない。したがって、本書では価格低下を見込んで資産を空売りすることではなく、価格上昇を期待して資産を買うことに限定して話を進める。

5

当初は本書のテーマをサイクルだけに絞る予定だったが、執筆を進めるうちに、資産選択や「落下するナイフを掴む」行為といった他のトピックに関する考えがいくつも頭に浮かんできた。そこで、それらも切り捨てずに本書で論じることにした。本来の目的から逸脱したわけではなく、ボーナスとしてつけ加えたつもりだ。こうして広がりを持たせた本書の内容にご満足いただけたら幸いである。

第1章

なぜサイクルを研究するのか？

サイクルの中での立ち位置が変わると、勝ち目も変わる。情勢が変化しても投資スタンスを変えないのであれば、サイクルに関して受け身の姿勢をとっていることになる。言い換えると、自分に有利な勝ち目を引き寄せるチャンスを見逃しているのだ。だが、サイクルに関する何らかの見識を生かせば、勝ち目が大きくなったときには投資額を増やしてより積極果敢な投資を行い、勝ち目が乏しくなったときには投資額を減らしてより防御性を高めることができるのだ。

投資とは将来の金融情勢に備えることである。その定義は単純明快だ。むこう数年に生じる出来事から利益が得られると期待されるポートフォリオを今、組むのである。

プロの投資家にとっての成功とは、平均的な投資家を上回る利益をあげること、言い換えると、属する市場のベンチマーク（そのパフォーマンスは他のすべての投資家の行動によって決まる）をアウトパフォームすることである。だがそのような成功を実現させるのは、決して容易ではない。平均的なパフォーマンスをあげるのはきわめて簡単だが、平均を上回るのはかなり困難だ。

私の投資哲学の根底にある非常に重要な要素の一つは、経済や市場や地政学といった「マクロ情勢の未来」に何が待ち受けているかは知りえない、という確信だ。もっとはっきり言えば、結局のところ、ほかの者よりもマクロ情勢の未来について多くを知ることができる人はほとんどいない。そして、自分の予測がアウトパフォーマンスにつながるのは、ほかの者より多くを知っている場合だけである（ほかの者より多くを知っているとは、①より良いデータを持っている、②手持ちのデータの解析に長けている、③データの解析結果からどのような行動をとるべきかがわかる、④行動をとるのに必要な気持ちの強さがある、といった要素を意味する）。

要するに、他の投資家と同じ情報を持ち、それを同じ方法で解析し、導き出した同じ結論を同じように実行に移したところで、アウトパフォーマンスは見込めない。しかも、マクロ情勢がかかわってくるため、こうしたプロセスにおいて一貫して優位に立つことは非常に難しい。

したがって、マクロ情勢の未来を予測しようとしても、すぐれた投資パフォーマンスの達成にはつながらないだろう、というのが私の考えだ。マクロ情勢の予測によってアウトパフォーマンスを実現したことで知られる投資家は、ほんの一握りしかいない。

かつてウォーレン・バフェットは、価値ある情報の基準は二つあると話してくれた。①重要で、②知りうるものでなければならない、と。今日の市場において、マクロ情勢がパフォーマンスを大きく左右する役割を果たすことは「誰もが知っている」が、いわゆる「マクロ投資家」は全体的に、どちらかといえば月並みな成績を残すにとどまっている。これは、マクロ情勢は重要ではないということではなく、むしろマクロ情勢を把握して生かせる人はほとんどいない、ということを意味している。ほとんどの場合、マクロ情勢はただ単に知りえない（あるいは、アウトパフォーマンスにつなげられるほど十分かつ一貫して知ることができない）のだ。だから私は、大多数の投資家に等しく成功をもたらす要因になるとの理由から、マクロ情勢の予測を議論の対象から外すことにした。もちろん、私自身もその大多数に属する一人だ。では、アウトパフォーマンスにつながる要因として残るものは何か。細かい要素を挙げたらきりはないし、場合によって微妙に異なったりもするが、一般的に以下の三つの点に時間を費やすことが利益につながりやすい方法だと私は考える。

●「知りうること」、つまり業界や企業や証券のファンダメンタルズ（基礎的要因）について、ほかの誰よりもよく知ろうとする。
●そうしたファンダメンタルズの面から見て適切な価格でなければ投資しない、という規律を保つ。
●自分たちを取り巻く投資環境を理解し、それに適した戦略的なポートフォリオをどのように組むか決める。

最初の二つのトピックについては、すでに何度にもわたり、たくさんのことを書いてきた。この二つはともに「証券分析」や「バリュー投資」の重要な要素を構成する。その要素とは、ある資産が将来的に何を生み出しうるのか（通常は利益やキャッシュフローで表す）、そうした見通しから今日の資産の価値はどう評価されるのか、という点に関する判断である。

バリュー投資家は何をするのか。「価格」と「価値」の間に生じたズレに乗じようとするのである。これをうまく行うには、①資産の本質的価値と、それが時間の経過とともにどう変化していくかを定量化し、②現在の市場価格が、その資産の本質的価値や過去の価格、他の資産の価格、そして資産全般の「理論的に公正な」価格と比較して、どうなのかを評価することが必要となる。

そのうえで、バリュー投資家はそうした情報をもとにポートフォリオを組む。ほとんどの場合、特に有用なバリュー投資の条件を満たす資産、つまり値上がり余地が最も大きい、あるいは値下がりリスクに対する値上がり余地の比率が最も高い、またはその両方が当てはまる資産を保有することが、目先の目標となる。ポートフォリオを組むには、単に価値がとりわけ高い資産と、価値に対して価格が非常に過小評価されている資産を見極めればよいと思うかもしれない。一般的、また長期的にはそれは正しいと言えるが、そこに加えることで利益を生み出しうる要素がもう一つある、と私は考える。むこう数年間に市場で起こりそうな事態を視野に入れ、それに適するようにポートフォリオを組むのである。

私の考えでは、ポートフォリオをある時点において最適な形で組むには、攻撃性と防御性のバランスをどのようにとるか決めることが最良の方法である。そして、そのバランスは、その時々の投資環境の変化や、さまざまな要素がサイクルの中で位置している場所に応じて、調整すべきである。

キーワードは「調整する」だ。超攻撃的《アグレッシブ》なスタンスから超防御的《ディフェンシブ》なスタンスまで、幅広く連続性を持った範囲の中で投資家の姿勢は変化する。投資額や、さまざまな選択肢の間での資金配分、保有資産のリスクの度合いは、どれもこうしたスタンスの変化に応じて調整しなければならない。……価格が割安になっていれば積極果敢に攻めるべきだし、割高になっていれば手を引くべきなのだ。

二〇一七年九月七日付　顧客向けレター「さらにもう一度?」より

ポートフォリオ構成の調整は、本書の大部分のページを費やして論じているテーマである。

サイクルを研究する理由を理解するうえで必要なキーワードの一つは「趨勢《すうせい》」である。もし、投資に影響を及ぼす要因が常識の範囲内で予測可能なものであれば（たとえば、マクロ情勢予測が可能だとしたらの話だが）、我々は「この先起きる」ことについて語れる。ただし、そうではないからといって、将来について考えようがないわけではない。起きるかもしれない、あるいは起きてしかるべきことについて、またそれがどのようにして起きうるかについて語るのは可能だ。そのようなことを私は「趨勢」と呼ぶ。

投資の世界で我々は絶えずリスクについて語っているが、リスクとは何か、またリスクが投資家の行動にどう影響するかについて、すべての投資家の意見が一致することはない。資金を失う可能性をリスクと考える者もいれば、（金融理論を専門とする学者の多くがそうであるように）資産価格やリターンのボラティリティをリスクとみなす者もいる。このほかにも、（ここですべて挙げることができないほど）多くの種類のリスクが存在する。

私は一番目の定義に強く賛同する。私に言わせると、リスクとは何よりも、取り返しのつかない損失を被る可能性である。だが、機会逸失リスクというものも存在する。これは、利益が得られるかもしれない機会を逃すリスクだ。この二つを合わせて考えると、リスクとは自分が望むようには物事が進まない可能性を示すことがわかる。

それではリスクはどこから生まれるのだろうか。今は亡きピーター・バーンスタインは、私のお気に入りの投資哲学者の一人だ。バーンスタインは自身が発行するニュースレター『経済・ポートフォリオ戦略』の二〇〇七年六月号で、「リスクを数値化して評価することは可能か？」と題し、次のように説いた。

何が起きるのかは誰にもわからない、ということをリスクは本質的に示している。……

我々はいつだって未知の世界へと歩を進めているのだ。生じる可能性があることは幅広く存在し、その中のどれが実際に起きるのかはわからない。その範囲すら見当がつかない場合も少なくないのである。

以下に記すのは、こうしたバーンスタインの言葉をきっかけとして私が導き出したいくつかの考え（二〇一五年六月八日付の顧客向けレター「いま一度、リスクを再考」の内容をごく簡潔に要約したもの）である。読者がリスクを理解し、それに対処するうえで役に立つかもしれない。

ロンドン・ビジネス・スクール元教授のエルロイ・ディムソンが説いたように、「リスクとは、将来、実際に起きることよりも、起こりうることのほうが多いという意味である」。経済、産業界、（そしてとりわけ）市場における一つひとつの出来事は、もしたった一つのことしか起こりえず（たった一つの結果しか生じえず）、それが予測可能なのだとすれば、当然ながら不透明性やリスクをともなうものとはならない。そして、これからの出来事に関する不透明性がまったくないとすれば、損失を回避し、最大限の利益を獲得するためにポートフォリオをどう組むべきかを正確に知ることは理論上、可能となる。だが、人生や投資の世界では多くの異なる結果が生じうるのであり、不透明性やリスクから逃れることはできない。

したがって未来は、予測可能で起きるはずだったことがそのとおりに起きた、という唯一の結果として見るべきではない。起きる可能性があることの範囲、そして（願わくば、それぞれの可能性の確率について考察したうえで導き出した）確率分布として見るべきなのだ。確率分布には、趨勢に関するその人の考え方が反映される。

投資家（に限らず、未来にうまく対処したいと願う人）は、表立ってでも内々にでもいいが、確率分布図を描く必要がある。うまく描ければ、とるべき行動を決めるうえでその分布図が役に立つだろう。ただし、たとえそうした確率が把握できたとしても、実際に何が起きるのかがわかるわけではない、という点を決して忘れてはならない。

ある事柄にかかわる結果は、長期的に見れば確率分布の範囲内に収まるだろうが、ある単独の出来事の結果となると、大きな不透明性がともないうる。確率分布の範囲内にある結果は、確率はさまざまに異なれど、どれも実現する可能性がある。その結果が選ばれる過程では、妥当性だけでなくランダム性も影響するからだ。ディムソンの言葉を言い換えれば、「多くのことが起こりうるが、実際に起きるのはたった一つである」。「平均的に」何が起きるかの予測はつくかもしれないが、それと実際に起きることとが関係しているとは限らないのだ。

このように考えると、投資で成功することは、くじ引きで当たりを引くのに似ていると思える。どちらも、箱（起こりうる結果すべて）からくじ（実際に起きた結果）を引くことで決まる。どちらの場合でも、数多くの可能性の中からたった一つの結果が選ばれるのだ。

すぐれた投資家とは、箱の中にどのようなくじがあるのか、ひいては、そのくじ引きに参加する価値があるのかどうかを感知することに秀でた人である。言い換えると、すぐれた投資家は（その他の人々と同じく）将来、何が起きるのかを正確に知っているわけではないが、将来の趨勢を人並み以上に理解しているのだ。

余談だが、ここでもう一つ、つけ加えておきたいことがある。ほとんどの人は未来に対処する方法として、何が起きるのかという点に関する見解を（おそらくは確率分布を用いて）まとめることを思いつく。私は、やらなければならないことは一つではなく、二つあると見ている。何が起きるのかだけでなく、その見解が実際に当たる確率はどのぐらいかについても、考えをまとめておくべきだ。かなり高い確率で起きると予測できる出来事（例：ある投資適格債が約束どおりの利子を支払うかどうか）もあれば、不透明な出来事（例：アマゾンが一〇年後もオンライン小売業界のリーダーでいるかどうか）や、まったく予測がつかない出来事（例：株価が来月、上がるか下がるか）もある。何が言いたいかというと、すべての予測を似たような確率で当たるものとして扱うべきではないし、したがって、すべての予測に同じように頼るべきではない、ということだ。ほとんどの人がこの点に気づいていないと私は思う。

〜

前述のようなすぐれた投資家について考えるには、趨勢に関して、自分に有利な勝ち目を引き寄せられるだけの洞察力を持った人物を思い浮かべるとよい。

壺《つぼ》の中に、黒と白のボールが合計で一〇〇個入っているとしよう。手を入れて摑んだボールはどちらの色だと賭けるか？

●もし壺の中身についてまったく知らなければ、何が出てくるかは勘を働かせるしかない。何の手がかりもないままの当て推量だ。黒と白のボールが五〇個ずつ入っているとわかっている場合も、たいした違いはない。したり顔で黒と賭けることも白と賭けることもできるが、いずれにせよ当たる確率は五〇%を超えない。したがって、少なくとも五分五分の勝ち目がなければ、そして参加料（投資の場合は手数料や売買スプレッド）を支払わずに済むのでなければ、賭けるのは無謀だ。五分五分の確率で黒か白かに賭けても、運に恵まれなければ大きな利益は得られない。そして運をあてにすることはできない。壺の中身に関する知識という強みなしに賭けたところで、確実な利益は見込めないのだ。

●だが、壺の中身について特別に知っていることがある場合はどうだろう。たとえば、黒が七〇個、白が三〇個という内訳を読者が知っているとしよう。この場合、勝つ確率を負ける確率よりも高めることが可能である。賭け金一〇ドルで、自分が黒、相手が白と賭けるとすれば（勝ち目は五分五分）、七〇%の確率で勝って一〇ドルを儲け、三〇%の確率で負けて一〇ドルを失うことになる。一〇回賭けるごとに四〇ドルの利益が見込めるのだ（ただし、これは数えきれないほど賭けを繰り返した場合の平均の結果であって、回数が少ない場合にはランダム性の影響で結果は大きく変化する）。

●もちろん相手が白と賭けるのは、当人が①ボールの七〇%が黒、三〇%が白だと知らない、そして②あなたがその内訳を知っているということを知らない場合だけである。相手も壺の中身についてあなたと同じように知っていれば、あなたが黒と賭けた場合の勝ち目は三〇対七〇（黒が出る確率が七〇%で、そのうち相手が白と賭ける確率が三〇%）となり、また利益の見込めない賭けになってしまう。

●要するに、このゲームで負ける回数よりも勝つ回数を多くするには、知識の面で優位に立つ必要がある。これこそ、すぐれた投資家の特性である。すぐれた投資家は将来の趨勢について、ほかの者よりも多くのことを知っている。

●だがここで忘れてはならないのは、前述したことだ。たとえ読者が確率を知っていたとしても（つまり、趨勢に関する知識で優位に立っていたとしても）、実際に何が起きるのかはわからないという点である。壺の中のボールの内訳が黒七〇個、白三〇個だったとしても、次に出てくるボールがどちらの色なのかは、やはりわからないのだ。たしかに白より黒である可能性のほうが高いのだが、それでも白が出てくる確率は三〇%ある。黒だけでなく白のボールも中に入っているのであれば、そしてとりわけ次のボールが選ばれる際にランダム性と外的な力が働くのであれば、結果に関して確実に見込めることなどないのである。

●とはいえ、確実性がなければゲームに参加する価値はない、というわけではない。趨勢に関する知識の強みは、将来の成功をもたらすのに十分な要素となる。

〜

そこで、サイクルを理解することのメリットへと話はつながるのである。以下のように、平均的な投資家はサイクルにあまり通じていない。
●サイクルの性質と重要性を十分にわかっていない。
●多くのサイクルを経験するほど、長く投資に携わってはいない。
●金融市場の歴史に関する文献を読んでおらず、過去のサイクルの教訓を学んでいない。
●市場の情勢を基本的に別々の出来事という視点から見ており、繰り返し起きるパターンや根拠がその裏にある点に気づいていない。
●そして何よりも、サイクルの重大さと、そこからいかに行動すべきか知りうることを理解していない。

すぐれた投資家はサイクルに注意を向けている。過去にあったパターンが繰り返されている様子はないかと気にかけ、問題とすべきさまざまなサイクルのどこに今、自分たちが位置しているのかを感じ取り、そうしたことが自身の行動にどのような影響を及ぼすのかを理解する。このような資質を持つすぐれた投資家は、サイクルと、その中のどこに位置してるのかという点に関して以下のように自問自答し、有意義な判断を下すことができるのだ。
●今、サイクルの上昇期の入口に近づいているのか、それとも終盤にあるのか？
●あるサイクルにおいて、しばらく上昇期が続いている場合、すでに危険な領域に到達してしまっているのか？

●投資家の行動を駆り立てているのは強欲か、それとも恐怖か？

●投資家の姿勢は適度にリスク回避的か、それとも無謀なほどリスクに寛容か？

●サイクルに沿った流れの結果、相場は過熱している（そして割高になっている）か、冷え込んでいる（つまり割安になっている）か？

●これらの点から判断されるサイクル内での現在位置においては、防御性を重視すべきか、積極性を重視すべきか？

こうした要素に目を向けることで、すぐれた投資家は負ける回数よりも勝つ回数を多くできる強みを身につけている。趨勢あるいは勝ち目を理解している、つまり壺の中のボールの色についてほかの者が知らないことを知っているのだ。負ける確率よりも勝つ確率が高いかどうかを感じ取る力によって、自分が優位にあるときは投資額を増やし、そうでないときは減らすことができるのである。重要なのは、これらのことはどれも現在の状況の観察をもとに判断できるという点だ。次章以降で論じるように、現況を見極めれば、未来を予測する能力に頼らずとも未来に備える方法がわかるのである。

肝に銘じてほしいのは、さまざまなサイクルのどこに今、位置しているかが、勝ち目に大きな影響を及ぼすということだ。たとえば次章以降を読めばわかるように、投資利益は次のようなときに増大する。

図表1-1

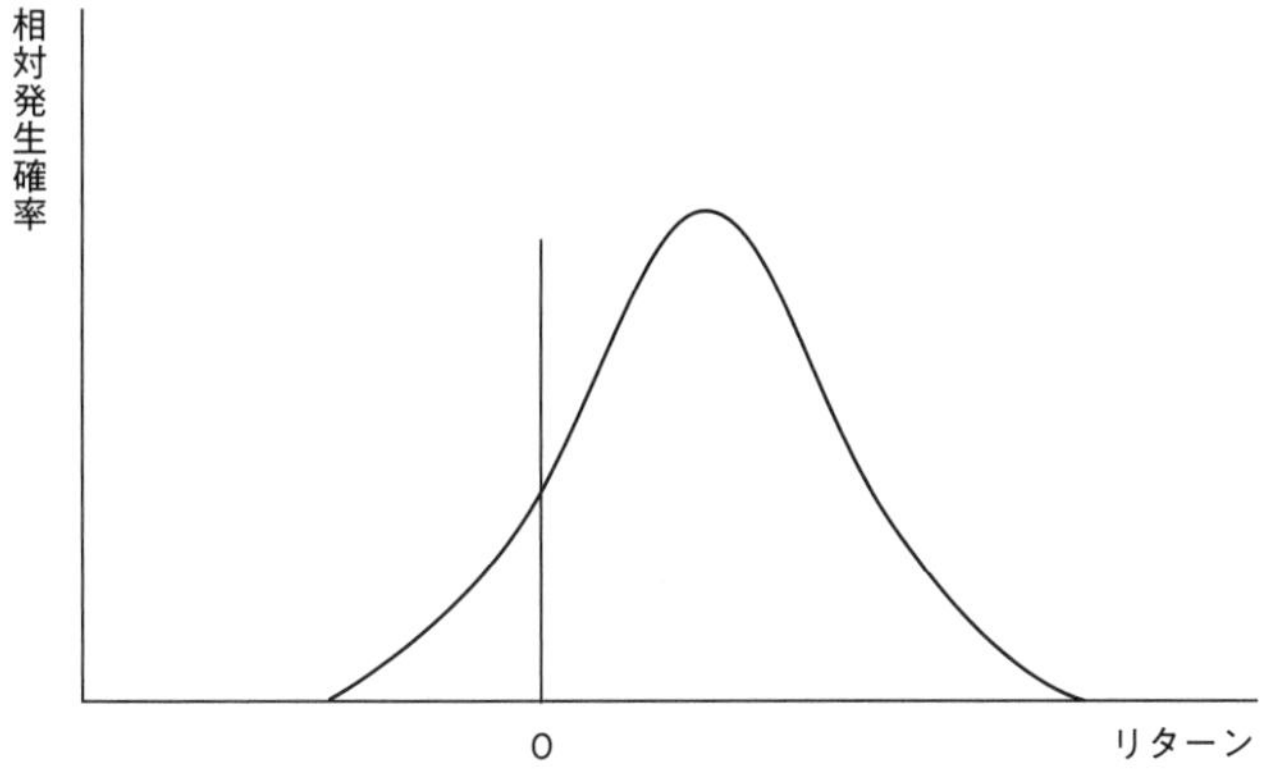

●景気と企業利益が上向く可能性が、下向く可能性よりも高い。

●投資家の心理が高揚した状態ではなく、冷静な状態にある。

●投資家がリスクに意識を向けている、あるいは（より好ましくは）過度にリスクを懸念している。

●市場価格が高すぎる水準には達していない。

これらの要素はすべて（他の多くのものも）、サイクルに沿って動くのであり、そうしたサイクルのどこに今いるのかを知ることは、自分に有利な勝ち目を引き寄せるのに役立ちうる。簡単に言うと、サイクルの波によって、将来の出来事の幅を示す確率分布の位置は変わる。投資利益について図示すると、わかりやすいだろう。さまざまなサイクルにおける今の立ち位置が中立である場合、

図表1-2

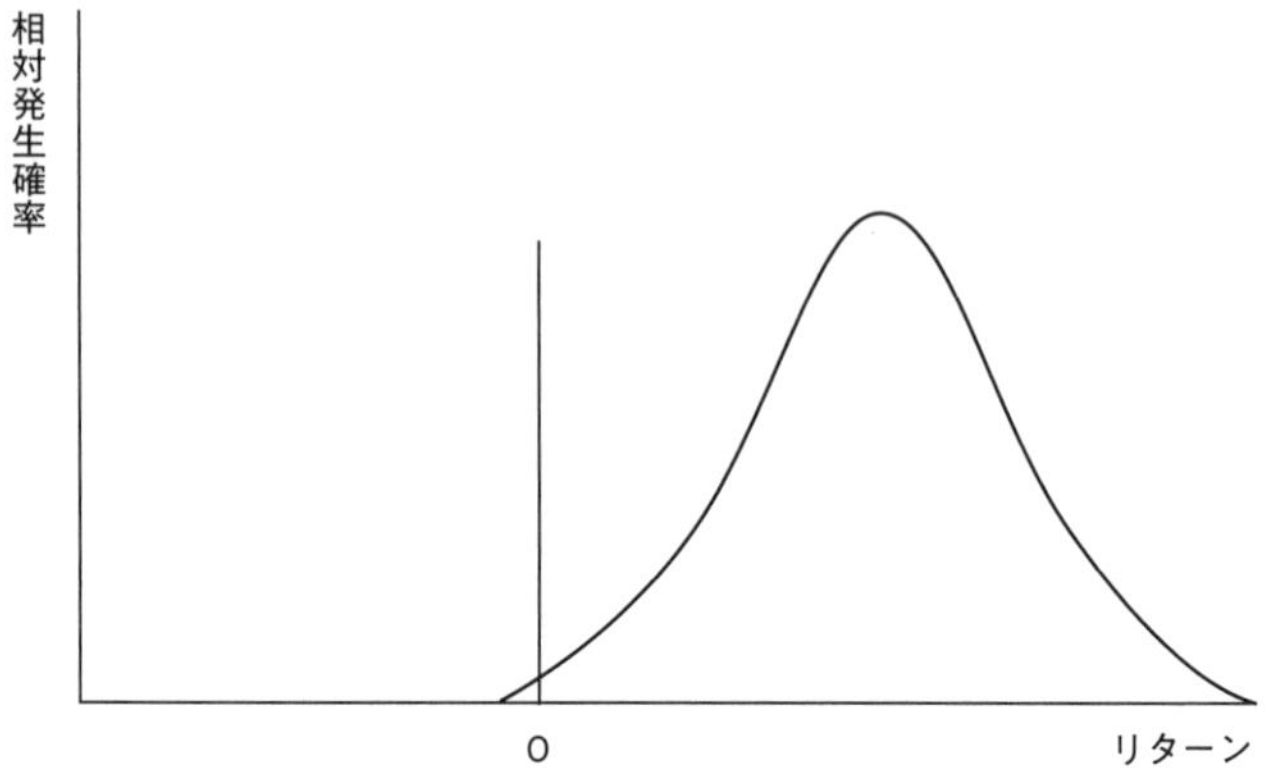

投資利益の見通しは「月並み」だ（図表1－1）。

立ち位置がサイクルの中の好ましい部分にある場合、確率分布は右に移動し、投資利益の見通しは望ましい方向へ変化する（図表1－2）。こうした好ましい立ち位置は、利益が増大する可能性を高くし、減少する可能性を低くする。

だが、立ち位置がサイクルの中の極端な場所にある場合、勝ち目は厳しく、思わしくない結果となる公算が大きい（図表1－3）。利益を得る可能性が低くなり、損失を出す可能性が高くなる。

単一のサイクルの中での立ち位置が変わった場合も同じである。たとえば、景気や企業利益の変動がどうであるかにかかわらず（つまり、学者がよく言うところの「ケテリス・パリブス」、他のすべての条件が一定なら）、投資利益の見通しは、投資家の心理が冷え込み、不安に支配されている（したがって資産価格の下落を招いている）ときに改善し、投資家の心理が高揚し、強欲に支配さ

図表1-3

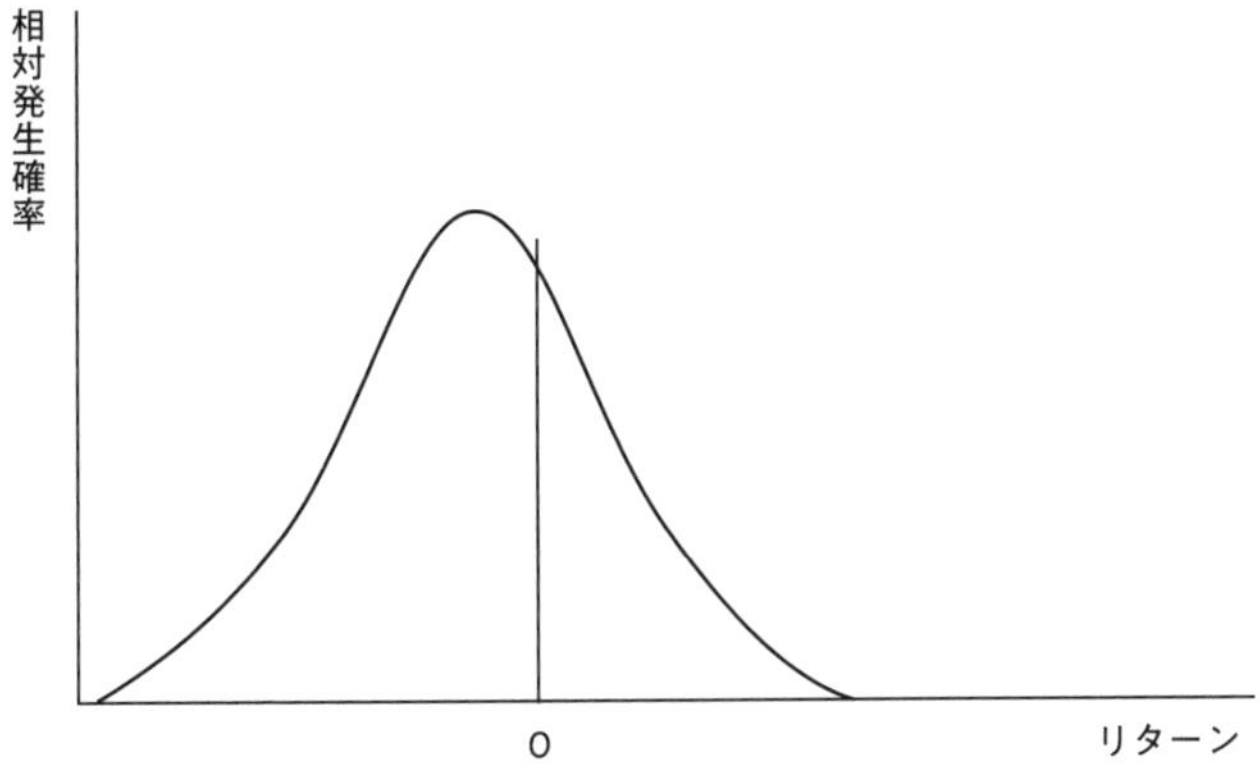

れている（そして価格が上昇している）ときに悪化する。

サイクルの中での立ち位置が変わると、勝ち目も変わる。情勢が変化しても投資スタンスを変えないのであれば、サイクルに関して受け身の姿勢をとっていることになる。言い換えると、自分に有利な勝ち目を引き寄せるチャンスを見逃しているのだ。だが、サイクルに関する何らかの見識を生かせば、勝ち目が大きくなったときには投資額を増やしてより積極果敢な投資を行い、勝ち目が乏しくなったときには投資額を減らしてより防御性を高めることができるのだ。

サイクルを研究する人は、壺の中のボールについて情報を持ってはいるが次に何色のボールが出てくるのかはわからない人と同じように、次に何が起きるのか知っているわけではない。だがどちらも、どのようなことが起こりそうかという点について知識の強みを有している。サイクルの知識と、サイクルの中での今の立ち位置に関する認識は、すばらしい投資実績をあげるのに必要不可欠な優位性の大きな原動力となりうる。ボールの賭けで、黒七〇対白三〇という内訳を知っている参加者は有利な立場にある。サイクルの中での今の立ち位置について、より多くを知っている投資家も同じだ。読者がそのような投資家になる手助けをすることが、本書の目的である。

そのために、本書では私が実際に目にしてきた数多くのサイクルのプロセスについて論じる。論旨をはっきりさせる目的で半世紀に及ぶ経験の中から厳選したため、例示するサイクルの変動は誇張されているように思えるかもしれないし、たしかに大げさなケースもあるだろう。また、実際には数カ月から数年の月日をかけて生じた出来事が、短い時間の中で起きたかのように読み取れる場合もあるかもしれない。だが、どれも本当の話であり、私のメッセージを明確に伝えるのに役立つと期待している。

第2章 サイクルの性質

多くの人は、出来事の連続という観点からサイクルをとらえている。そして、それぞれの出来事が決まった順序に従って規則的に起きると考えている。上昇期のあとには下降期が訪れ、やがてまた新たな上昇期が始まるというように。だが、サイクルを完全に理解するにはそれだけでは不十分だ。一つのサイクルの中の出来事は、ただ単に次の出来事へ続くという流れでとらえるべきではない。むしろ、はるかにもっと重要なことに、それぞれの出来事が次の出来事を引き起こすととらえるべきである。

オークツリーの顧客に会う機会があると、大半の人が必ずと言っていいほど世界や市場の情勢をどう見るべきか、私にたずねる。たいていの場合、ある特定のサイクルと、その中のどこに今、位置しているかについて知りたがる。そんなとき、私は決まって紙を一枚取り出し、話をわかりやすくするために図を書く。

図表2-1

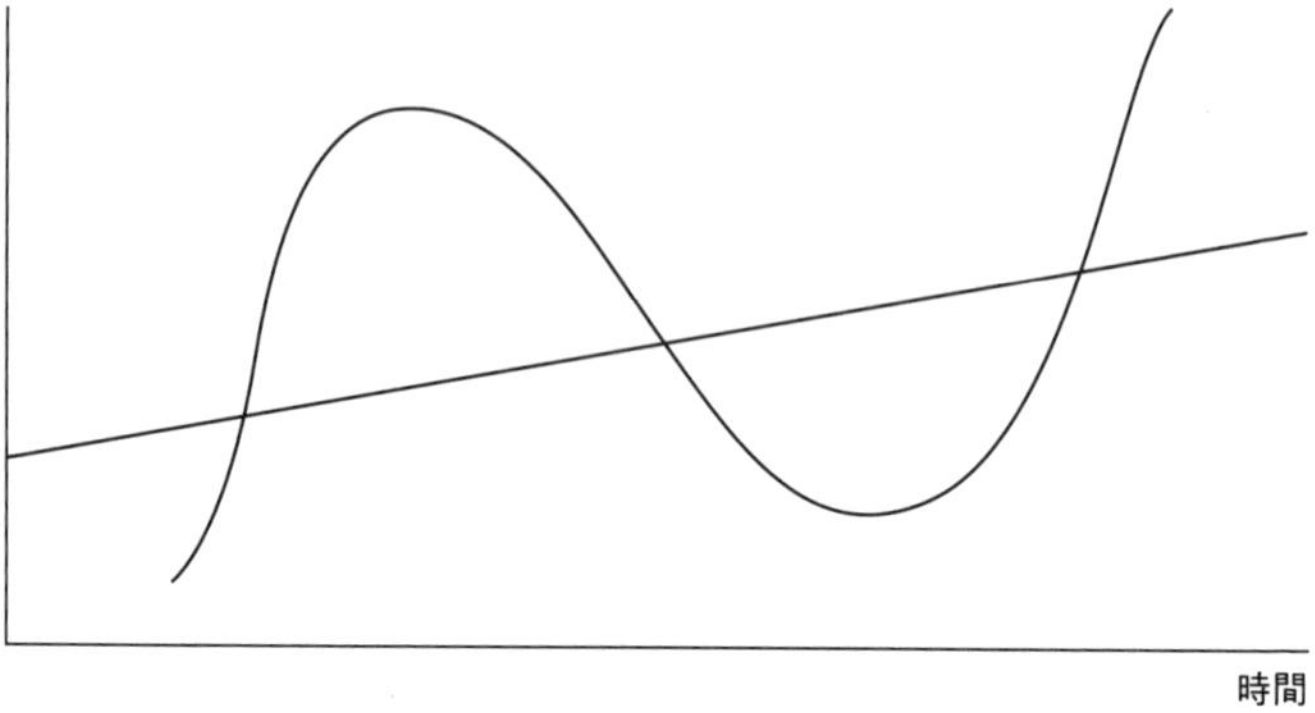

いつも書くのが図表2－1のような右肩上がりの線と、その周辺で上下動する線だ。

本書執筆の構想を練るにあたり、自分の仕事鞄《かばん》の中を調べたところ、そのような図を書いた紙が大量に出てきた。いくつかの異なる現象を説明する過程で書いたもので、それぞれ別の注釈が添えてある。これらの現象は、いずれも考察に値するサイクルに関係するものであった。本書の各章では、概してこのような周期的現象を中心に話を進めていく。

サイクルに関する論考へと移る前に、『投資で一番大切な20の教え』でも述べたことに触れておきたい。率直に言うと、私はサイクルの浮き沈みと、軌道の一端からもう一端へと揺れ動く振り子の振動、という二つの似たような表現を使っている。さまざまな現象について説明する際に、サイクルという言葉を用いる場合もあれば、（本書第7章のように）振り子にたとえる場合（たいていは心理にかかわるもの）もある。一つの特定の現象について語るのに、あちらではサイクル、こちらでは振り子と表現することすらある。実のところ、二つを厳密に使い分けたり、その時々にどちらかの表現を選んでいる理由を説明したりしようとしても、うまくできない。

私は物事を視覚的に考える傾向がある。だから、視覚的なイメージによってサイクルと振り子のつながりを説明することならできる。あとで詳述するように、サイクルは中心点（あるいは長期トレンド）の周りを行ったり来たりする。同様に、振り子は中心点（または基準点）を通りながら前後に揺れ動く。そうやって前後に揺れている状態の振り子の支点を持ち、左から右へと動かしたらどんな軌道を示すだろうか。サイクルである。

実は、二つの表現に根本的な違いはない。もっと言ってしまえば、振り子とはサイクルのやや特殊なケースにすぎず、特定のサイクルを引き合いに出す場合に違った表現方法を用いている、という程度のことだ。同じものをサイクルと呼んだり、振り子と呼んだりしてしまう理由も、自分ではよくわかっている。読者にも、そのうちわかっていただけるのではないかと思っている。少なくとも、二つの表現を併用しているせいで、本書の内容が理解しにくくなるようなことがなければよいと考えている。

要するに投資の世界では、サイクルが浮き沈みを繰り返し、振り子が行きつ戻りつしているのだ。サイクルの波と振り子の振動はさまざまな形で表れ、多種多様な現象と関係しているが、根本にある原因、そして動きのパターンには共通する部分が多く、時代が変わってもある程度、一貫している傾向がある。マーク・トウェインが言ったと伝えられているように（本人の発言だという確証はないのだが）、「歴史は繰り返さないが、韻を踏む」のである。

トウェインがそう言ったかどうかにかかわらず、この言葉には本書で伝えたいことの多くが凝縮されている。それぞれのサイクルは、その原因や細部、タイミングや振れ幅の面でさまざまに異なるが、浮き沈み（そして、その原因となるもの）はいつまでも生じつづけ、投資環境の変化、そしてその結果、必要となる投資家の行動の変化をもたらすのだ。

私が書く図の中央にある線は、変動するサイクルの中心点を意味する。基調となる方向性や長期トレンドが見られるものもあり、その多くは上向きである。時間の経過とともに、そして長期的に経済は成長し、企業利益は拡大し、（主にそれらの影響で）市場は上昇する傾向がある。そして、もしこうした変化が科学的である、あるいはまったく自然であるとすれば、自然現象や経済、企業、市場は一直線上を（少なくともある程度の期間は）一定速度で前進していく可能性がある。だがもちろん、そうした仮定は現実的ではなく、そのような動きは生じない。

現実には、これらのものの動きは短期的に、何よりも人間が関与することによって大きく左右される。そして、人間は一貫性があるとは言いがたい生き物である。それどころか、多くの場合、大雑把に「心理」という言葉でまとめられるもののせいで、何かと揺れ動く。つまり、人の行動はさまざまに変化する。それはもちろん環境が多様に変化するからだが、場合によっては環境が変わらなくても人の行動は揺れ動く。

本書で論じるのは、主に中心点あるいは長期トレンドの周りを行ったり来たりする物の動きについてだ。それに理解を示さず、意表をつかれ、もっと悪いことに関与し、寄与してしまう人は、そうした動きに悩まされる。だが前にも述べたように、周期的な現象を理解し、認識し、

図表2-2

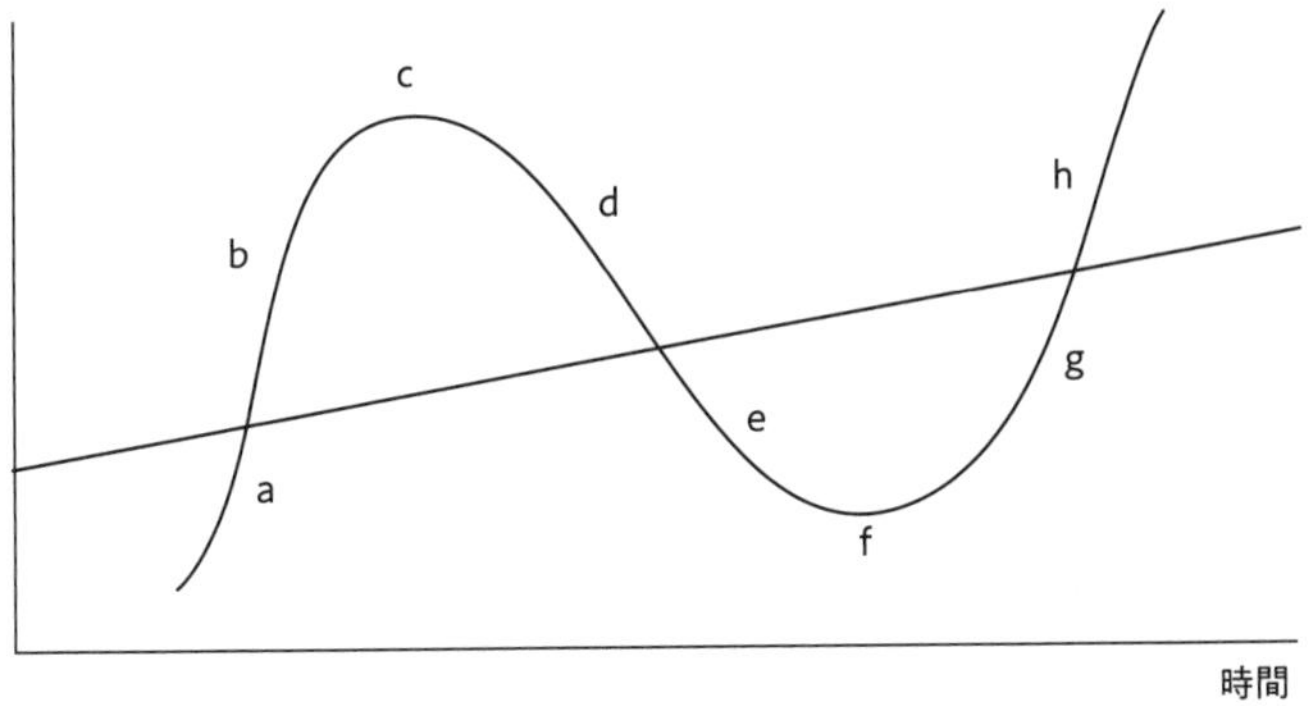

うまく生かす人には、それは往々にして利益をあげる機会をもたらすのである。

〜

私が書いた図をしばらく眺めていると、はっきりしてくることがある。それは、周期的な現象の動きが、以下のような数多くの認識可能な局面で起きていると言える点だ。

a 過度に落ち込んだところにある下限（いわゆる「谷底」）から中心点に向けての回復局面

b 中心点を超えてから上限（いわゆる「天井」）に向けて続く上昇局面

c 天井への到達

d 天井から中心点に向けて戻っていく下方修正局面

e 中心点を超えてから谷底に向けて続く下降局面

f 谷底への到達

g　再び谷底から中心点に向けての回復局面

h　さらに再び中心点を超えてから次の「天井」に向けて続く上昇局面

重要なのは、こうした流れから、サイクルに単独の「出発点」や「終着点」があるとは言えない点に気づくことだ。ここに挙げた局面のどれをとっても、サイクルの出発点、終着点、あるいはその間の段階と表現することが可能である。

物事の流れを簡潔にまとめて説明するタイプの人は、サイクルの出発点についても迷わず語るかもしれない。だが、より世事に精通した人にとって、それは一筋縄ではいかない仕事となりうる。この点に関して、私は二〇〇七年九月一〇日付の顧客向けレター「そして、すべては悪い方向へ？」で以下のようなエピソードを記した。

私がトラスト・カンパニー・オブ・ザ・ウエスト（ＴＣＷ）に勤務していたころ、ヘンリー・キッシンジャーが同社の取締役会に名を連ねていた。その関係で年に数回、キッシンジャーが世界情勢について長広舌をふるうのを聞く恩恵に浴していた。そこで「ヘンリー、昨日ボスニアで起きたことについて説明してもらえますか？」などという質問が出ると、キッシンジャーは「そうだな、まず一七二二年に……」といった具合に話しはじめるのだった。何が言いたいのかというと、連鎖反応的に生じる出来事は、以前に起きたことと関連させなければ理解しえないのである。

「どうしてこのような状況になったのか？」「何が原因でここまで上昇（下落）したのか？」といった質問を受けたら、その前に起きた出来事に基づいて説明をするよりほかない。とはいえ、その話の出発点としてどこまでさかのぼるべきか見極めるのは、容易ではないだろう。

私はよく「そのサイクルが始まるきっかけは何だったのか？」「このサイクルもそろそろ終わりだろうか？」と聞かれる。だが、こうした質問は妥当とは言えない。サイクルには始まりも終わりもないからだ。より適切な言い方をすれば、「今の上昇局面は何がきっかけで始まったのか？」「今の上昇サイクルは出発点からどれだけ進んだのだろうか？」「この下降局面もそろそろ終わりだろうか？」といった質問になるだろう。一つのピークから次のピークまで、あるいは一つの底から次の底までを一つのサイクルと定義するのであれば、サイクルもそろそろ終わりかという質問もありうるかもしれない。だが、そのような定義は当てはまるものではない。サイクルには、これといった始まりはなく、終わりもないと私は考えている。

〜

前述したように、サイクルは中心点の周りを行ったり来たりする。サイクルの中心点は一般的に長期トレンド、基準点、中間、平均、あるいは「幸せな中心点」とみなされ、ある意味、「妥当で適切な」場所と言える。これに対してサイクルの両極は、元へ戻るべき、逸脱した、あるいは行き過ぎた状態と考えられており、実際に概してそのとおりである。循環する物事は中心点より上か下に位置する時間が長くなる傾向があるが、最終的には中心点のほうへ戻っていくのが常道だ。上限あるいは下限から中心点に戻っていく動きは、よく「中心への回帰」と表現される。これは、ほとんどの状況で非常によく当てはまる力強い傾向だ。だが、前述したサイクルの段階を思い起こしてほしい。サイクルのパターンを見ると、妥当な中心点から常軌を逸したとも言える極限に向かう動き（図表2－2におけるb、e、hの局面）には、極限から中心点に戻る動き（a、d、gの局面）の場合と同じくらいの幅がある。

妥当な中心点は一般に、ある種の磁力を発揮し、物事を極限から「標準」へと向かわせる。だが通常、標準にとどまっている時間は長くない。中心点への揺り戻しを起こす勢いはそのまま衰えず、物事を極限から中心点に戻すだけでなく、その先さらに反対の極限に向けて動かすからである。

大事なのは、こうしたパターンの確実性を認識し、受け入れることだ。変動のタイミングや期間、スピード、勢い、そして（非常に重要な点として）その理由といった細かい点はさまざまに異なっており、そういう意味でマーク・トウェインは「歴史は繰り返さない」と語ったと考えられる。だが、基本的な動態はたいてい同様である。特に言えるのは、どれだけ中心点が「妥当」あるいは「適切」であろうとも、ピークあるいは底からの揺り戻しは、中心点ではまず止まらないということだ。中心点を過ぎてもそのまま動きつづけ、反対の極限へ向かうという流れは、かなり確実に起きる。たとえば、相場が「割安な」状態から「適正な」水準へと変動し、そこにとどまることはほとんどない。だいたいは、著しく落ち込んだ水準からの回復をもたらすファンダメンタルズの改善や楽観主義の台頭が、「適正」水準に達してからも影響力を発揮しつづけ、相場をさらに「割高」な水準へと向かわせるのである。こうした流れは必ず起きるわけではないが、たいていの場合、そうなるものだ。

〜

中心点から先に進む幅が大きければ大きいほど、つまり逸脱あるいは行き過ぎの程度が激しくなればなるほど、サイクルはより大きな混乱を引き起こす可能性がある。一方の極限に向かう揺れが大きくなれば、より激しい揺り戻しが起き、より大きな打撃をもたらす公算が大きい。サイクルが極限に達したときに誘発された行動は、その後、サイクルの別の局面に移行した際に不相応なものとなるからだ。

要するに、景気や企業が「好調すぎる」、株価が「高すぎる」という具合に、サイクルの中心点から離れる動きが大きくなると、大混乱が起きる可能性は高まる。上昇のあとにはちょっとした調整が起き、強気相場のあとには弱気相場が来るものだ。だがブームやバブルのあとには、はるかに大きな損害をもたらす崩壊、暴落、パニックが訪れるのである。

〜

ここで言うサイクルの中心点とは何か。前述したように、多くの場合は長期トレンドの周辺に位置する点である。たとえば、ある国が過去数十年にわたり、年率二％の長期的な国内総生産（ＧＤＰ）成長率を達成しているとしよう。だが、一年ごとの成長率はそれより高い場合もあれば、低い場合（マイナスの場合さえ）もある。各年の成長率は通常、基調となっている長期トレンドの周りで変動するサイクルの一部を形成している。

重要なのは、長期的な成長率もサイクル、それも、より長い時間をかけて緩やかに変動するサイクルの一環をなしていると考えられる点だ。そのサイクルに気づくには、さらに遠目から見る必要がある。たとえば、ローマ帝国の歴史などからわかるように、社会というものは長期にわたって栄枯盛衰を繰り返す傾向がある。そして、我々が話題とする短期的なサイクルは、こうした長期トレンドの周辺で生じる浮き沈みによって形成されるのである（六九～七三ページを参照）。

同じことは産業についても言える。ただし長期的なリイクルは、数四半期、数年といった期間ではなく、数十年、数百年もの時間をかけて形成されるため、つまり人ひとりの寿命を超える長い期間に及ぶ場合もあるため、その最中に気づいたり、判断材料に取り入れたりするのは難しいと言える。

この件に関して、私は二〇〇九年一月九日付の顧客向けレター「長期的な視野」で以下のように記した。

インドを舞台にした昔話がある。盲目の男たちが集団で道を歩いているときに、一頭の象に遭遇した。男たちは鼻、脚、尾、耳と、それぞれ象の体の違う部位を触り、自分が触ったその一部分だけをもとに、この生き物について異なる説明を考えついた。我々も、この盲目の男たちと同じである。目にした出来事の一つひとつをどれだけよく理解したとしても、それらをつなぎ合わせるのに必要とされる大局観を身につけるのは容易ではない。全体像が見えてくるまでは、自分が触った部分に関する偏った知識にしか頼れないのだ。……非常に重要な教訓にかかわる要素として、①過去の出来事を研究し、記憶しておく必要性、②物事の周期的な性質を意識する必要性が挙げられる。象に近づきすぎた盲目の男性は、その脚を木と間違えるかもしれない。近視眼的な投資家も、上昇（あるいは下落）トレンドが永遠に続くと思い込む可能性がある。だが、後ろに下がって長い歴史の流れに目をやれば、長期的なサイクルもまた繰り返すのだと心に刻み、その中のどの位置に今いるのかを理解することが可能になるはずだ。

~

ここで、サイクルの性質に関する非常に重要な点に触れておくべきだろう。多くの人は、前述した諸局面の観点からサイクルをとらえ、出来事の連続として認識している。そして、それぞれの出来事が決まった順序に従って規則的に起きると理解している。上昇期のあとには下降期が訪れ、やがてまた新たな上昇期が始まるというように。

だが、サイクルを完全に理解するにはそれだけでは不十分だ。一つのサイクルの中の出来事は、ただ単に次の出来事へ続くという流れでとらえるべきではない。むしろ、はるかにもっと重要なことに、それぞれの出来事が次の出来事を引き起こすととらえるべきである。以下に例示しよう。

●ある現象が一方の極限に向かって揺れ動くと、この動きはそれ自体がエネルギーを生み出し、ため込む。やがて自ら増やした重みによって、中心点からさらに離れていくことが難しくなり、そこから先はもう進めない極限に到達する。

●結果的に、その方向への動きは止まる。ひとたび止まると、重力によって中心傾向あるいは中心点の方向へと引き戻される。そして、ため込んだエネルギーがその揺り戻しを後押しする。

●そして、その現象が到達した極限から中心点に向かって戻る間に、揺れ自体がその動きに惰力《モメンタム》を与え、中心点を超えてからも反対の極限に向かった動きが続く。

このように、経済や投資の世界におけるサイクルは、一つの出来事が次の出来事を引き起こすという一連の流れによって形成される。三段階に分けてここに記したプロセスは、重力や惰力といった力の影響を受ける物理的な現象のプロセスに似ているように思える。だが前述したように、そしてこの先論じるように、全体的な傾向からの深刻な逸脱、そしてその逸脱のタイミングやスピードや程度の違いは、概して心理の移り変わりによって生じるのである。

物理的な特性ではなく、人間の心理をサイクルのエネルギーや惰力の主な源だと考えると、前述の三段階のプロセスは投資家が対処しなければならない揺れや変動を説明するうえでも非常に役に立つ。次章以降では非常に重要な論点として、サイクルの中のさまざまなタイプの出来事がどのようにして次の出来事を生み出すのかを説く。

このように原因となる出来事の連鎖としてサイクルをとらえることから、本書では、過去に起きたいくつかの連鎖について、各所で段階を追って説明していく。複数の連鎖の例を取り上げるのは、その中の一つひとつの出来事がどうやって起きたのか、連鎖の中で何を意味するのか、そして次の出来事にどう影響したのかを示すためである。いくつもの連鎖を取り上げるやり方に、くどいと感じる読者もいるかもしれない。中には、（違った側面から触れるのではあるが）複数の章にわたって繰り返し言及する例もある。だが、そうした現実に起きた例を示すことで、読者がサイクルと、それに対する向き合い方を理解するという目標を達成してくれると期待している。

本書で取り上げるサイクルが出来事の連続によって形成されており、そうした出来事が次の出来事を引き起こす、という因果関係を念頭に置いておくことはきわめて重要である。ただし、それに劣らず大事なのは、そうした連続する出来事によってサイクルがさまざまな領域で生じる一方で、一つの領域におけるサイクルの変動が別の領域のサイクルにも影響を及ぼすと知っておくことだ。景気サイクルは企業利益サイクルに影響を及ぼす。利益サイクルに左右される企業の業績発表は、投資家の姿勢を変化させる。投資家の姿勢の変化は相場を動かす。そして相場の変動は信用サイクルに影響し、それが景気、企業、市場へと波及する。

周期的な出来事は、内生的な事象（その前に起きた周期的な出来事を含む）と外生的な事象（他の領域で起きた出来事）の両方から影響を受ける。外生的な事象の多く（ただし、決してすべてではない）は、ほかのサイクルの一環をなしている。こうした因果関係をともなう相互作用を理解するのは容易ではないが、投資環境を把握し、それに対処していくうえで非常に重要な手がかりとなる。

本書では、サイクルをそれぞれ別々の独立したものとして論じるが、それが現実的ではない点は理解してもらわなければならない。話が伝わりやすくなるように、私はこれからさまざまなタイプのサイクルの動きをそれぞれ独立したものとして扱い、説明していく。それぞれのサイクルが別個のものとして存在するという印象を与えるだろうし、あるタイプのサイクルにおける、ある方向への変動が、それに付随する、あるいはその結果生じる別のタイプのサイクルの変動が始まる前に終わる（つまり、二つのサイクルが連続しながらも別々に動いている）、と思わせてしまう場合もあるかもしれない。要するに本書では、実際には別々に動いているわけではないのにもかかわらず、それぞれのタイプのサイクルを別個に論じるという試みを行う。

こうした説明は、異なるサイクルがそれぞれ互いに独立し、自己完結しているという印象を与えるかもしれない。サイクルAで起きたことがサイクルBに影響し、それがサイクルCに波及して、一周回った形でまたサイクルAに影響を及ぼす、というように。この場合、サイクルAはサイクルBに影響を与えたあと、それがさらにサイクルCへ波及する間、特に変化がないままであるかのように見えかねない。

だが、さまざまなサイクルの間での相互関係は、私の説明のような簡潔さとは無縁である。さまざまなサイクルはそれぞれ独自の動きをたどりながら、同時に絶えず互いに影響を及ぼし合っている。私は頭の中で絡まり合った多種多様な糸をほぐし、別々に扱うよう心がけた。そうした方針に基づいて執筆したのが本書である。だがここで説明する、独立していて動きもおとなしめのサイクルは、あくまでも分析上の概念にすぎない。現実には、完全に分離することのできない相互に関連し合った現象が入り乱れている。AがB（そしてC）に影響し、BがA（そしてC）に影響し、また、それらすべてがDに影響し、Dがほかのすべてに影響する、という具合にである。これらはみな互いに絡まり合っているのだが、サイクルとその影響を理解するには、秩序立てた形で考える必要があるのだ。

最後に、「寄せ集め」とでも言うべき情報だが、サイクルを十分に理解するために必要不可欠なその性質について、あと何点か述べておきたいことがある（まずは、二〇〇一年一一月二〇日付の顧客向けレター「予測は不可能、準備は可能」に記した考察から始めたい）。

●サイクルは避けられない

時として、サイクルの上昇局面あるいは下降局面が長期化したり、極端に大きく進んだり（あるいはその両方が同時に起きたり）すると、人々は「今回は違う」と言いはじめる。地政学上、制度上、技術面、行動面の変化によって「古いルール」は通用しなくなったと主張するのだ。人々は最近の傾向を反映した投資判断を下す。だが多くの場合、やがて古いルールがなおも生きていることが明らかになり、再びサイクルが動き出す。つまるところ、空に届くまで伸びる木はなく、ゼロになって終わるものもほとんどない。むしろ結果的に見れば、ほとんどの現象はサイクルに従って起きているのだ。

●投資家が過去をすぐに忘れるせいで、サイクルの影響力は増大する

経済学者ジョン・ケネス・ガルブレイスが言ったように、「金融に関する記憶が持続する時間は極端に短い」ため、市場参加者は繰り返し起きるサイクルの性質とそれが避けられないことを、いつまでも認識できずにいる。

同じ、あるいは非常によく似た状況が（時としてわずか数年後に）再び生じると、それは金融業界、そしてより広い経済界における輝かしい革新的発見として、新しい世代に大歓迎されるのだ。そうした世代とは、だいたいが若く、そして例外なく自信に満ちあふれた者たちである。人間の活動において、金融の世界ほど歴史がないがしろにされる分野はほとんどない。過去の経験は、たとえ記憶に残っているとしても、今日の驚異的な発展を評価するだけの洞察力を持たない者が、考えなしに駆け込む逃げ場であるとして、一笑に付されてしまう。

ジョン・ケネス・ガルブレイス著『バブルの物語』（一九九〇年）より

●サイクルには自律調整力がある

そして、必ずしも外生的な事象が反転の原因となるわけではない。（ずっと一方向に進まずに）反転するのは、一方向に進みつづけること自体が反転の理由となるからだ。だからこそ、私は「成功の中に失敗の種があり、失敗の中に成功の種がある」という言葉を好んで使っている。

●人間の知覚というレンズを通すと、サイクルは実際ほど対称的には見えなくなることが多い

下方への価格変動が「ボラティリティ」と呼ばれる一方で、上方への価格変動は「利益」

と呼ばれる。相場が暴落すると「パニック売り」と言われるが、急騰した場合はもっと穏やかな表現が使われる（個人的には、一九九九年のハイテク株ブームなどで見られた現象は「パニック買い」と呼ぶにふさわしいのではないかと思う）。評論家は市場サイクルの底で売りに動く「投資家の降伏」について語るが、相場の天井でそれまで慎重だった投資家が敗北を認め、買いに動いてしまう現象も、降伏だと私は考える。

軽視されたり、見落とされたりしているかもしれないが、私の経験から言うと、金融サイクルは一般に、そしておおむね対称的である。サイクルのあらゆる動きには「反対側」がある。つまり、すべての上昇期のあとには下降期が続く（いやむしろ、すべての上昇期は次の下降期をもたらすと言うべきだろうか）のであり、その逆もまたしかりである。

広く話題にのぼり、一般にも理解されている「ブームと暴落」という現象は、サイクルの対称性を示す好例である。たいていの人はブームのあとに暴落が起きることを知っている。だが、ブームが暴落を引き起こすという実情を把握している人はもっと少ない。この実情から、①ブームのあとに痛みをともなわない穏やかで緩やかな調整が起きることはまずない、②一方で、ブームが生じなければ、暴落が起きる可能性は低い、ということがわかる。

ただし、注意すべき点がある。こうした対称性が確実に当てはまるのは方向性に関してだけであり、程度やタイミング、変動のペースについて言えば、必ずしもそうではない（これは次章で登場するニック・トレインが指摘したことである）。したがって、上昇期のあとには下降期が続くが、その振れ幅は上昇時より大きい場合もあれば小さい場合もある。下落への反転が天井に達してすぐに起きることもあれば、長い間、高止まりしたあとで調整が始まることもある。そして、おそらくもっと重要なのが次の点だ。ブームが極限まで拡大するのには何年もの時間がかかる可能性があるが、そのあとに続く暴落は、高速貨物列車さながらのスピードで進みかねない。長年、オークツリーのパートナーを務めてきたシェルドン・ストーンが言うように、「風船から空気が出ていくスピードは、風船の中に空気が入るスピードよりもかなり速い」のである。

ここで、マーク・トウェインが語ったとされる「歴史は繰り返さないが、韻を踏む」という言葉に戻ろう。これはサイクルを理解するうえで絶対に不可欠な考え方だ。トウェインがこの言葉で伝えたかったのは（実際に当人が言ったとしての話だが）、歴史の中のある特定の流れ（たとえば煽動政治家の台頭など）においては、一つひとつの出来事が細かい点で異なっていたとしても、根本にあるテーマとメカニズムは一貫している、ということだったに違いない。

これは金融におけるサイクル、そして間違いなく金融危機についても言えることだ。後述するように、二〇〇七年から二〇〇八年にかけての世界金融危機は、主として不健全なサブプライムローンが大量に提供されたことが原因となった。また、そもそもその大量提供は、行き過ぎた楽観主義、リスク回避志向の弱まり、そして住宅ローンに関する安全性を欠く行動をもたらした、過度に寛容な資本市場のせいで行われたのだった。このように書くと、了見の狭い直解主義者は「次にまた分不相応な住宅購入者に簡単に住宅ローンが提供されるときが来たら、絶対に慎重になる」と言うだろう。だが、世界金融危機の教訓が役立つような似た状況が繰り返し生じるとは限らない。一方で、あらゆるブームと暴落が発する警告のシグナルには、行き過ぎた楽観主義は危険である、市場の安全性を保つにはリスク回避の姿勢が必要不可欠だ、過度に寛容な資本市場はやがて無謀な金融取引を生み出し、ひいては参加者を危険にさらす、といった普遍的なテーマが潜んでいる。

つまり、細部は重要ではなく、気に留めなくても構わない。だが、テーマは絶対におろそかにできないものであり、繰り返される傾向がきわめて強い。こうした傾向を理解すること、そして繰り返された場合に気づけることが、サイクルに耳を傾けるうえで、きわめて重要な要素となるのだ。

最後に、アルベルト・アインシュタインが言ったとされる「狂気」の定義を引用したい。「同じことを何度も繰り返しながら、違う結果を期待すること」である。すでに価格が高騰している資産に、それが非の打ちどころがないうえ割安だと「誰もが知っている」からといって（損失を出すリスクなしに高いリターンが得られると考えて）投資するのであれば、それは狂気の沙汰である。そのような考え方は、バブルの崩壊が起きるたびに打ち砕かれる。だがそれでも、（バブルのあとには暴落が来ることに気づいていない、あるいは手っ取り早くカネを儲けたいという欲求からそのリスクに目が向かなくなっている）多くの人は、次のバブルで買いに動いてしまうのだ。

目を見張るほどの値上がりを記録した証券や市場は、そのままずっと上昇しつづけるよりも、周期的な調整に見舞われる可能性のほうがはるかに大きい。「今回は違う」と意気込む投資家に、試しにそう説いてみてほしい。

本章で多くのページを費やして多種多様なテーマを取り上げてきたのは、サイクルの性質が多面的で対処するのが難しいことの表れである。このため、サイクルは分析と直感の両方に基づいて理解する必要がある。投資の他の多くの局面でそうであるように、先んじるのは分析力に加えて直感力を持つ者だ。では、直感的なアプローチは身につけようとしてつけられるものなのだろうか。ある程度は可能だろうが、それを最大限に生かせるのは、生まれながらにして洞察の才を備えた人である。要するに、とにかく「わかってしまう」タイプの人と、そうではないタイプの人がいるのである。

会計、金融、証券分析といった分野の勉強をすれば、投資家は成功するために必要な専門知識を身につけられるが、それだけではとても十分とは言えない、というのが私の考えだ。欠けている最大の要素は、周期的な現象と、（本書でこれから述べるように）それがどう生じるのかに関する理解である。その手がかりの一部は行動経済学や行動ファイナンスといった新たに確立された学問領域に見出せるため、これらの分野に目を向けることを勧めたい。投資家にとって重要な意味を持つサイクルを理解するうえで、心理学は不可欠な要素の一つである。

サイクルに関する最大の教訓は、経験を重ねることで学べる。そして格言によれば、「経験とは、望んでいたものが手に入らなかったときに得られるものだ」。私自身、四八年前にファースト・ナショナル・シティ・バンクで若手証券アナリストとして働きはじめたころよりも、今のほうがはるかにサイクルに通じている。

とはいえ、通常は一〇年に一度、大きなサイクルに遭遇するのが関の山であるため、自分の経験の蓄積だけを頼りに腕を磨こうとするのであれば、我慢強さを身につけたほうがよい。読者の理解を深め、知識の吸収を促すのに本書が役に立てば、幸いである。

古代ギリシアの歴史家トゥキュディデスは、『戦史』にこう記している。「過去の出来事や、人間に備わっている性質のせいで将来また起こるであろう、それと似たような出来事を明確に理解したいと思う人に、この著作が有益だと認めてもらえれば」本望だ、と。本書の目的を表すのにも、うってつけの言葉である。

第3章 サイクルの規則性

パターンを認識することで生活に説明をつける（そして、そこから勝利の方程式を導き出す）、というこの取り組みは一筋縄ではいかない。それは主に、我々がランダム性に惑わされる世界、そして誰もが（たとえ意図していたとしても）毎回同じようには行動しない世界で暮らしているからである。過去の出来事はランダム性に大きく左右されていたのであり、したがって未来の出来事も完全には予測できない、と認めるのは愉快なことではない。期待やルールづくりや安全の確保も、さほど人生の役には立たないと感じさせられるからだ。

二〇一三年の秋、『投資で一番大切な20の教え』に書いた内容について、ロンドンに本拠を置く資産運用会社リンゼル・トレインのニック・トレインから電子メールをもらった。ニックは、本書で論じているような現象を私が「サイクル」と呼んでいる点に異を唱えてきた。それからニックとは、この件に関してメールで健全な議論を交わした。さらに昼食をともにして、活気に満ちた楽しい時間をすごす機会も得た。

メインディッシュが近づくにつれて、ニックがメールをくれた理由がわかってきた。それは、周期的《シクリカル》と形容するには、そのタイミングや程度が規則的で、したがって予測可能でなければならないのではないか、という考えからであった。たとえば無線の正弦波は、規則的で予測可能なパターンに従って上下動するのであり、振幅や周波数や終点はいつも同じである。

ディクショナリー・コムの定義では、物理学におけるサイクルとは、「最大値と最小値を通り、最終的に最初と同じ値に戻ることで一巡するある現象の変調」である。また、数学におけるサイクルは、「循環的順序が一定に保たれた要素の組み合わせの配列」と定義されている。つまり、科学や数学の領域におけるサイクルは、最初の状態に戻って終わるという規則的なパターンをたどる。そして、そうなるのは変動のタイミングや経路がつねに同じだからだ。ニックに一本取られた感じである。

だが、景気や企業や市場は（もちろん投資家の心理や行動も）、このように規則的には変化しない。私は昼食の席で、そうした一貫性が見られないものでも、周期的《シクリカル》とみなすことができると主張した。ニックも最終的には納得してくれたと思う。要するに、「サイクル」という言葉をどう定義するかの問題なのだ。

以下は、あとで補足としてニック宛てに書いたメールの一部である。

私が言いたいのは、たいていの物事には浮き沈みがあるということだ。ほとんどの自然物には生死のサイクルがあり、投資家の心理には、楽観主義の台頭（と価格上昇）のあとに悲観主義の台頭（と価格下落）が起きる、という非常に明白なサイクルがある。単純化しすぎで参考にならない、と思うかもしれない。だが大事なのは、何かが上昇すると投資家は二度と低下しないと考える傾向がある（そして逆もまたしかり）、という点だ。こうした傾向の逆を張れば、大きな利益をあげることも可能だ。……

機械的なプロセスを用いて利益をあげられるほど、時間の面で規則正しいものは、世の中にほとんど存在しない（そして投資の世界にはまったく存在しない）。だからといって、浮き沈みするサイクルに乗じることができないわけではない。……

サイクルと呼ぶのに、出発点に戻って終わる変動である必要はないと思う。出発点より高いところで一巡するサイクル（つまり基調となる長期的な上昇トレンドの周りを動くサイクル）も多い。そのようなサイクルを周期的と言ってもよいだろう。また、ずっと動かないのではなく、上昇局面には乗じ、下降局面では手を引くというように行動するのは悪いことではないだろう。

ケンブリッジ英語辞典では、専門的な用語としてではなく、一般に使われるサイクルという言葉を「特定の順番で次から次へと起き、往々にして繰り返される出来事の集合」と定義している。私はこの定義に満足している。私が投資の世界におけるサイクルや振動の意味として考えていることと、重なっているからだ。

〜

本書で取り上げている現象は、その不規則性から周期的と表現するのにふさわしくない、というニック・トレインの反論には賛同しかねるが、そうした不規則性とそこから得られる教訓について理解しておくべき点はたくさんある。

ここで一番注意してほしいのは、前章で述べたように、私がサイクルと呼ぶものは完全に機械的、科学的、あるいは物理的なプロセスから生じるわけではない（まったく無関係な場合もある）という点だ。もしそうしたプロセスから生じるのだとすれば、サイクルははるかに確実で予測しやすいものとなるが、そこから利益をあげられる可能性はかなり低下するだろう（というのも、最大の利益は、ほかの人よりもすぐれた洞察力を発揮することで得られるのであり、もしサイクルが本当に確実で予測可能であれば、洞察面での優位性はなくなるからだ）。基本原理が存在する場合もあるが（そして存在しない場合もある）、変動の大半はサイクルが形成される際に人間が果たす役割に起因する。サイクルの形成プロセスに人間がかかわることで、人間の感情や心理がもたらす趨勢《すうせい》が周期的な現象に影響を及ぼすようになるのだ。偶然あるいはランダム性と呼ばれるものがサイクルの中で大きな役割を果たすこともあるが、人間の行動はそうした要素を生む一因にもなっている。人間はサイクルを生み出す主因であり、（ランダム性とともに）その一貫性、ひいては確実性を欠く性質の原因でもあるのだ。

〜

我々人間は現実の世界で生きていかなければならない。前述したが、より快適で有益に生活できるようにするため、我々はパターンとルールを探し求める。経験を通じて一日や一年の中でのサイクルを認識する習性は、おそらく原始時代からあったのだろう。たとえば、母ライオンが子連れで水飲み場に現れる時間帯にそこへ行くのは危険だ、と苦い経験を重ねて学んだのではないか。また実験を通じて、ある種の作物は秋よりも春に植えつけたほうがよく育つことを知ったのではないか。ルールが絶対的であればあるほど、暮らしやすさは増す。今では、説明のつくパターンを探し求める機能が人間の脳に根づいてしまっているように思える。

しかし、パターンを認識することで生活に説明をつける（そして、そこから勝利の方程式を導き出す）、というこの取り組みは一筋縄ではいかない。それは主に、我々がランダム性に惑わされる世界、そして誰もが（たとえ意図していたとしても）毎回同じようには行動しない世界で暮らしているからである。過去の出来事はランダム性に大きく左右されていたのであり、したがって未来の出来事も完全には予測できない、と認めるのは愉快なことではない。期待やルールづくりや安全の確保も、さほど人生の役には立たないと感じさせられるからだ。だから人は、出来事が理解可能になる（往々にして妥当とは言いがたい）説明を探し求める。これは人生のほかの局面の場合と同じく、投資の世界にも当てはまる話だ。

カリフォルニア工科大学で教鞭をとるレナード・ムロディナウは、二〇〇八年刊行の著書『たまたま』で、この件について興味深い見解を示している。ランダム性をテーマとした同書から、まずは序章の文章を引用する。

直感という流れに逆らって泳ぐのは困難なことだ。……人間の頭は一つひとつの出来事に関して一個の明確な原因を特定するようにできているため、無関係あるいはランダムな要素の影響を受け入れようとしない場合がある。そこでまず大切なのは、成功や失敗が時として、すぐれた技能やどうしようもない無能さではなく、経済学者のアルメン・アルキアンが指摘したように「偶発的な状況」に起因すると気づくことだ。ランダムなプロセスは自然界の基本であり、我々の日常生活のいたるところで見られる。だが、ほとんどの人はそうした点を理解していないか、あまり考えずにいる。

ヒットする映画の法則はなく、当たるかどうかは予測できないと論じている章では、脚本家ウィリアム・ゴールドマンの見方を紹介している。

……ゴールドマンは、映画の興行成績には複数の理由があることを否定しなかった。だが、それらの理由があまりにも入り組んでいるうえ、製作許可から劇場公開までの道のりも、予測やコントロールのできない要素にかなり影響されやすいため、完成前の映画の成否を経験から推測するのはコイントスとたいして変わらない、と言ったのだ。

ムロディナウはさらに、ランダムな要素が野球のバッターにどう影響するかについても書いている。

当然のことながら、どの打席（つまり成功するチャンス）の結果も打者の能力によるところが一番大きいが、その他のさまざまな要素の相互作用にも左右される。本人の体調、風、日差し、球場のライト、投球の質、試合状況、コースや球種の読みが当たるかどうか、スイング時に手と目の連係動作が完璧に機能するかどうか、などなど。バーで出会った栗色の髪の女性が遅くまで寝かせてくれなかったとか、朝食にチリチーズドッグとガーリック・フライドポテトを食べたせいで胃がむかついている、といったことも関係してくる。こうした予測不能な要素がまったく存在しなければ、打者の成績は、毎打席ホームランを決めるか、毎打席ホームラン以外の結果に終わるか、の二つに一つしかない。

あらゆる分野において、さまざまな要因が結果に影響を及ぼすこと、そしてその要因の多くがランダムあるいは予測不能であることを我々は知っている。もちろん、そうした要因には経済や投資にかかわるさまざまな変化や動きも含まれている。収入が安定していたとしても、個人の消費性向は天候や戦争、サッカーのワールドカップでどの国が優勝するか（つきつめれば、ディフェンダーの足に当たったボールがどこへ飛んでいくか）、といった要因の影響を受ける可能性がある。ある企業が好業績を発表したとしても、その株価が上がるか下がるかは、競合企業の動向や、中央銀行がその週に金利引き上げを実施するかどうか、業績発表が行われた週の相場の地合いが良いか悪いかによっても変わる。変動要因がこれほど幅広く存在する点を考えれば、私が話題にするサイクルが規則的とは言えず、信頼できる判断材料になりえないことは明らかだ。

私がきわめて厄介だと感じてきたハイイールド債の世界での例を挙げよう。私が同分野に携わっている時期に、債券が発行後二年が経過するころにデフォルトする（元利の支払い不履行が起きる）という見方が生じた時期があった。もし本当なら、そうした情報は非常に役に立つはずだ。デフォルトを避けるには、発行から二年になろうとする債券をすべて売り、その時期を乗り切った債券を買い戻せばよいということになる（もちろんこの法則には、誰もがリスクありと知っていて、その危険な日が近づいている債券をいくらで売れるか、そして、一度処分した債券を買い戻すのにいくらかかるか、という観点が欠けている）。

おそらくこうした説が広まりはじめたころに、発行から二年ほど経過した債券のデフォルトが相次いだことがあったのだろう。だが、偶然と因果関係はまったく別物だ。それは確実性の高い現象なのか。だとすれば、何が原因だったのか。同じことが繰り返されるのか。この説に賭けてみるべきか。何よりも、ハイイールド債には当時まだ二〇年程度の歴史しかなかったため、その経験とサンプル数は、そうした説の信頼性を正当化するのに十分なのか、という疑問を私は感じた。この発行後二年の法則は厳密なデータに基づいたものではなく、わかりやすく役に立つルールを強く求める人々の思いと、まともな根拠もないのに簡単に推定してしまう行き過ぎた傾向から生まれたのだと私は考える。

債券のデフォルトは、（野球における打者の成績の場合と同様に）非常にさまざまな要因の影響によって起きる、そして、その大半は発行後の年月の長さとはまったく無関係だと認識するほうがよいだろう。マーク・トウェインが述べたとされる言葉をこう言い換えたい。「歴史は韻を踏む場合もあるが、寸分たがわず繰り返すことはほとんどない」

~

相場が今後も上昇したり下落したりしつづけるのは間違いない。そして、①なぜ変動するのか、②どのような要因からそうした変動がある程度、差し迫った状態になるのか、という点もわかっているつもりだ。だが、いつ上向いたり、下向いたりするのか、動きはじめたらどこまで行くのか、どんなペースで変動するのか、いつ中心点へと戻りはじめるのか、反転してからどこまで動きつづけるのか、といったことは、これから先も絶対に知りえない。よくわからないと認めるべき点は多々あるのだ。

ただし、サイクルのタイミングについてほとんど知らない、と認識していることは、サイクルへの理解がより乏しく、サイクルとそこから導き出される適切な行動について、さほど関心を寄せていない大多数の投資家に対する大きな優位性となる。ここで言う優位性とは、おそらく誰でも獲得できるものであり、私自身はもう十分に発揮したと思っている。そのおかげで、私とオークツリーの仲間たちは過去二二年間にわたり、非常に有利な立場を享受してきた。そして、それこそが本書で私が伝えようとしていることの大部分なのだ。

第4章

景気サイクル

一国の経済の生産量は、労働に費やされた時間と一時間当たりの生産量で算出される。したがってその国の長期経済成長率は、主として出生率や生産性の伸び率といった基礎的要因によって決まる（ただし、その他の社会、環境面における変化にも左右される）。これらの要因は通常、一年間ではほとんど言ってよいほど変化せず、十年単位の時間をかけて徐々に変動していく。このため、年平均成長率は長い期間にわたって、比較的安定した水準となる。

基調となる長期成長率が比較的安定していれば、一年ごとの成長率も安定的だと見込みたくなるかもしれない。だが、変化しやすい数多くの要因の影響で、一年ごとの経済成長率（平均的には基調となるトレンドラインに沿うものだが）にも、ばらつきが生じる。

景気サイクルは、ビジネス界や市場における周期的な出来事の根本にある大きな要因である。

景気が拡大すればするほど、企業の利益が増大し、株価が上昇する可能性は高くなる。本章では、景気サイクルに影響を及ぼす要因について簡単に触れる。だがその前に、経済について論じる際にいつも自分から告白していることを、ここでも伝えて（高らかに宣言して？）おきたい。私は経済学者ではない、と。

私は大学の学部生時代と院生時代に経済学の講義を受けた。今も経済学について考えるし、プロの投資家として経済学にかかわっている。そして自分のことを、コストと価値、リスクと潜在利益の関係性に基づく論理的な理由からほとんどの決断を下す、「経済人《エコノミック・マン》」と呼んで差し支えのない人間だと思っている。とはいえ、私の経済学に関する考えは概して常識と経験をもとにしたものであり、これから書くことに多くの経済学者が異を唱えるであろう点も重々、承知している（もちろん、経済学者の間でも意見はさまざまに分かれる。経済学の仕組みはきわめて不確かでわかりにくく、だからこそ「陰気な科学」と呼ばれるのだ）。

一国の経済の生産量を表す中心的な指標は国内総生産（ＧＤＰ）である。これは、一国で最終的に売られるために生み出されたすべての財とサービスの価値の総額を意味する。大まかには、国民が労働に費やした時間と、一時間に生産される財とサービスの価値を掛けたものとみることができる（私が社会人になった当時は国民総生産、ＧＮＰと呼ばれる指標が主流だったが、今では使われなくなってしまった。二つの違いは、一国の中で活動している外国の製造業者の扱いにあり、ＧＤＰにはその業者の生産額が算入されるのに対し、ＧＮＰでは算入されない）。

経済に関して大半の人（そして、もちろん大半の投資家）が気にかけるのは、その年に景気は拡大するのか、後退するのか、そして成長率は何％になるのか、という問題である。この二つは、私が短期景気サイクルと呼ぶものに属する要素だ（その他の留意事項については、このあとすぐに紹介する）。

アメリカのある年のＧＤＰ成長率について考える場合、通常はまず二～三％程度の範囲を想定し、特定の状況を考慮してそこから数値を上げたり、下げたりする。ただし、毎年のＧＤＰ成長率の出発点はいつでもプラスである。たとえば、昨年（二〇一七年）の初めには、ＧＤＰ成長率が何％になるかという議論が活発に交わされた。楽観主義者は三％近くに達すると予想し、悲観主義者は二％に届かないかもしれないと考えた。だが、ほぼすべての人がプラス成長を見込んでいた。景気後退は、２四半期連続でマイナス成長を記録すること、と公式に定義されているが、二〇一七年やその翌年にＧＤＰ成長率がマイナスになると考える人はほとんどいなかった。

景気の長期トレンド

多くの投資家が気にかけるのは、前年比のＧＤＰ成長率が高いか低いか、プラスかマイナスかという点だ。つまり、短期的な動向に関する疑問である。重要なことだが、それがすべてではない。長い目で見れば、そうした要素の重要性は薄れ、長期的な材料の意義がより強まる。

前述したように、投資家の注意を引きつけるサイクルの大半は、長期トレンドあるいは中心的な趨勢《すうせい》の周りで揺れ動いている。こうした揺れは短期的には企業や市場にとってきわめて重要だが、基調となるトレンドライン（趨勢線）そのもののほうが、全体的に見て、はるかに大きな意味合いを持つ。長期的に見れば、「トレンド周辺の細かい動き」は打ち消される（もちろん、それぞれの年ごとに大きな高揚や苦難をもたらしたあとの話になるのだが）一方で、「基調となるトレンドの変動」は長期的な経験に何よりも大きな変化をもたらす。

二〇〇九年一月に、私はこのテーマに的を絞った顧客向けレター「長期的な視野」を書いた。ここで大々的に引用したい。

まず私は、過去数十年にわたって証券市場がたどってきた複数の「健全な長期トレンド」について記した。以下にその項目を列挙するが、レターで書いたそれぞれに関する説明は省略する。

●マクロ環境
●企業の成長
●借り入れに関する考え方
●投資の普及
●投資家心理

図表4-1

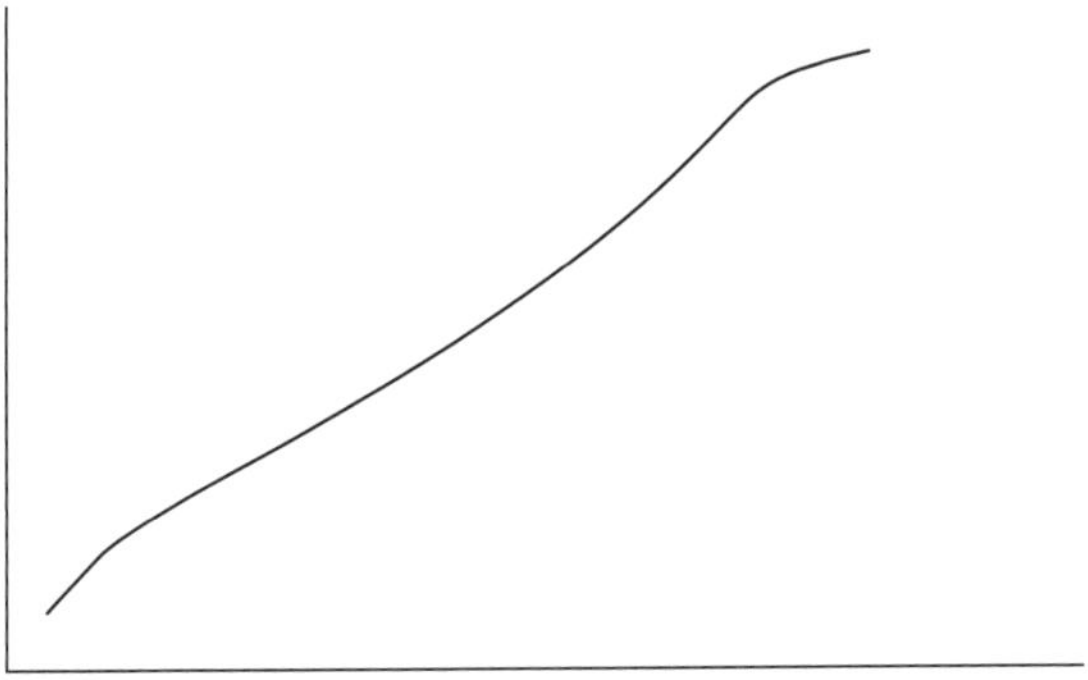

これらの変化は過去数十年間にわたり、経済と市場にとっての強い追い風となり、長期的な上昇・拡大トレンドをもたらした。

ただし、基調としては上昇・拡大しているものの、まっすぐな右肩上がりの線を描いてきたわけではない。経済と市場の上昇・拡大トレンドは、周期的に発作のように生じる短期的変動によって数年おきに途切れていた。トレンドラインの周辺を動くサイクルは、たびたび起きる浮き沈みによって形成されてきた。たいていの浮き沈みは小幅で期間も短かったが、一九七〇年代には景気が低迷しはじめ、インフレ率が一六%に達し、平均株価は二年間でほぼ半減し、ビジネスウィーク誌（一九七九年八月一三日号）は「株式の死」と題した特集記事を掲載した。そう、私はこの業界で四〇年働いてきたが、その間ずっと「酒とバラの日々」だったわけではないのだ。

景気はその時々によって、良くなったり、悪く

図表4-2

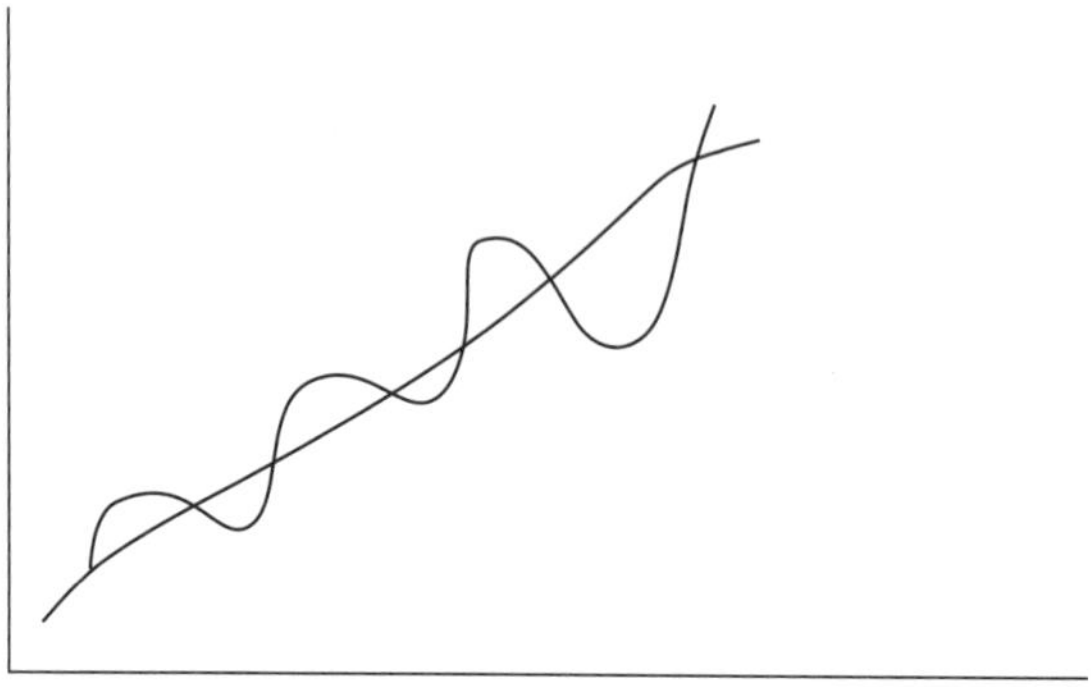

なったりし、低迷と繁栄、後退と回復を繰り返してきた。市場も同じように浮き沈みしてきた。こうした変動は、通常の景気サイクルと（一九七三年の中東産油国による原油禁輸措置や一九八八年の新興市場危機のような）外生要因に起因していた。一九七五年から一九九九年にかけての時期に、スタンダード&プアーズ（S&P）五〇〇種株価指数はマイナスの年間騰落率を何度か記録したが、下げ幅が七・五%を超えた年はなかった。一方で、その二五年のうち、年間の上昇率が一五%を超えた年は一六回、三〇%を超えた年も七回あった。

浮き沈みがあるなかでも投資家は概して利益をあげ、投資は一般国民もたしなむものとなり、アメリカ有数の富豪ウォーレン・バフェットは普通株式や企業そのものを買うことでその地位を手に入れた。株価は全般的に急上昇を続け、二〇〇七年にピークに達した。

……二〇〇七年半ばまでの三九年間に私が資産運

図表4-3

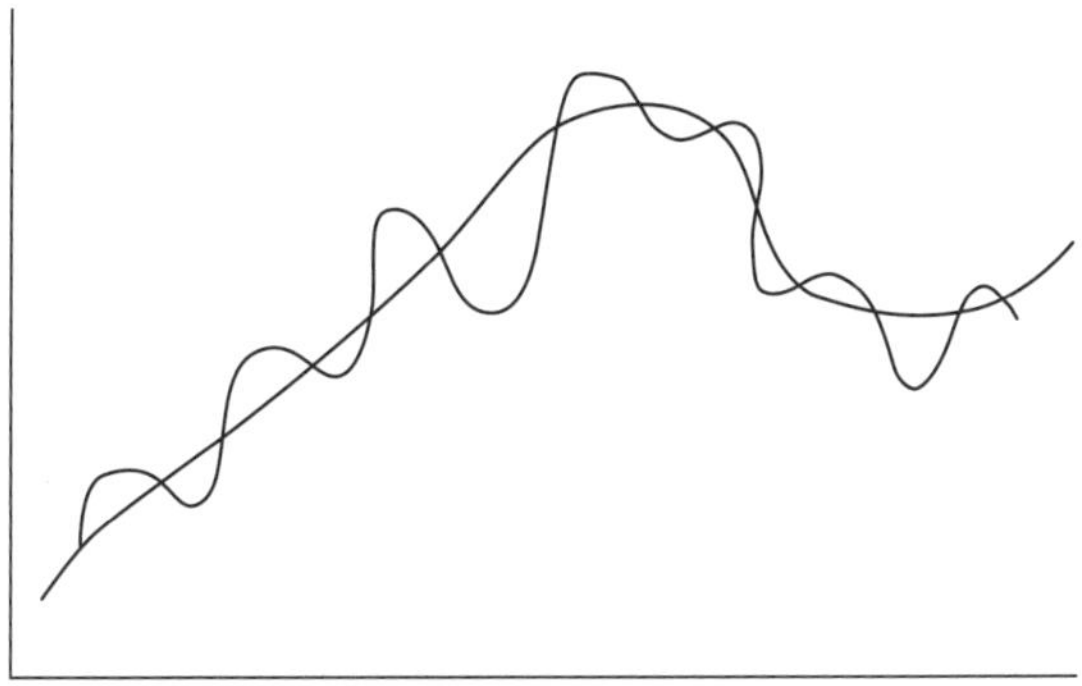

用マネジャーとして経験してきたことは、長い物語の一部にすぎなかった。基調としてずっと続く長期的な上昇傾向に見えたものは、上昇だけでなく下落も含まれた長期サイクルの中のプラス部分としてとらえるべきだったのだろう。後ろに下がってみて初めて、全体像を掴むことができるのだ。

ここで一番伝えたいのは、(その周りで変動する短期的なサイクルだけでなく)、長期的な傾向のサイクルが存在するのであり、これまで我々が通りぬけてきたのは、その大きなサイクルの中の上昇の時代だったのだ、という点に私が思いいったということだ。

大半の投資家が関心を寄せる短期景気サイクルへと話を移す前に、長期サイクルについてもう少し記したい。それを形成する要因と、現時点での長期サイクルの見通しに関してだ。そのあとで、短期景気サイクルへ話題を転じることにする。

前述したように、毎年の経済の生産量を決定づける主な要因の一つは、労働に費やされた時間である。その労働時間の増加をもたらす最も根本的な要因は人口の増加だ。人口の増加とは、前の年よりも製品を生産、販売する人が多くなること（そして、その製品を購入、消費して、生産を促す人が多くなること）を意味する。生産の増加はGDPの拡大と同義だ。人口が増えれば労働時間が増加し、GDPが拡大する傾向がある。したがって出生数は、経済成長率がプラスになるという一般的な推定の主な理由の一つになっている。一方、人口が減少していれば、それはプラスのGDP成長率を実現するうえで強い逆風となる。

人口の伸びは年によって大きく変わるものではない。出産年齢人口とその年代の出産傾向は、どちらも短い間に大きく変化することはない。ただし、数十年以上の長期で見ると、これらの要素は変わり、長期的な人口の変化をもたらす。

どのような要因によって、一国の出生率（各カップルが持つ子どもの平均人数）は変わりうるのだろうか。

●中国で近年まで長いこと実施されていた「一人っ子政策」のような規制
●戦争（たとえば、出生率の低下と終結後のベビーブームをもたらした第二次世界大戦）
●子どもを持つ余裕の有無に関する人々の心情を何よりも左右する経済状況
●近年の若いアメリカ人に見られる晩婚傾向といった社会的慣習

出生率の変化は一般的に長い期間にわたって起きるのであり、その影響がGDP成長率に表れるまでには何年もの時間がかかる。中国の一人っ子政策の例を見てみよう。二〇一五年のある日、前日まで効力のあった政策が廃止されると発表された。そう聞けば、変化は急に起こったと思うかもしれない。たしかに政策転換は急だった。そこで、すでに子どもが一人いる夫婦はすぐにでも第二子をもうけようとしただろうが、その第二子が労働者になって中国の経済生産に貢献できるようになるまでには二〇年の時間がかかる。つまり、出生率の変化が前年比のGDP成長率を左右する主な要因になる可能性は低いと言える。

GDPを算出する際のもう一つの基本要素（一時間に生産される財とサービスの価値）は「生産性」によって決まる。生産性の変化は長期のGDP成長率の変動を決定づける基本的な要因だ。人口増加率がどうであれ、生産性が向上していればGDP成長率は高まり、低下していれば鈍化する。さらに二次導関数によって、生産性向上のペースが上がっていればGDP成長率が加速し、鈍っていれば減速することがわかる。どれも数学で説明のつく話だ。

出生率の場合と同じく、生産性の変化は緩やかなペースで徐々に起きるのであり、GDP成長率にその影響が表れるまでには長い時間がかかる。生産性の向上は、主として生産プロセスの進歩によって実現する。最初に生産性が急激に向上したのは、一七六〇年から一八三〇年にかけての産業革命の時代だった。このころ、蒸気や水力を用いた機械が労働者に取って代わり、小さな店や家内であまり効率的ではない形で行われていた仕事が大工場で処理されるようになった。次に生産性が急激に高まったのは、一九世紀末から二〇世紀初頭にかけての時期だ。電力と自動車が効率性の低い動力と輸送手段に取って代わった。三度目の生産性の急向上は二〇世紀後半に起きた。コンピュータやその他の自動制御手段が人間に代わって生産機械の操作を行うようになった。そして言うまでもなく、情報化時代の今、第四の波が押し寄せている。情報の取得、蓄積、応用、そしてメタデータや人工知能（ＡＩ）といった分野における大革新によって、それまで夢想すらできなかった仕事が実現可能になりつつある。

繰り返しになるが、こうした変化の一つひとつは数十年の時間をかけて徐々に起きる。それぞれの変化はＧＤＰに多大な影響を及ぼすが、それでも前年比の成長率が著しく加速したり鈍化したりすることはない。生産性の向上率は数年間にわたって比較的安定する傾向があり、一般にその変化が後退と回復という短期の景気サイクルを左右することはない。

労働時間と一時間当たりの生産量の傾向が組み合わさって一国の生産量の長期トレンドを決定づけることは明らかだ。それでは、どのような要因がその二つの変化をもたらすのだろうか。以下に部分的ではあるが、例として挙げられる要因を示す。

●人口動態の変化

典型的な例は、中国における農村部から都市部への一〇〇〇万人単位での人の移動である。都市部の労働力人口の増加は、低コストの生産拠点として中国が台頭するのを後押しし、さらには同国の消費者階級の拡大にも寄与している。そのほかの例として、ラテンアメリカ諸国からアメリカ合衆国への人の移動も挙げられる。他の先進国と同じように、アメリカは出生率の低下に直面している。だが国境の南からの移民（不法移民を含む）がそれを補う形で、アメリカの生産的労働力の供給と消費率の伸びをもたらしている。

●投入量の決定要因

労働に費やされる時間は、働く人の数、そしてもちろん働く意欲のある人の数に比例するとは限らない。

- 「労働力参加率」とは、生産年齢人口に占める労働力人口（すでに職に就いている人と求職している人の合計人数）の比率を示す。
- 失業率（労働力人口のうち、求職活動をしているにもかかわらず職に就けずにいる人の比率）は、消費者や企業の支出の変化（ひいてはモノやそれを生産する労働者に対する需要の変化）に応じて変動する。
- 職に就いている人の一人当たりの労働時間も、経済状況によって変わる。企業はモノに対する需要が低迷すると週間労働時間を減らし、需要が高まると（堅調な状態が続いて追加雇用やシフトの変更などの手段をとるまで）超過労働を認める。

●意欲

利潤動機とより良い暮らしを送りたいという願望は、労働者（ひいては社会）を仕事にいっそう励まさせ、生産量を増やそうという気にさせる原動力となる。このような要素は普遍的だと考えてしまいがちだが、そうではない。たとえば、ソビエト連邦の経済体制においては、利潤動機はほとんど存在しなかった。また、より長い時間働きたくても、制約があってできない国もある（具体例を挙げると、私はヨーロッパの銀行で従業員が退勤時刻を記録するのを見たことがある。アメリカのように五時まで働いたことを証明するのではなく、五時までに仕事を終え、三五時間の週労働時間を超えないようにしていることを証明するための記録である）。

●教育

アメリカの公教育の荒廃は将来的に、労働者の同国経済に寄与する能力と、消費を支えるのに十分な収入を生み出す能力にマイナスの影響を及ぼす可能性が大きい。こうしたマイナスの傾向は、移民の流入によるプラスの効果を弱めると考えられる。

●技術

技術革新は新たなビジネスを誕生させる一方で、古いビジネスの淘汰を促し、雇用の創出と消失の両方につながる。これは、勝者そして敗者を生む、という経済発展のダーウィン主義的性質を示す極端な例である。新しい技術は古い技術だけでなく、人間の仕事にも取って代わる。だが、その新技術自体も決して「安泰」ではなく、いずれ排除あるいは（現代の専門用語で言うと）破壊《ディスラプト》される。技術は浮き沈みや、生と死そして再生のパターンを生み出す代表的な要素である。

●自動化

人間の労働力に取って代わる機械の能力は、とりわけ興味深い要因だ。一方で、自動化は生産性の向上、つまり一時間当たりの生産量の増加をもたらすことから、景気サイクルにプラスの影響を及ぼす要因と見ることもできる。たとえば、農業の機械化によって、農業従事者は人手をかけずに、かつてないほど低いコストで、はるかに多くの食料を生産することが可能になった。だがその半面、機械化は生産のために費やされる労働時間の減少ももたらす。今日では、三〇年前には一〇〇人を要したであろう工程を数人でこなす工場もある。このように自動化がＧＤＰに及ぼす影響はニュートラルかプラスと考えられるが、雇用を削減する可能性から、雇用、ひいては収入と消費の減少という効果も生じかねない。

●グローバル化

各国の世界経済への融合は、得意分野への特化の効果などから世界全体の生産量の拡大というプラスの効果を生み出す可能性もあれば、そうならずにゼロサム（あるいはネガティブサム）の結果をもたらす可能性もある。ただし、グローバル化が各国の経済にそれぞれ異なる影響を及ぼしうる（そして各国の中で勝者と敗者を生み出しうる）ことは明らかだ。前述した中国における工場労働者の著しい増加は、同国を世界有数の輸出国へと押し上げ、過去三〇年にわたってその経済成長に拍車をかける役割を果たしてきた。その一方で先進諸国は、そうでなければ自国で生産していたかもしれないモノを大量に中国から輸入するようになり、これが自国のGDPを押し下げる要因となってきた。アメリカでは二〇〇〇年以降に数百万人の製造業従事者の職が中国に奪われたと推計されており、経済成長率がそうでなかった場合よりも低くなっているのは確かだ。ただし、アメリカ経済への全体的な影響を評価するには、中国からの安価な輸入品によるメリットも考慮しなければならない。

〜

アメリカは第二次世界大戦でインフラへの損害を被ることがなかったうえ、戦後のベビーブームという強い追い風を受けて、著しい経済成長を遂げた。多くの分野でアメリカ製品は世界一の地位を築き、アメリカ企業は大成功を収めていた。グローバル化が進む前の世界では、アメリカの労働者は引き続き世界最高水準の収入を得ることができ、より生産コストの安い他国との競争に脅かされることもなかった。経営ノウハウの向上や生産性の急激な伸びも、成長を加速させる要因となった。このため、アメリカ経済は長期的にも急成長を遂げ、収入の増加がさらに消費の拡大をもたらすという好循環を生み出して、多くの者を潤した。だがそれは、いつまでも続くとあてにできる流れではなかった。

近年、アメリカでは（そして他のどの国でも）成長率が鈍化しているように見える。これは基調となる長期トレンドとは別の短期の周期的な変化なのか、それとも長期トレンドそのものの変化なのか。はっきりとわかるまでには何年もの時間がかかるだろう。だが、その原因が「長期停滞」、つまり長期トレンドの根本的な鈍化にあると唱える学派も生まれている。

アメリカでは他の先進国と同様に、人口と生産性の伸びが鈍化している。この二つの点を合わせて考慮すると、今後数年間のアメリカのＧＤＰ成長率は第二次世界大戦後の数年間よりも低くなるだろう。近年の著しい生産性の向上が将来にまた繰り返されるとは想定しがたい。また、他国ではるかに安価な労働力が供給されていることから、アメリカが自国で必要とする製品に関して価格で競争できる可能性は低い。これが、技能や教育水準の低い国民の雇用や、所得の不均衡、他国との相対比較で見た生活水準といった面で、アメリカにマイナスの影響を及ぼすことは疑いない。当然ながら、これらの問題が二〇一六年の大統領選挙でも重要な役割を果たしたのである。

人口と生産性の伸びの変化が何らかの効果をもたらすには数十年の時間がかかる場合もあるが、その国の経済成長率に影響を及ぼしうることは明らかだ。二〇世紀には、アメリカがヨーロッパをしのぐ経済大国となった。その後、一九七〇年代から一九八〇年代にかけて日本が急成長し、世界を支配するかに見えたが、一九九〇年代になってまた低成長の時代に突入した。ここ数十年に急成長を実現してきたのは新興諸国、とりわけ中国である。現在、それらの国の成長率は鈍化しているものの、おそらくむこう数十年にわたり先進国を上回るペースで成長しつづけるだろう。インドは、効率性を上げ、不正を減らすことができれば、急成長国になるだけの人的資源を有している。また、新興諸国の後ろにはナイジェリアやバングラデシュなどのフロンティア諸国が控えており、急成長の機会をうかがっている。

国は盛衰し、それぞれの経済成長は他国との相対比較で見て加速したり鈍化したりする。成長の基調トレンドが長期的なサイクルに従うのは明らかだが、それよりも認識しやすく、説明もつきやすいのが、その周辺で生じる短期的な変動である。

短期の景気サイクル

前に述べたように、経済予測を仕事とする者とその予測を頼みとする者は多くの場合、むこう一年から二年のGDP成長率ばかりに目を向ける。つまり、短期景気サイクルの上昇局面で成長率とその期間の長さがどうなるのか、下降局面で成長率が今後2四半期連続でマイナスとなり、景気後退と呼ばれるのではないか、といった点を気にする。数ページ前に説明したように、これらは長期成長トレンドの周りで生じる短期の変動を示す。長期トレンドを生み出す要因は、四半期や一年という期間ではほとんど変化しないのだから、短期の変動に大きな関心を寄せる意味はないのではないか。そもそも、なぜ短期の変動は起きるのか。なぜ毎年の成長率は、平均的な水準（たとえば二%ぐらい）にならないのか。

こうした疑問が出たのを機に、本書の主役級を紹介したい。心理、感情、そして意思決定プロセスである。出生と生産性は往々にして、独立した、ほぼ機械的な変数としてとらえられがちだ。出生は生殖行為の産物であり、その動機と頻度はいつの時代も概して非常に安定的である。同様に、生産性（単位労働当たりの生産量）の水準の変化率も、技術の進歩と普及によっておおむね決まるとみなされている。言い換えると、経済は人間によって成り立っているが、その人間の紆余曲折は経済成長の水準にそれほど反映されないと思われている。

だが、そうではないのだ。長期トレンドは潜在経済成長率を決めるが、毎年の実際のＧＤＰの水準は長期トレンドが示す水準とはさまざまに異なる。その主な原因は、人間が関与することにある。

出生率は労働時間の長期的なトレンドを決定づけるかもしれないが、短期的な労働時間は他の諸要因によって幅広く変化しうる。たとえば、労働意欲は一定ではない。経済情勢のせいで人々が職を探す意欲を失う場合もあれば、世界的な出来事によって消費水準が一変する場合もある。

最もわかりやすい例として挙げられるのは、世界的な出来事によって経済活動を冷え込ませるような不安が生じる可能性である。サブプライムローン危機と、二〇〇八年九月のリーマン・ブラザーズの経営破綻でピークに達した金融機関の崩壊は、消費者の購買意欲、投資家の投資意欲、企業の設備投資・雇用拡大意欲を減退させた。こうした意欲の減退は、失業や住宅の差し押さえ、投資ポートフォリオの価値下落などの憂き目にあっていない人にも波及した。その影響はまたたく間に経済全体へと広がり、二〇〇七年一二月から二〇〇九年六月まで続く深刻な景気後退をもたらしたのだ。

労働者数とその所得額が比較的安定していれば、消費支出額も同じように安定すると考えることができる。だが実態は違う。「限界消費性向」と呼ばれるもののせいで、支出は雇用や所得よりも激しく変動する。限界消費性向とは、新たに増えた所得のうち、消費に回される額の比率を示す。この比率は短期的に変化しやすいため、消費額は所得額とは無関係に変化しうるのだ。

所得者が限界消費性向を高める理由として、以下のことが考えられる。

- ●良いニュースが続いている。
- ●選挙結果から景気拡大、所得増加あるいは減税が期待される。
- ●消費者向け融資が受けやすくなってきている。
- ●資産価格の増大で、より豊かになった気分がしている。
- ●ひいきの野球チームがワールド・シリーズを制した。

中でも特筆すべきは四番目の要因、いわゆる「資産効果」だ。資産保有者は、①株式や家を売って、そのカネを消費に回したりはしないだろうし、②資産価格の上昇は一時的な潮流に終わる可能性があり、支出パターンを変える決め手にはならないと認識しているはずだ。それでも資産価格が上昇すると、実際に人は支出を増やす傾向がある。この現象は、人間の行動が短期の景気動向を左右することを実証している。

このように経済見通しが自己実現的な側面を持つ点を把握しておくことは、きわめて重要である。人々（そして企業）が将来の好況を見込んでいれば、支出と投資が増え、実際に好況が訪れるだろう。逆もまたしかりだ。これは私の見解だが、二〇〇八年の金融危機後には、過去数回の景気後退時のようなV字型の急回復は起きない、と大半の企業が判断した。そうして企業が設備や人員の増強を差し控えた結果、アメリカの景気は緩やかなペースで段階的にしか回復しなかった（ほかの国では、回復の足取りはさらに重かった）。

このほかに短期的な変動を引き起こす要因として、在庫が挙げられる。企業はある期間の自社製品に対する需要を過大に見積もり、売れる量を超える水準まで増産する場合がある。生産量を一定に保っていながら、予期せぬ需要の軟化に直面することもある。いずれのケースでも生産量が販売量を上回り、余剰分が在庫として積み上がる。そうなると、在庫が望ましい水準に戻るまで、しばらくの間、生産量を抑える調整が行われるだろう。このように、在庫の増減は多くの場合、経済生産の短期的な変動につながる。

ここに挙げたのは、出生率や生産性の伸びが示唆する潜在的な経済成長率から、四半期や年間の成長率が乖離する原因となりうる要素のほんの数例である。これらの要素は機械的ではない、あるいは本質的に確実ではない要因に左右される。その多くは人間の行動に起因するのであり、だからこそ不確かで予測不能なのだ。

そこで、経済予測に関してもう少し述べておきたい。多くの投資家は自身で導き出した、あるいはエコノミストや銀行やメディアが発表した予測に基づいて行動する。だが、そうした予測の多くに、投資を成功へ導くような付加価値があるとは思えない（詳しくは『投資で一番大切な20の教え』第14章の「無知」に関する記述を参照）。

経済予測について考察するには、以下の根本的な点を押さえておく必要がある。

●投資においては、平均的な投資家または市場ベンチマークと同等のパフォーマンスをあげるのは容易である。

●平均的な成績は容易に達成できるため、投資で本当に成功するには他の投資家と平均をアウトパフォームしなければならない。投資における成功とは概して相対的な概念であり、相対パフォーマンスによって評価される。

●次に何が起きるのかを正しく見極めるだけでは、誰もが同じように考え、同じように正しく見極めている状況にあった場合、相対的にすぐれたパフォーマンスをあげるのに十分ではない。成功は、正しく見極めることで得られるのではない。ほかの人よりも正確に見極めることが大事なのだ。

●同様に、成功するのに正しい見極めが絶対必要なわけではない。ほかの人よりも間違いが少なければよいのである。

●成功は正しい予測ではなく、よりすぐれた予測によって得られる。そのような予測を導き出すことは可能なのだろうか。

大半の経済予測は、現在の水準と長期トレンドから将来の状況を推定する方法で導き出される。そして、経済がそうした水準やトレンドから大きく乖離することは少ないため、そのようにして導き出された予測の大部分は当たる。だが、そうした予測は共有されていて資産の市場価格にもすでに織り込まれており、（当たっていたことが判明したとしても）すぐれたパフォーマンスにつながらない可能性が高い。ノーベル経済学賞を受賞した経済学者ミルトン・フリードマンは、以下のように語っている。

> こうした人々はみな同じデータを見て、同じ資料を読み、お互いに何を言うか当てようとすることに時間を費やす。［そうやって導き出した予測は］それなりに当たるものだが、ほとんどがたいして役に立たない。

役に立つ可能性がある予測とは、長期トレンドや現在の水準からの乖離を正確に予見したものだ。誰かが通例に従わずに、トレンドなどから推定されるのとは違う予測を発表し、それが当たった場合、他の市場参加者たちに驚きをもって受け止められるだろう。そうした者たちが慌ててポートフォリオの調整を行えば、正しく予測していた一握りの者が利益をあげる可能性が高い。ただし、一つだけ落とし穴がある。トレンドからの大幅な乖離は、①まれにしか起きず、②正確に予測することが難しいため、トレンドと一線を画す型破りな予測をしたとしても、大半は当たらず、その予測に基づいて投資した者のパフォーマンスは平均を下回る公算が大きい。

　したがって、経済予測に関しては以下のことが言える。

●大半の経済予測は、長期トレンドや現在の水準から推定しただけのもので、だいたい当たるが役には立たない。
●トレンドから著しく乖離した型破りな予測は、当たった場合の価値は非常に大きいが、たいていは当たらない。つまり、トレンドから乖離した予測のほとんどは当たらず、やはり役に立たない。
●トレンドから著しく乖離した予測のごく一部は当たり、役に立つ（そして、予測した当人は鋭い洞察力の持ち主としてもてはやされる）が、どれがその一握りの正しい予測かを前もって知ることは難しい。全体としての打率は低いため、型破りな予測は結局のところ、有益にはなりえない。たった一回の驚異的な当たり予測によって有名になる者もいるが、その予測の大多数は参照に値するものではない。

まとめると、経済予測に関するこれらの三つの結論は、とても励みになるとは言えないものだ。ジョン・ケネス・ガルブレイスが「予測家には二つのタイプがある。無知な予測家と、自らが無知であることを知らない予測家だ」と言ったのも、もっともなのである。

長期景気サイクルの中の長期的な変動は予測しがたく、そうした予測が正しかったどうかを評価するのも困難である。短期景気サイクルの変動に関しても、特定の人がつねにほかの人たちよりもすぐれた予測をするのは難しい。それでも投資家は経済予測を頼りに行動したくなるものだ。何と言っても、予測が当たっていれば高い見返りが得られる可能性があるからである。だが、つねに正しい予測をすることの難しさを軽く見てはならない。

〜

景気サイクルについて私なりに要点をまとめると、以下のようになる。

●一国の経済の生産量は、労働に費やされた時間と一時間当たりの生産量で算出される。したがってその国の長期経済成長率は、主として出生率や生産性の伸び率といった基礎的要因によって決まる（ただし、その他の社会、環境面における変化にも左右される）。これらの要因は通常、一年間ではほとんどと言ってよいほど変化せず、十年単位の時間をかけて徐々に変動していく。このため、年平均成長率は長い期間にわたって、比較的安定した水準となる。

一国の長期経済成長率の著しい加速や鈍化は、きわめて長い時間枠で見てようやくわかる。とはいえ、そうした変動が生じるのは確かである。

●基調となる長期成長率が比較的安定していれば、一年ごとの成長率も安定的だと見込みたくなるかもしれない。だが、変化しやすい数多くの要因の影響で、一年ごとの経済成長率（平均的には基調となるトレンドラインに沿うものだが）にも、ばらつきが生じる。そうした要因は、以下の二つに分けて考えることができるだろう。

・**内生要因**

一年ごとの経済成長率は、経済の諸部門で下される決断の変化に影響されうる。たとえば、消費者が支出するか貯蓄するか、企業が事業を拡大するか縮小するか、在庫を積み増す（生産を増やす）か在庫を販売に回す（そうしない場合よりも生産を減らす）か、といった決断である。これらの決断は往々にして、消費者や企業経営者といった経済主体の心理状態に左右される。

・**外生要因**

一年ごとの経済成長率は、①戦争の勃発、税率変更や貿易障壁の調整に関する政府の決定、カルテルに起因する物価の変動、といった厳密には経済関連ではない人為的な出来事や、②干ばつ、ハリケーン、地震などの人間が関与しない自然現象にも影響されうる。

●長期経済成長率は長い時間枠で見ると安定しているが、長期サイクルに従って変動する。
●短期の経済成長率は、平均的には長期トレンドに沿うが、一年単位で見るとトレンドラインの周りを揺れ動いている。
●投資家は投資利益をあげる可能性を求めて、一年ごとの経済成長率を予測しようと懸命になる。そして、だいたいの場合は平均として実態に近い予測をする。だが、一貫して正しい予測をする者、ほかの誰よりもはるかにすぐれた予測をする者、トレンドからの著しい乖離を正確に予測する者は、ほとんどいない。

〜

私はよく、執筆中のトピックについて結論をまとめようとしているときに、現実の生活や読んでいる文献の中で、(奇跡的にも) その結論を後押しするのにもってこいの事例に出くわすことがある。本章の初稿を書き終えようとしていたときもそうだった。二〇一六年六月二三日、イギリスの有権者の過半数が国民投票でヨーロッパ連合 (ＥＵ) からの離脱 (いわゆるブレグジット) を支持したことが報じられたのである。

これは概して予想外の決定だった。投票日に先立つ数日間にイギリス・ポンドとロンドン市場の株価は上昇しており、ロンドンのブックメーカーでもＥＵ残留派が優位という数字が出ていたのだ。予測があてにならないことがよくわかるだろう。

この決定はイギリスとヨーロッパだけでなく、世界の他の地域にも経済、社会、政治の面で多大な影響を及ぼしたと考えられる。消費者、投資家、企業経営者の心理にマイナスの効果をもたらし、目先の経済成長率の鈍化につながった可能性がある。貿易障壁の強化や世界的な効率低下を招いたと見ることもできる。

さらに、この出来事とそれに続く流れ（スコットランドと北アイルランドがイギリスから独立する可能性もある）が、直接かかわった国の長期的な成長率に変化をもたらし、それが他国に波及する可能性もある。今から五〇年後には、ブレグジットが世界経済の中心的な位置にある諸国、ひいては世界全体の成長の軌道を変え、長期サイクルの方向転換を後押しした、と語られているかもしれない

むこう数年間に、イギリスのEU残留が決まっていた場合とは異なる経済環境が生じる可能性は間違いなく高い。つまり、ブレグジットはイギリスの長期景気サイクルに転換点をもたらす。だが、どのような影響がどれだけの規模で生じるのか、そして、ほかの諸国にどんな波及効果が及ぶのかは、知りようがないのだ。

第5章

景気サイクルへの政府の干渉

景気の激しい浮き沈みは望ましくないと考えられている。強すぎる景気はインフレを引き起こすし、過熱すればその後の景気後退は避けられなくなる。一方、弱すぎる景気は企業利益の減少や失業の増加を招きかねない。したがって、景気サイクルを管理することは、中央銀行と財務当局の責務の一部となっている。

景気サイクルの浮き沈みは極端に激しくなる場合があるため、それに対処する手法は反景気循環的であり、(観念上、景気サイクルそのものに逆行する)独自のサイクルを描く形で用いられる。とはいえ、サイクルにかかわるすべてのことと同じく、サイクルを管理するのは決して容易ではない。容易であれば、極端に激しい浮き沈みなど生じないのである。

今日、世界のほとんどの地域では、経済資源を配分し、経済生産を促進するうえで最良のシステムを構築するものとして、資本主義と自由市場が受け入れられている。さまざまな国で社会主義や共産主義などの他のシステムが試されてきたが、多くの場合、自由市場に完全に移行するか、その要素を部分的に取り入れるか、どちらかの道をたどった。

このように自由市場が広く受け入れられているにもかかわらず、市場が完全に自由な状態に置かれていることはほとんどない。政府は、法律や規制の制定・執行から、アメリカの住宅金融機関のような法人を通じた経済への直接的介入にいたるまで、さまざまな方法で市場に干渉している。中でもとりわけ重要なのは、おそらく景気サイクルの上下動を制御したり、変化させたりしようとする、中央銀行と財務当局による試みであろう。

中央銀行

過去数百年にわたり、アメリカの連邦準備制度などの中央銀行には、重大な権力と責任が与えられてきた。かつては通貨を発行し、必要に応じて金や銀に交換することを主たる役割としていたが、今日の中央銀行は景気サイクルの統制を中心的な課題としている。

初期の中央銀行の多くは通貨の発行を仕事としていた。時代の流れとともに景気サイクルの統制に責任を負うようになった中央銀行は、いつもインフレに最大の関心を寄せてきた。とりわけ世界は、第一次世界大戦後のワイマール共和政時代のドイツがそうだったように、インフレ率が年率数百%に達するハイパーインフレに直面してきた。そうしたなかで、中央銀行はインフレの管理に注力するようになった。インフレは、①有益な側面も多々あり、また②基本的に避けられないものと認められていることから、その目標はインフレの根絶ではなく、コントロールとされた。

インフレは、原因の面で解明されていないところがあり、本書で論じる他の多くのプロセスと同じく、不確かで散発的な性質を有している。ある特定の状況の組み合わせがインフレを引き起こすこともあれば、同じ条件なのにある程度のインフレが生じたり、まったくインフレにならなかったりする場合もある。とはいえ一般に、インフレは景気サイクルの力強い拡大局面にともなって起きるものとみなされている。

●モノに対する需要が供給との相対比較で見て高まると、「デマンド・プル」インフレが起きうる。
●労働力や原材料などの生産投入要素の価格が上昇すると、「コスト・プッシュ」インフレが起きうる。
●輸入国の通貨が輸出国の通貨に対して下落すると、輸出国のモノの生産コストが輸入国の通貨建てで上昇しうる。

物価はこうした理由のうちのどれかによって上昇する可能性がある。それがインフレだ。だが前述したように、これらの出来事がインフレの加速をともなわずに起きることもある。また、これらの状況が生じていなくても、インフレ率が高くなる場合もある。これらすべてに影響を及ぼす大きな心理的要因が存在するのである。

インフレは力強い景気拡大の産物である。したがって、中央銀行はそれをコントロールするために、経済の勢いをいくらか鈍らせる試みを行うことになる。例として、マネーサプライを減らす、金利を引き上げる、証券を売却するといった取り組みが挙げられる。民間部門が中央銀行から証券を購入すると、通貨の流通量が減る。するとモノに対する需要が低減する傾向があり、結果としてインフレが抑制される。インフレの抑制に重点的に力を入れる中央銀行は「タカ派」と呼ばれる。タカ派は、より早いタイミングで、より大規模に前述の取り組みを行う傾向がある。

問題は、当然のことだが、この手の取り組みが景気刺激とは逆の効果を生み出す点にある。インフレの抑制という目標は達成できても、一方で経済の成長をも抑え込み、有益とは言えない影響をもたらす可能性があるのだ。

過去数十年に多くの中央銀行が二つ目の責任を負うようになった結果、問題はさらに複雑化している。インフレのコントロールに加えて、いまや中央銀行は雇用支援の役割も期待されている。言うまでもなく、雇用情勢が良くなるのは景気が拡大しているときだ。だから中央銀行は、マネーサプライを増やす、金利を引き下げる、（近年の「量的緩和」政策で行われているように）証券を購入して経済に流動性を供給するといった景気刺激型の手段を通じて、雇用を促進する。雇用に重点的に力を注ぎ、こうした手段に頼る傾向が強い中央銀行は「ハト派」と呼ばれる。

要するに、ほとんどの中央銀行には二つの仕事がある。インフレの抑制と雇用の支援だ。前者は経済成長を抑えることを、後者は経済成長を促すことを必要とする。言い換えると、中央銀行の二つの責務は正反対の関係にあり、遂行するには巧みにバランスをとらなければならない。

これまでの章で、景気は周期的であり、力強く拡大するときもあれば、緩やかにしか拡大しない（あるいは縮小する）ときもある、ということを伝えた。景気の拡大は雇用を促進する傾向があるが、インフレを加速させる可能性もある。一方、景気の停滞あるいは後退はインフレを抑制するが、雇用の縮小をもたらしかねない。したがって、中央銀行の仕事は適度に反景気循環的な行動をとることである。反景気循環的な行動とは、サイクルの振れを抑える行動であり、好況時にはインフレを抑制するために景気を鈍化させ、低迷時には雇用を促すために景気を刺激することを意味する。

とはいえ、中央銀行のサイクルに関する見識は、投資家の場合と同じように狭く不確かである。景気の刺激と抑制という二つの仕事は、当たり前だが同時にはこなせない。今は刺激すべきときなのか、抑制すべきときなのか。どちらかを選んだとして、どの程度にすべきなのか。金利が低いのに（世界金融危機後は景気刺激のため、ずっと低金利である）、経済成長率が低迷している場合（同様に同危機後は低成長が続いている）、その低成長の経済の息の根を止めることなく、インフレ予防を目的とした利上げを実施できるのか。景気サイクルが投資家にとって理解し、予測することの難しいものなのであれば、中央銀行にとってもそれを管理するのは容易ではないはずだ。

政府

政府は中央銀行よりも多種多様な責務を負っており、経済にかかわるものはそのごく一部を占めるにすぎない。中央銀行と同じく、政府もそれが適切な場合には景気を刺激する役割を担うが、直接的にインフレをコントロールすることはない。財務当局も、経済に関係する仕事の一環として、景気が強くなりすぎたり、弱くなりすぎたりしないようにサイクルを調整する機能にかかわっている。

景気サイクルを管理するために政府が中心的に用いるのは、財務的手段、つまり主に徴税と歳出にかかわる手段である。したがって、政府は自国の景気を刺激しようとする際に、減税や歳出拡大を実施するほか、消費や投資に使えるカネを増やすために振興小切手を配布することすらある。一方、景気拡大のペースが速く、過熱する（そしてその結果、冷え込む）リスクがあるとみなした場合には、政府は増税か歳出削減を実施して、国内経済の需要を低減させ、ひいては経済活動を鈍化させることができる。

この分野における話題として重要度が高いのは、財政赤字の問題である。遠い昔には、ほとんどの国の政府が均衡財政を達成していた。要するに、支出の額が、徴税（や征服）による収入の額を超えることはありえなかったのだ。だが、やがて国債という概念の出現で国も借金をすることが可能になり、財政赤字の余地、つまり政府が収入を上回る規模の支出をする余地が生じたのである。

私が若かったころには、国が負債を抱えることの正当性について活発な議論が交わされていた気がするが、今ではこの件に関する抵抗感はあまりなく、国は借金してもよいという通念ができている。どの程度の規模なら堅実と言えるか、という疑問は折に触れて生じるが、一般に「現在の額よりさほど大きくなければ」よいと考えられているようだ。

ジョン・メイナード・ケインズが一九三〇年代に提唱した経済理論は、サイクルに関する政府の役割にかなりの重点を置いていた。それまでの経済学がモノの供給が果たす役割を強調するアプローチをとっていたのに対し、ケインズ経済学はＧＤＰの水準を決定づける総需要の役割を重視している。ケインズは、政府が需要を操作することによって景気サイクルを管理すべきだと説いた。そして需要は、赤字財政も含む財政的手段を用いれば操作できるとされた。

ケインズは、赤字支出による需要喚起で低迷する経済にテコ入れすることを政府に求めた。政府が収入（主に税収）を超える規模の支出をすれば、経済に資金が流れ込み、消費や投資を促す。ケインズは財政赤字の景気刺激効果が、景気低迷時に役立つと考えた。

一方、景気が堅調なときには、支出が収入を下回り、政府は財政黒字を達成するはずだとケインズは説いた。この場合、経済から資金が吸い上げられ、消費や投資が抑制される。財政黒字には景気を縮小させる効果があり、好況に適切な対応がなされることになる。とはいえ、近年では景気の過熱を抑えるために財政黒字を利用するケースはほとんどみられない。パーティーが盛り上がっている最中に場をしらけさせるようなまねは、誰もしたがらないからだ。それに、財政黒字を達成するよりも、気前のよい財政支出計画を推進するほうが有権者の票は集まりやすい。したがって、いまや財政黒字は馬車用のムチと同じぐらい珍しいものになった。

〜

景気の激しい浮き沈みは望ましくないと考えられている。強すぎる景気はインフレを引き起こすし、過熱すればその後の景気後退は避けられなくなる。一方、弱すぎる景気は企業利益の減少や失業の増加を招きかねない。

したがって、前述の諸手法を通じて景気サイクルを管理することは、中央銀行と財務当局の責務の一部となっている。景気サイクルの浮き沈みは極端に激しくなる場合があるため、それに対処する手法は反景気循環的であり、（観念上、景気サイクルそのものに逆行する）独自のサイクルを描く形で用いられる。

とはいえ、サイクルにかかわるすべてのこと（たとえば、サイクルのどこに今、位置していて、どう対処すべきかを知ること）と同じく、サイクルを管理するのは決して容易ではない。容易であれば、極端に激しい浮き沈みなど生じないのである。

第6章

企業利益サイクル

企業の利益を決定づけるプロセスは複雑で、多くの変数に左右される。売上高が景気サイクルに著しく左右される企業もあれば、それほど影響を受けない企業もある。主として営業レバレッジと財務レバレッジの違いにより、売上高が同じ割合で変化したとしても、その利益への影響が他社よりはるかに大きく現れる企業があるのだ。

前述したが、近年のアメリカでは年二〜三％程度が通常のGDP成長率の水準となっているようだ。不振の年には一％程度、好況時（あるいは不況からの回復期）には四〜五％になりうる。四半期ごとの成長率は、低迷時には年率で数％のマイナスとなる場合もあり、2四半期連続でマイナスを記録すれば景気後退と呼ばれる。このように、GDP成長率には浮き沈みがあるものの、比較的緩やかである。アメリカの年率GDP成長率はプラス五％からマイナス二％の範囲にほぼ収まっており、その上限や下限の水準に達するのは、せいぜい十年に一度だ。

それでは、企業の毎年の利益成長率も安定しているのだろうか。決してそんなことはない。企業利益は好調時に五%を超える伸びを記録することもあるし、低迷時に二%を超えるマイナス値となることもある。企業利益もサイクルを描く。そこには景気サイクルの影響が及ぶが、その浮き沈みは経済全体の場合よりもはるかに激しい。つまり、企業利益はGDPよりも不安定である。では、どうしてそうなるのか。企業利益サイクルが景気サイクルとは異なる動きをする背景には、どのような要因があるのだろうか。

第一に、経済そのものの浮き沈みは、企業利益の浮き沈みを決定づける、きわめて重要な要因である。GDPの拡大は、何よりも消費の拡大、つまりモノに対する需要の増大を意味する。それは要するに、販売数量の増加と販売価格の上昇、雇用の拡大と賃金の上昇、その結果の消費の一層の拡大を示す。こうした流れはすべて企業の収入拡大につながる。

定義上、全企業の売上高の合計額はGDPと一致するのであり、伸び率も同じになるはずだ。とはいえ、すべての企業が同じパターンをたどるわけではない。

売上高が景気サイクルに応じて変化する産業もあれば、そうでない産業もある。また、その感応度が高い産業もあれば、かなり低い産業もある。

●工業製品の原材料や部品を扱う業界の売上高は、景気サイクルの影響を直接的に受ける。全企業の生産量、つまりGDPが拡大する局面では、化学品、金属、プラスチック、エネルギー、電線、半導体に対する需要が増大する。逆もまたしかりだ。

●一方、食品、飲料、薬品などの日用品の売上高は、景気サイクルに左右されにくい。経済情勢がどうであろうと、人々はこれらの品を日常的に消費する（ただし、需要は完全に一定ではない。食品に費やす額は、景気後退時には安い食品を買ったり、外食せずに家で食べたりすることで減るし、好況時には増える。また悲しい話だが、家計が苦しくなり、食費と医療費と家賃のどれかを削る必要に迫られると、人は「必需品」の消費さえ減らすことがある）。

●低価格の消費財（生活衣料品や新聞、ダウンロード販売のデジタル・コンテンツなど）に対する需要はさほど変動しないが、高級財や休暇旅行に対する需要は激しく変動しうる。

●高額の「耐久財」（個人の自動車や住宅、企業のトラックや工場設備など）の購入は、景気サイクルの影響を非常に受けやすい。第一に、耐久財というだけあって長期間使えるため、景気低迷時に買い替えを先延ばしすることができる。第二に、価格が高いため、不況時には買いにくく、好況時には買いやすくなる。第三に、一般に企業は好調時により多くの耐久財を必要とするが、不調時にはさほど必要としなくなる。こうした背景から、耐久財需要は景気サイクルにきわめて敏感に反応する。

●日常的なサービスに対する需要は通常、あまり変動しない。（通勤用の交通機関のように）必要不可欠で、（散髪のように）低価格であれば、需要が景気の変動に大きく左右されることはない。また、この手のサービスは寿命が短く、貯蔵できないため、絶えず購入する必要がある。それでも需要は経済状況によって変動しうる。たとえば散髪の場合、三週間ではなく五週間もつように髪を切ってもらうことができる。

さらに、販売が景気サイクル以外のサイクルに連動する商品もある。耐久財は高価であり、購入時に融資を受け、長い使用期間を通じて分割で返済を行う場合もある。このため、融資の受けやすさを左右する信用サイクルの変動に応じて、耐久財需要も変動しうる。また、サイクルとは無関係な要因の影響で需要が変化するものもある。たとえば、新型の携帯電話やノートパソコンに対する需要は、値下げや新製品の導入、技術の向上などの要因に左右される。

とはいえ大半の商品に関しては、売上高を決定づけるプロセスにおいて経済成長が中心的な役割を果たす。一般にGDP成長率が高いときに売上高は力強く拡大し、高くないときには、低めの伸びにとどまる（あるいは減少する）。

〜

ところが、経済成長と企業の利益成長との関係性は非常にいびつだ。それは、（先ほど述べたように）売上高が景気サイクルの変動だけに左右されるわけではないうえ、売上高の変化率と利益の変化率は必ずしも一致しないからである。変化率が異なる主な理由の一つは、大半の企業で二つの種類のレバレッジが働くことにある。テコを意味するレバレッジは、売上高の変化に対する利益の感応度を高める効果をもたらす。イギリス式に「ギアリング」という言葉を用いたほうがわかりやすいと感じる人もいるかもしれない。

第一に、企業は営業レバレッジの影響を受ける。利益とは収入から費用を引いたものである。収入は売上高であり、すでに見たように売上高は多種多様な理由で変動する。費用も同様で、さまざまな種類の費用がそれぞれ異なる形で変動する。とりわけ、売上高の変化に対する感応度は費用の種類によって変わる。

ほとんどの企業の費用は、固定費と準固定費と変動費に分かれる。あるタクシー会社の例で考えてみよう。

●この会社は、あるオフィスビルの中に本社を構えている。ただし、タクシーの利用者が増えても、オフィススペースを増やす必要はない。このオフィス設備にかかる費用が固定費の一例である。

●同社はタクシー車両を保有している。緩やかな利用者増加には現在、保有している台数で対応できるが、ある程度の水準を超えて利用者が増えると、車両を追加で購入する必要が生じる。したがって、車両にかかる費用は準固定費である。

●タクシー車両はガソリンで動く。利用者が増え、全体の走行距離がX%増えた場合、ガソリン消費量も同じくX%増えると考えられる。したがって、このタクシー会社にとってガソリン代は変動費である。

まとめると以下のようになる。この会社の場合、タクシーの利用者数（つまり収入）が二〇%増えるとどうなるか。オフィス設備にかかる費用は変わらない。タクシー車両にかかる費用も当初は変わらないが、やがて増える可能性がある。そしてガソリン代はすぐに二〇%増える。このように、このタクシー会社の総費用は利用者数が増加すると増えるが、その増加率は通常、収入の増加率よりも低くなる。その結果、利益率は上昇する。つまり、営業利益の伸び率が売上高の伸び率を大幅に上回るのだ。これが営業レバレッジである。一般に営業レバレッジの効果は、総費用に占める固定費の比率が高い企業で高くなり、変動費の比率が高い企業で低くなる。

　景気が好調で売上高が拡大しているときに、企業は営業レバレッジの恩恵を受ける。だが逆の状況では、営業レバレッジはあまりありがたくないものとなる。利益は売上高以上に減少する可能性があり、状況がかなり悪ければ損失を計上するはめにもなりかねない。ただし、企業は売上高の減少が利益に及ぼす影響を抑えるために、従業員の一時解雇《レイオフ》や店舗の閉鎖といった手段をとることができる。とはいえ、こうした手段は、①実施され、その効果が現れるまでに通常は時間がかかる、②場合によっては解雇手当の支払いなどで目先の費用増加を招く、③一般にマイナスの影響を抑えることはできても、完全になくすことはできない、④想定したとおりの効果をあげることはほとんどない。

　第二のレバレッジは、ほとんどの企業が影響を受ける財務レバレッジである。ある企業の営業利益が三〇〇〇ドルから二〇〇〇ドルへと、一〇〇〇ドル（三三%）減少したとする。運転資金の三万ドルがすべて株式で調達されている、つまり借入金にまったく頼っておらず、金利を支払う必要がない場合、営業利益の減少がそのまま反映される形で純利益も三三％減少する。

だが、ほとんどの企業は株式と負債の両方を組み合わせて資金を調達している。「ファースト・ロス」ポジション（真っ先に損失を被る立場）にあると言われる株主に比べて、債権者は弁済順位が高い。つまり株主は、利益の減少、さらには損失の影響を一手に受ける。ただしこれは純資産が残っている場合であり、純資産がなくなっている場合は債権者にも損失が及ぶ。企業に純資産があるかぎり、債権者にとっての結果は変わらない。約束された利息の支払いを受けるだけのことだ（だからこそ債券は「確定利付証券」と呼ばれる。つまり結果が確定しているのである）。

前述の企業が負債で一万五〇〇〇ドル（年に一五〇〇ドルの利息を支払う必要がある）、株式で一万五〇〇〇ドルの資金を調達したとしよう。この場合、営業利益が一〇〇〇ドル減少すると、純利益は一五〇〇ドル（利払い前の営業利益三〇〇〇ドルから一五〇〇ドルの支払利息を引いた額）から五〇〇ドル（同様に二〇〇〇ドルから一五〇〇ドルを引いた額）に減少する。言い換えると、営業利益が（三〇〇〇ドルから二〇〇〇ドルへと）三三％減少することで、同社の純利益は（一五〇〇ドルから五〇〇ドルへと）六七％も減るのである。営業利益減少の影響が増幅した形で純利益に現れるのは、財務レバレッジが働いていることを意味している。

企業の利益を決定づけるプロセスは複雑で、多くの変数に左右される。売上高が景気サイクルに著しく左右される企業もあれば、それほど影響を受けない企業もある。主として営業レバレッジと財務レバレッジの違いにより、売上高が同じ割合で変化したとしても、その利益への影響が他社よりはるかに大きく現れる企業があるのだ。

そしてもちろん、特殊要因が利益に甚大な影響を及ぼすこともある。その例としては、在庫や生産水準や設備投資に関する経営陣の決定、（自社、同じ業界内の競合他社、さらには競合関係にある別の業界における）技術の進歩（次の段落以降を参照）、規制や税制の変更、さらには天候や戦争やブームといった業界あるいはビジネス界の外部における動きなどが挙げられる。企業の売上高と利益の変化の背景には景気サイクルがあるが、サイクルをもとに予想される水準から収益が乖離する余地は非常に大きい。その主因となるのが特殊要因である。

技術の問題に関しては、（その話題に特化した章を設けて論じるのではなく、あえて）ここで考察したい。「ディスラプトする」は今の社会を象徴する言葉である。従来の技術をディスラプトする新技術の力は、新たな競争を生み出し、既存企業の利益率を削り取る可能性がある。新聞業界を例に考えてみよう。ほんの少し前の一九九〇年代まで、新聞を取り巻く環境は以下のようであった。

- 新聞は情報源として不可欠な存在とみなされていた。
- ほとんどの人が毎日、新聞を購読していた（通勤時に一紙、帰宅時に別の一紙を読む人もいただろう）。そして購読料も安かった。

●月曜日に新聞を買ったとしても、火曜日にはまた新聞を買う必要が生じた。新聞は発行日を過ぎると、ほぼ役に立たなくなるものであった。

●新聞は、映画館や中古車販売店などの地方事業者にとって、顧客に情報を届ける手段として非常に貴重な存在だった。そして、ある都市で発行される新聞に掲載される地方広告が、別の都市で発行される新聞の広告と競合することは基本的になかった。

●新聞の競争相手は主に他の新聞やテレビ、ラジオであった。とはいえ、一つの都市でひとたび強固な地位を築いた新聞から、その地位を奪うことは難しかった。つまり新聞は、その周りに越えがたい「堀」をめぐらした産業だと認識されていた。

これらの要因の組み合わせから、新聞の地位は概して堅固とみられており、新聞会社の株式は、非常に安定した売上高と利益という強みを持つ「ディフェンシブ」銘柄と考えられていた。それから二〇年も経たないうちに、インターネットをはじめとするオンライン通信手段が新聞の命運を大きく左右する流れになることを、いったい誰が予想していただろうか。今日では、多くの企業が消費者に直接、情報を届けようと競っている。新聞は市場シェアと利益率を維持しようと必死になっている。デジタルの世界では、さまざまな面で「タダであること」が特徴になってきており、そのせいで新聞の事業モデルがうまく機能しなくなっているからだ。

新聞は、景気サイクルや従来の企業利益サイクルとはまったく別に、特殊要因が企業の売上高と利益に影響を及ぼすことを示す格好の例となっている。それでは、技術自体はサイクルを描くものではないのか。技術は生まれ、栄え、やがて次の新しい技術に取って代わられる。近年では、数年前に起きた技術革新が、かつてより早く次の革新に座を譲る可能性も生じており、ディスラプトされる心配がないとみられる産業のリストは、日に日に短くなっている。

三〇～四〇年前には、世界は安定した場所であるかのように思われていた。生活の背景にはあまり変化がなく、（諸サイクルを含む）経済活動はそうした背景の中で展開されていた。今日では、主として技術的な変化（さらには社会的、文化的な変化）のせいで、不変のものなど何一つないように思える。それどころか、ほとんどの者がついていけないほど速いスピードで、多くの物事が変化しているように見える。

第7章

投資家心理の振り子

企業、金融、市場のサイクルにおける上方への行き過ぎた動き（と、やはり行き過ぎる傾向のある、その後の不可避な下方への反動）は、ほとんどの場合、心理の振り子の過剰な揺れによって起きる。したがって、その過剰な揺れを理解し、警戒しておくことは、サイクルの極端な変動の悪影響が及ぶのを避け、あわよくばそこから利益を得ようとするうえで、まず必要となる手順である。

ここまで、景気サイクル、景気サイクルに影響を及ぼそうとする政府の取り組み、企業利益サイクルについて論じてきた。これらの要素が大部分において、投資の背景や環境を作り出している。そして、これらは投資の世界にとって外生的な要因、つまり個別に展開する独立したプロセスと見ることができる。だが、こうした要素の「機械的な」作用だけで投資の結果が決まると考える者は、心理または（私がこれと同義の言葉として使いがちな）感情が果たす役割を軽視している（心理と感情はもちろん異なる要素なのだが、投資環境に及ぼす効果を考える際に、この二つの言葉を使い分けることに意味はないと思っている）。

第一に、感情または心理の揺れは、すでに述べたように景気サイクルと企業利益サイクルに多大な影響を及ぼす。第二に、その揺れは、とりわけ短期的に投資の世界に浮き沈みをもたらす中心的な要素となる。

第1章で説明したように、サイクルと振り子の振動という表現の間に基本的な違いはない。本章のタイトルを「心理のサイクル」とし、この現象をすべてサイクルという言葉で統一して表現していれば、読者も私もわずらわしさを感じずに済んだかもしれない。だが私は、二通目の顧客向けレター「第1四半期のパフォーマンス」（一九九一年四月一一日付）で初めてこの概念を取り上げた際に、感情／心理の「振り子」という表現をどういうわけか使ったのだった。それから二六年経った今も、「振り子」という言葉を避ける理由は見つかっておらず、本章でも引き続き用いるつもりである。

振り子について説明するために、その二通目のレターの一部を以下に引用する。

証券市場における地合いの動きは、振り子の振動によく似ている。振り子の軌道の中心点は「平均的な」位置と呼ぶにふさわしいが、実際にその場所に振り子がある時間はほんの一瞬である。そもそも、振り子は軌道の一端からもう一端へとほぼ休みなく揺れ動いている。そして一端に近づけば、遅かれ早かれ中心点に向かってまた動きが反転することは避けられない。実のところ、一端に向かう動きこそが、もう一端へ揺れ戻るためのエネルギーを生み出すのだ。

投資の世界でも、市場は

- ●陶酔感と沈滞感の間
- ●好材料への歓喜と悪材料に対する強迫観念の間
- ●過大評価と過小評価の間

を振り子のように揺れ動いている。

こうした振動は投資の世界に見られるきわめて確かな特徴の一つである。そして、投資家の心理は振り子の「幸せな中心点」よりも、両端に長く位置するように見える。

このトピックは、二〇〇七年七月一六日付の顧客向けレター「すべて順調」で再び取り上げた。そこでは新たな見解を示す前に、振り子の振動が見られる六つの領域を追加で紹介した。

- ●強欲と恐怖の間
- ●楽観主義と悲観主義の間
- ●リスク許容とリスク回避の間
- ●軽信と懐疑主義の間
- ●将来の価値への期待と現在の目に見える価値へのこだわりの間

●焦り買いとパニック売りの間

とりわけ私が興味深いと感じたのは、これら九種類の振り子の振動に強い相関関係が見られる点だ。市場でしばらく力強い上昇が続くと、九種類の振り子は、みな先に示した要素（陶酔感、好材料への歓喜、過大評価、強欲、楽観主義、リスク許容、軽信、将来の価値への期待、焦り買い）のほうへ動く。逆に下落が続くと、どれもあとに示した要素（沈滞感、悪材料に対する強迫観念、過小評価、恐怖、悲観主義、回避、懐疑主義、現在の目に見える価値へのこだわり、リスク、パニック売り）のほうへ振れる。前者は前者同士で、後者は後者同士でそれぞれの要素が因果関係でつながっており、一つの要素が次の要素をもたらすことから、前者の要素と後者の要素が混ざった形で現れるケースはほとんどない。

当時、私が振り子について書いていたことの多くは、本書の第1章でサイクルについて書いたことと、まさに一致している。サイクルは一方の極限からもう一方の極限に向かって揺れ動き、やがてそれ以上は進めない極限に到達する。すると、中心点に向けての揺り戻しが始まり、反転した惰力《モメンタム》がこれを後押しする。振り子も中心点のほうへ戻っていく傾向があるが、（ほとんどのサイクルと同じく）通常は中心点を超えてからも動きつづけ、反対側の極限、つまり元の場所へ向かっていく。

〜

なぜ振り子が重要なのか。つきつめると、本書で取り上げているサイクルの激しすぎる変動は、概して行き過ぎた心理状態によって起きる（そして、そうした心理状態を象徴している）。

●経済生産と企業利益のトレンドラインの成長率は穏やかな水準にある。だが、その中の主体が景気拡大を後押しするような決定を行い、並外れた急成長をもたらした場合（景気後退からの回復期を除く）、これはたいてい過度に楽観的な拡大を意味するのであり、そこからの後退は避けられなくなる。

●同じように、株式は長期的に、配当の合計額と企業利益のトレンドラインの成長率に見合った（つまり五～九％の）リターンを提供する、と考えるのが理にかなっている。リターンがこの水準を超える状態がしばらく続けば、やがてそれが行き過ぎであること（将来のリターンを先食いし、株式のリスクを高めてしまっていること）が明らかになり、株価の下方調整が必然となる公算が大きい。

企業、金融、市場のサイクルにおける上方への行き過ぎた動き（と、やはり行き過ぎる傾向のある、その後の不可避な下方への反動）は、ほとんどの場合、心理の振り子の過剰な揺れによって起きる。したがって、その過剰な揺れを理解し、警戒しておくことは、サイクルの極端な変動の悪影響が及ぶのを避け、あわよくばそこから利益を得ようとするうえで、まず必要となる手順である。

成長や価格上昇に関しては、ある意味「正常さ」と「健全さ」が規範となる。そして、主体が（折に触れて高望みの期待を膨らませ、結果的に下方調整のお膳立てをしてしまうのではなく）そうした規範に基づいて行動すれば、世界はより安定的、より穏やかで、間違いがより起きにくい場所になるはずだ。だが、物事はそのようにはいかないのである。

私は「幸せな中心点」と題した顧客向けレターで、規範と実態がどれだけかけ離れているか、という点に言及した。以下は二〇〇四年七月二一日付のレターからの引用だが、中のデータは二〇一六年までの数字に差し替えてある。


まとめると、揺れ動く投資家の姿勢や行動のせいで、株式市場はこれ以上ないほどに極端な振り子となっている。私が投資業界での仕事を始めた一九七〇年からの四七年間に、S&P五〇〇種株価指数の年間騰落率はプラス三七％からマイナス三七％の範囲で非常に激しく変動してきた。長期で見た場合の年平均の騰落率は、だいたいがプラス一〇％前後になると言われている。誰もがこの平均的な数字には満足しており、今後も同じような状況が続くことを歓迎するだろう。

だが思い出してほしい。揺れ動く振り子は「平均的には」その中心点に位置すると言えるが、実際にそこにある時間はほんの一瞬である。同じことは金融市場のパフォーマンスにも当てはまる。ここでその好例に触れるため、楽しいクイズに挑戦してほしい。一九七〇年から二〇一六年の四七年間に、S&P五〇〇種株価指数の年間騰落率が「平均的な」水準からプラスマイナス二%（つまり八%から一二%）の範囲に収まった年は、何回あっただろうか。

私自身、「それほど多くはない」だろうと思っていたが、正解がたった三回だと知って驚いた。さらに意外だったのは、騰落率が「平均的な」水準からプラスマイナス二〇%超（つまりプラス三〇%より上か、マイナス一〇%より下）の数値となった年が一三回もあり、過去四七年の四分の一を超えていた点だ。したがって、株式市場のパフォーマンスに関して絶対的な確信を持って言えるのは、平均は標準的状況ではないということだ。これほどまでに激しい市場の変動は、企業や産業や経済の浮き沈みでおおむね説明がつく、とは言いがたい。投資家心理の振れこそが、その主因なのである。

最後に、リターンが極端な水準に達した年は、四七年の期間の中でランダムに散らばっているわけではなく、むしろ固まっていた。それは、投資家心理の振り子がしばらくの間、同じ動きを続けるからである。経済学者ハーバート・スタインの名言をもじって言うと、振り子には止まるまで動きつづける傾向があるのだ。極端な騰落率を記録した一三の年のほとんどは、同じ方向に向かって同じように極端なパフォーマンスを演じたほかの年の前後一、二年のところに位置していた。

それでは、揺れ動く振り子という例は妥当なのだろうか。

非常に由緒ある市場の格言の一つに、「相場は強欲と恐怖の間を行ったり来たりする」というものがある。そう言われるのには根拠がある。人間が強欲と恐怖の間を行ったり来たりするからだ。どういうことか説明しよう。人は時として前向きな気持ちになり、良いことが起きると期待する。すると強欲になり、カネ儲けに執着する。強欲になった人々が競うように投資を行い、相場を押し上げることで、資産価格は上昇する。

だが一方で、人はさえない気分になり、悲観的な見通ししか持てなくなることもある。すると、恐怖が強欲に取って代わる。カネ儲けに躍起になるよりも、カネを失うことを恐れるのだ。人々は買うのをためらい（資産価格上昇の推進力を衰えさせ）、場合によっては売りに動いて価格を押し下げる。人々が「恐怖モード」にあると、その感情はマイナスの力となって相場にのしかかる。

以下に、二〇〇四年七月の顧客向けレター「幸せな中心点」で強欲と恐怖の間を行き来する投資家の感情について書いた部分を引用する。

私が新人アナリストだったころ、「株式市場は強欲と恐怖に突き動かされる」という話を耳にタコができるほど聞かされた。市場環境が健全なバランスを保っているとき、カネ儲けに余念のない楽観主義者と、損失を回避しようとする悲観主義者の間で綱引きが行われている。楽観主義者は、前日の終値を若干上回る価格になっていたとしても株を買おうとし、悲観主義者は、たとえ下げ相場になっていても売ろうとする。

相場がほとんど動かないとすれば、それは楽観主義者と悲観主義者の地合いが拮抗し、綱引きする両陣営の人々（あるいはその感情）が、ほぼ同じ力でロープを引っ張っているからだ。楽観主義者がしばらくの間、優勢になることもあるが、買いが進むにつれて価格が上昇すると、やがて悲観主義者が勢いを強め、売って価格を押し下げるのだ。……

だが、まだ経験の浅い私が、相場は往々にして強欲と恐怖のどちらか一方に突き動かされる、と実感するのに、さして時間はかからなかった。当時、大勢の人がロープの一端から手を離し、もう一端へ移っていくという現象が実際に起こっていたのだ。強欲と恐怖のどちらかが優勢になると、相場は激しく変動する。たとえば、強欲が完全に市場を支配し、恐怖が払拭されると、誰もが買おうとし、売ろうとする者は皆無になり、値上がりしない可能性を考えることのできる者はほとんどいなくなる。こうして多くの場合、相場はとんとん拍子に、そして目立った牽引役もないままに上昇する。

一九九九年のハイテク株ブームは、まさにこうした流れが引き起こしたものであった。強欲こそが同ブームの最大の特徴だった。ブームの輪に加わっていない者は、他の誰もがカネ儲けしている様子を見せつけられた。「分別のある投資家」が、自分が愚か者であるかのような気分を味わうはめになったのだ。相場を動かしている買い手はまったく恐怖を感じていなかった。市場では、こんな鬨《とき》の声が上がっていた。「新しいパラダイムが到来した。船が出る前に早く乗れ。ところで、私が支払う買い値は決して高すぎはしない。市場はいつだって効率的なのだから」。誰もが、ハイテク株の追い風となる好循環が生じており、この先もずっと続くと考えていたのだ。

しかし、何らかのつまずきが生じたり、有名な企業の問題が報じられたり、外生要因に足を引っ張られたりして、やがて風向きは変わる。価格が自らの重みに耐えられなくなることで、あるいは、これといった理由もないのに心理が悪化することで、相場も下がりうる。私の知り合いの中で、何が二〇〇〇年のハイテク株バブル崩壊の原因となったのか、はっきりと説明できる人は一人もいない。だがとにかく強欲は消え去り、恐怖がそれに取って代わった。そして掛け声は、「チャンスを逃がす前に買え」から「ゼロになる前に売れ」へと変わったのだ。

こうして恐怖が優勢になると、人々はチャンスを逃がすことではなく、カネを失うことを恐れるようになる。根拠なき熱狂は、行き過ぎた警戒感に取って代わられる。一九九九年には、その後の一〇年間について非現実的な予測が発表されても歓迎された。だが二〇〇二年には、企業の不祥事で痛い目にあった投資家たちが、「もう二度と経営者は信用しない」「どうすれば財務データに虚偽がないとわかるのか」と嘆きの声を上げた。そうして、たとえば不祥事にまみれた企業の債券を買おうとする者はほとんどいなくなり、その価格はタダ同然まで下がった。二〇〇三年のディストレスト・デット（財務内容が悪化した企業の債権）の例が示すように、強欲と恐怖のサイクルが極限に達したときにこそ、最大級の投資利益が得られるのだ。

「強欲と恐怖」は、投資家の心理あるいは感情の振り子が揺れ動く領域の中で、最も顕著であり、いろいろな面で最も説明に用いやすい例である。それでは、ほかの主な心理／感情の振り子はどうなのだろうか。ほとんどは「強欲と恐怖」の振り子と同じように動くが、それは多くの場合、偶然ではない。二〇〇七年の顧客向けレターで書いたように、さまざまな変数が相互に関係しているからだ。いくつか例を挙げよう。

強欲と恐怖の間を行き来する感情の揺れの根底には、陶酔感と沈滞感の間を行き来する感情の揺れがある。たとえば、前述したように、強欲は単純に良い出来事によって引き起こされるわけではない。むしろ、良い出来事が陶酔感を促し、これが強欲をあおるのだ（逆もまたしかりで、悪い出来事が沈滞感を促し、これが恐怖をあおる）。陶酔感と沈滞感は、それに続く他の振り子の揺れを引き起こす基本的な感情である。

陶酔状態の投資家は、現在の情勢や将来起こりうる動向に胸を高鳴らせ、企業利益に関する自らのこだわりを強め、また見通しを上積みする。一方、沈滞状態の投資家の場合、強欲になるほど前向きな気持ちになる可能性は低い。こうした点から、陶酔感と恐怖、そして沈滞感と強欲は、それぞれ相容れない関係にあると言える。

同じように、投資家は楽観主義と悲観主義の間で揺れ動く。一般に良い出来事は、さらに良い出来事と良い結果が生じるとの期待、つまり楽観主義という呼び名でよく知られている状態をもたらす。この楽観主義こそが強欲の土台となる。悲観的な見通ししか持てないときに、人々が強欲になって投資へと駆り立てられる可能性があるとは考えがたい。楽観主義と悲観主義がほかの感情を促し、行動に影響を及ぼすことは明らかである。

〜

次に触れておきたいのは、軽信と懐疑主義の間を行き来する、そして、将来の価値の可能性にひかれる思いと現在の目に見える価値へのこだわりの間で揺れ動く、投資家の傾向についてだ。

時として（だいたいは世の中が順調で、資産価格が上昇しているとき）、投資家は将来の動向について都合のよいストーリーを受け入れ、すでに価格が上昇している資産を買い、より高いリスクをとることに積極的になる。だが、物事が悪いほうへ向かいはじめると、妥当な予測ですら否定し、主として価格が下落しているからという理由で（たとえ下落によって資産が割安になる可能性が高まるとしても）買いを控える姿勢を強める。以下は、二〇〇四年七月の顧客向けレター「幸せな中心点」からの引用である。

投資家の中には、今年の企業利益とその後の成長率の予測に時間と労力を費やす者もいれば、実物資産や知的財産や事業面での優位性の価値を評価する（そして他の投資家がその資産にどれだけのカネを払うかを予測する）ことに力を注ぐ者もいる。また、合併・買収や財務再編、株式公開が資産価値に与える影響を推定しようとする者もいる。これらをはじめとするさまざまな手法を通じて、将来の価値を予測し、それに値段をつけることが、投資業界にいる者の務めなのだ。

一例を挙げよう。二〇〇〇年から二〇〇一年にかけて、当社のディストレスト・デット・ファンドは、破綻した通信企業の債権に数億ドルを投資した。どのケースでも、当該企業の価値を意味する買い値は、その企業が実物資産（開閉装置や光ファイバー・ケーブルなどの設備）の取得に使った費用のほんの一部に相当する額にすぎなかった。もしそれらの設備を、元の費用に対する比率で見て当社が買ったときよりも高くなる価格で転売することができれば、その企業への投資は利益を生むことになる。

最初の資産転売はうまくいき、簡単に五〇％のリターンをあげることができた。だがその後しばらくすると、人々はこうした資産転売の場に現れなくなった。最初に売り出した企業の資産を買った者は掘り出し物にめぐりあったと考えたが、その後の案件では、著しい供給過剰になることが判明しつつあった資産の取得に、潜在的な買い手が及び腰となった。このことから、私は自分なりの見解にたどり着いた。一九九九年の時点では、投資家は自らが抱いていた通信企業の将来に関するバラ色の見通しを額面どおりに受け止めており、その成長性に気前よく投資していた。だが二〇〇一年になると、投資家は通信企業の成長性はないに等しいと見て、そのような企業の資産には一銭たりとも払おうとしなくなっていた。業界の供給能力が当時の需要を大幅に超えており、その余剰が自分の生きているうちに解消されると予想できる人はいなかったのだ。このような、将来性の評価に関する投資家の姿勢のサイクルは、実在するサイクルの中でも非常に影響力の強いものである。

私がこの現象を理解するうえで役に立ったのが、不動産にかかわる単純明快なたとえ話だった。空きビルにはどれだけの価値があるのだろうか。空きビルは、①もちろん再調達価額で評価されるが、②何の収入も生み出さないうえ、③税金、保険、最低限の維持費、利払い、機会費用といったコストがかかる。つまり、カネは出ていく一方である。市場のムードが悲観的で、せいぜい数年先までの見通ししか立たない状況では、投資家はマイナスのキャッシュフローばかりを気にし、その空きビルがいつか入居者を得て、利益をあげるようになることなど想像できない。だがムードが好転して将来の成長性への関心が高まれば、投資家は、ビルが満室稼働となって膨大なキャッシュフローを生み出し、高値で売れるようになる、という将来像を思い描くのだ。

起こりうる将来の出来事をもとに価値を決めたがる投資家の姿勢の変化は、ビルの入居率のサイクルに浮き沈みをもたらす。その影響力はきわめて大きく、あなどってはならない。

すぐれた投資家は、落ち着きがあり、理性的で分析力に長け、客観的で感情に振り回されない。だから、投資のファンダメンタルズと投資環境の分析に基づいて行動する。投資対象となりうる資産一つひとつの本質的価値を推計する。そして、価格が現在の本質的価値を下回っている資産と、将来に本質的価値が上昇する可能性のある資産を買う。どちらも、現在の価格で買うことで利益が生じると見込まれる資産である。

そのような行動がとれるようにするため、すぐれた投資家は恐怖（リスク回避、損失を出すことへの抵抗、不確実性とランダム性を重視する姿勢をまとめて意味する言葉）と強欲（野心、積極果敢さ、貪欲さをまとめて意味する言葉）の間で巧みにバランスをとる。誰もがさまざまな感情を抱くが、すぐれた投資家は、こうした相反する感情のバランスをうまく保つ。二つの感情の力を相殺させることが、分別と落ち着きのある賢明な行動につながるのだ。

ただし、いくつか重要な点がある。

●つねに落ち着いていて、感情に振り回されない人はほとんどいない。

●したがって、良い出来事やあまり良くない出来事が起きるなかで、強欲と恐怖の中間点でバランスをとり、その状態を維持することのできる投資家はほとんどいない。

●むしろ、ほとんどの投資家は、楽観的なときに強欲になり、悲観的なときに恐怖心を抱く、というように揺れ動く。

●そして、こうした揺れは、だいたいがふさわしくないタイミングで起きる。つまり、良い出来事の影響で価格がすでに高い水準まで上がってしまってから強欲になったり、悪い出来事のせいで価格がすでに落ち込んでいるのに恐怖心を抱いたりする。

以下に、心理の振り子について書いた二〇一六年一月一四日付の顧客向けレター「カウチソファーの上で」から一部を引用する。

客観性と理性を欠いた気まぐれは、ほかにもさまざまな形で行動に影響を及ぼす。キャロル・タブリスは、ウォール・ストリート・ジャーナル紙（二〇一五年五月一五日付）に寄稿した経済学者リチャード・セイラーの著書『行動経済学の逆襲』（二〇一五年）の書評で、次のように述べている。

社会心理学者である私は、経済学者とその「合理的人間」という妄想めいた概念をずっと珍妙に感じていた。「合理的？　いったいどこにそんな人間がいるのか？」と。五〇年前の実験研究でも、人々が明らかに間違っている判断を改めずに据え置き、損の上塗りをし、外れた予測も誤りを認めるどころか正当化し、自分の信念と相容れない情報を不当に思ったり、ねじ曲げたり、頭から否定したりする、ということは実証済みなのだ。

出来事とその重要性や、それが及ぼしうる影響を理解することの難しさは、多くの場合、気まぐれな投資家心理に起因している。そして、その難しさが投資家の反応を左右し、さらに増幅させる。こうして投資家は、バランスのとれた客観的なアプローチをとるよりも、プラス材料だけ、あるいはマイナス材料だけを重視しがちになる。そして、都合よく解釈された好材料によって価格が押し上げられると、楽観的になって買い意欲を強める傾向がある。逆もまたしかりだ。こうした流れは（とりわけ、あとから振り返ってみると）明白である。したがって同様に明らかなのは、この点を理解し、これにうまく対処すれば、投資パフォーマンスが向上する可能性があるということだ。

最も基本的な点は、心理が揺れ動くこと、そして、ほとんどの人の行動がそれにともなって揺れ動くことである。強欲と恐怖の間を行き来する揺れは、心理の振り子の典型例である。実のところ、ほとんどの投資家の行動、さらには（投資家の集合体として考えられる）市場全体の動きは、この振り子で説明がつく。良い出来事で心理が上向くと相場は上昇し、悪い出来事で心理が下向けば下落する。

振り子がその軌道の中心点にある時間はきわめて短い。むしろ、振り子は軌道の一端からもう一端に向かってつねに動いている。まず心理の一方の極限（最大限あるいは最低限の位置）から反転し、反対の極限に向かって動きつづけるのだ。

すぐれた投資家は行き過ぎた心理状態に同調せず、したがって、こうした振り子の動きには従わない。私が知る卓越した投資家の大多数は、もともと感情に振り回されることのないタイプの人物だ。実のところ、こうした性質がその成功をもたらしてきた重大な一因だと私は思っている。

これは、とりわけ揺るぎない私の見解の一つである。そして、（だからこそなのだろうが）私に一番よく投げかけられるのが「感情に振り回されない術《すべ》を身につけることはできるのか」という質問である。「イエスでもノーでもある」というのが私の答えだ。感情に左右される可能性に留意して、その影響を抑えようと努めることは可能だと思う。だが同時に、生まれつき感情に振り回されることのない人がそうするのは、はるかに楽だろう、とも考える。情動性の欠如は一種の才能である（ただし、これは投資の世界での話であって、その他の分野、たとえば結婚などにおいては利点にならないだろう）。感情的な人は良い投資家になれない、と言うつもりはないが、そういう人は自己を認識し、自制を利かせるために、並々ならぬ努力をする必要がある。

ここまで述べてきた、さまざまな感情の振り子の相関関係に加えて、もう一つ留意すべきは、振り子がもたらす現象の因果関係である。良い出来事が陶酔感を生み、陶酔感が楽観主義をもたらし、楽観主義が強欲をあおる、という流れの中で、これらの要素をすべて合わせた振り子も振動する。そしてその振動は、バラ色の状況と陰鬱な状況の間のどこに現状があるのかを投資家が認識する際の材料となる。投資家が出来事をどう認識するかは、投資家のさまざまな感情あるいは心理の振り子がどのような状態にあるかによって変わる。そして、そうして得られた認識が、また心理に影響し、陶酔感や楽観主義や強欲をさらに促すのである。

再び二〇一六年一月の顧客向けレター「カウチソファーの上で」から、この件に関する部分を引用する。

投資家が妥当な結論にたどり着くのを妨げている重大な要因の一つは、客観性ではなく感情によって世界を評価する投資家自身の傾向である。間違った結論にいたる原因は、主に認知の偏りと解釈の歪みの二つにある。つまり、投資家は良い出来事だけに気づき、悪い出来事を見過ごすことがある。逆もまたしかりだ。そして、出来事を肯定的にとらえる場合もあれば、否定的にとらえる場合もある。だが、投資家の認知や解釈がバランスのとれた中立的な状態にあることは、ほとんどない。

二〇一五年八月に中国の市場で事件が続いて以来、私は保存している中でとりわけ古く、今もお気に入りの一つである風刺一コマ漫画を何かと思い浮かべている（次ページ）。

何が言いたいのかというと、投資家心理がプラス材料とマイナス材料の両方に均等に反応することはほとんどない。同様に、だいたいの場合、出来事に関する投資家の解釈は、何であれ今起きていることに対する自身の感情の反応によって歪められる。ほとんどの出来事には、プラスに働く面とマイナスに働く面の両方がある。だが概して投資家は、両方に目を向けるのではなく、どちらか片方だけに気をとられる。このことは、また別の古い

© BERNARD SCHOENBAUM

「昨日の市場にとって良かった材料はみな、今日の市場の助けにならない」

風刺一コマ漫画を思い起こさせる（次ページ）。

客観性と理性を持ち合わせ、中立的で安定した姿勢を保てる投資家がほとんどいないのは明白だろう。まず投資家が楽観主義、強欲、リスク許容、軽信の度合いを強めると、それに続く行動によって資産価格が上昇し、潜在的なリターンが低下し、リスクが増大する。だがその後、何らかの理由で（おそらくは転換点が到来することで）投資家の心理は悲観主義、恐怖、リスク回避、懐疑主義に傾き、資産価格の下落、潜在リターンの上昇、リスクの低減をもたらす。しかも、それぞれの組み合わせの現象は一斉に起きるのであり、軌道の一端からもう一端に向かう振り子の動きは、多くの場合、理にかなっているであろう水準をはるかに超えて続くのだ。

これは、投資の世界における異常さの一つだ。一般社会では、物事はたいてい「すばらしい」状態と「それほどでもない」状態の間を行き来

"On Wall Street today, news of lower interest rates sent the stock market up, but then the expectation that these rates would be inflationary sent the market down, until the realization that lower rates might stimulate the sluggish economy pushed the market up, before it ultimately went down on fears that an overheated economy would lead to a reimposition of higher interest rates."

今日のウォール街では、利下げのニュースで株価が上昇しましたが、その後、この金利水準がインフレを招くとの見通しから株価は下げました。やがて、利下げが低迷する景気を刺激する可能性があるとの見方が広がり、株価は反騰したものの、景気が過熱して再び金利が引き上げられるとの懸念が生じ、最終的に株価は下落しました。

する。ところが投資の世界では、投資家の認識が往々にして「非の打ちどころのない」状態と「絶望的な」状態の間で揺れ動く。振り子は一方の極限からもう一方の極限に向かって猛スピードで動くのであり、「幸せな中心点」に位置する時間はないに等しく、また穏当と言える範囲を通っている時間もかなり短い。はじめは市場の流れに乗ることを拒否していた者も、あっという間に降伏してしまうのである。

世の中では、良い出来事も悪い出来事もたくさん起きており、我々はほぼ毎日、その両方を見聞きしている。また、良い側面と悪い側面の両方がある、どっちつかずの出来事も起きており、肯定的に解釈される場合もあれば、否定的に解釈される場合もある。

一三一ページの風刺漫画に出てきた例について考えてみよう。低金利は企業の活動を活性化させ、将来キャッシュフローの割引現在価値を高めるという点で、好材料と言える。だが一方で悪材料にもなる。低金利が追い風となって企業の活動が活発になると、インフレが生じて中央銀行による利上げを促し、経済から活力が失われる可能性があるからだ。この漫画のように、一日のうちに解釈が何度も変わることはないだろう。だが、極端に激しく変化するのは確かであり、急転することさえあるのだ。

解釈の歪みについては、数年前に私の友人のジョン・ブルックスがわかりやすい例を示してくれた。投資家は自分の生活に満足していると（だいたいの場合、相場が上昇していることを意味する）、出来事を以下のように受け止める。

●堅調なデータ：景気が拡大している→株価が上昇する
●軟調なデータ：連邦準備制度理事会（FRB）が金融緩和を行う公算が大きい→株価が上昇する
●予想どおりのデータ：ボラティリティが低い→株価が上昇する
●銀行が四〇億ドルの利益を計上：景況は良好→株価が上昇する
●銀行が四〇億ドルの損失を計上：悪材料が出尽くす→株価が上昇する
●原油価格が上昇：世界的な景気拡大で需要が増大する→株価が上昇する
●原油価格が下落：消費者の購買力が高まる→株価が上昇する
●ドル安：アメリカの輸出企業に追い風が吹く→株価が上昇する
●ドル高：国外から原材料等を調達するアメリカ企業に追い風が吹く→株価が上昇する
●インフレ率が上昇：資産価格が上昇する→株価が上昇する
●インフレ率が低下：企業の利益の質が改善する→株価が上昇する

もちろん、こうした解釈の歪みは逆の方向でも起きる。投資家の心理が後ろ向きで、このところ相場が下落している場合、どんな材料も否定的に解釈されうる。堅調な経済データは、FRBが利上げを実施して経済から活力を奪う可能性を示すとされ、軟調なデータは、企業が見込みどおりの利益を達成しにくくなることを意味するとみなされる。つまり、問題はデータや出来事ではなく、それらがどう解釈されるかである。そしてその解釈は、心理の浮き沈みに左右されるのだ。

心理の振り子の極限では、好循環あるいは悪循環に見えるプロセスが起こりうる。プラス材料が優勢で、投資家心理がバラ色の状態にあると、マイナス材料は見過ごされがちになり、何もかもが都合よく解釈され、多くの場合、物事が悪い流れに転じることなどありえないと思えるようになる。さらに状況が良くなるという期待を後押しする論理には抗しがたい説得力が感じられ、過去の制約や規範は無視されるか、都合のよい形で適用される。そして、明るい将来展望の限界を見通す者は、想像力のない時代遅れの人物として一笑に付される。潜在利益は限りなく拡大するとみなされるようになる。価格は上昇し、楽観主義を一段と後押しする。

だが一方、過去数カ月あるいは数年にわたって状況が悪化しつづけており、投資家心理が著しく後ろ向きになっている場合、改善の余地などまったく考えられなくなる可能性がある。好ましくない出来事ばかりに目が向き、好ましい出来事はないがしろにされる。状況がさらに悪化するというシナリオが非常に現実的に見え、外れるわけがないとみなされる。そして、下方への動きが際限なく続くように思える。価格は下落し、悲観主義を助長する。

好循環と悪循環は、どちらも非現実的な誇張である。過去に幾度となく思い描かれてきたが、実現したためしはない。にもかかわらず、そうした見方は世にはびこり、ほとんどの人はそれに抗えなくなる。

繰り返しになるが、すぐれた投資家（周りに左右されずに感情のバランスを保ち、理性に従って行動する投資家）は、良い出来事も悪い出来事も認知し、客観的に評価し、冷静に分析する。だが実際には大半の投資家が、陶酔感と楽観主義から物事を過度に肯定的にとらえたり、沈滞感と悲観主義のせいで悪材料にしか目を向けず、出来事を否定的に解釈したりしている。このような行動を断固として避けることが、成功する投資の一つのカギとなる。

強気相場が続くには、強欲、楽観主義、熱狂、信頼感、軽信、大胆さ、リスク許容、積極性を特徴とする環境が必要だ。だが、これらの特徴が市場を支配しつづけることはない。いずれは恐怖、悲観主義、慎重さ、不透明感、懐疑主義、警戒感、リスク回避、躊躇《ちゅうちょ》に取って代わられるのである。崩壊はブームの産物だ。多くの場合、崩壊は価格の調整を引き起こす特異な事象が生じたからではなく、それまでのブームが行き過ぎたせいで起きると考えるほうが正しいと、私は確信している。

二〇〇八年一月一〇日付　顧客向けレター「次はどうなる？」より

振り子のどちらかの極限の要素が優勢になれば、通常、その変化は容易に察知することができる。つまり、投資家のなすべきことは明白だ。客観的な目で物事を見るのである。だが言うまでもなく、一方の極限からもう一方の極限へと向かう市場の振り子の振動は、大半の市場参加者の心理が家畜の群れのように同じ方向へ動いている、という単純な理由によって起きている。

実際に市場にかかわるなかで、客観的な視野を保てる者はほとんどいない。二〇〇七年四月二六日付の顧客向けレター「誰もが知っている」の論調を引き継ぐと、市場が熱狂に包まれているときに、投資家の間で客観的な姿勢が広がることを期待するのは、「誰もが相場が行き過ぎた状態にあると知っている」と言うようなものだ。もし多くの人が行き過ぎだと認識しているのであれば、そのような状態にはなっていないはずである。

二〇〇七年七月一六日付　顧客向けレター「すべて順調」より

第8章

リスクに対する姿勢のサイクル

理性ある投資家は熱心で疑い深く、いつも適度にリスク回避的であるだけでなく、リスクに見合う水準よりも大きなリターンが得られそうな機会はないかとアンテナを張っている。まさに理想の投資家像だ。だが相場が良いときには、ほとんどの人がこう言う。

「リスク？　一体どんなリスクがあるというのか？　何もかもうまくいっていて、悪いことなど起きそうにないではないか。それに何にせよ、リスクは味方だ。高いリスクをとれば、それだけ儲けも大きくなるだろう」

そして相場が悪いときには、もっと単純なせりふを吐く。「一銭も儲からなくても構わない。とにかく、もう損はしたくない。ここから救い出してくれ！」

サイクルに関する抽象的な説明から、投資の世界における実際の働きへと話題が変わってきたこのあたりで、少しだけ横道にそれ、投資の本質について触れておきたい。このあとに続く議論の土台を築いておくためだ。これから書く話の中には、これまでの章ですでに言及した要素ももちろん出てくる。

投資とは何か。一つの答えとして、利益を追求するためにリスクを負うこと、という考え方がある。投資家は将来の世の中の動きから損失を被るのではなく、利益をあげられるようにポートフォリオを組もうとする。すぐれた投資家とは、純粋にこの点で他の投資家より秀でた人と言える。

未来に何が起きるか、わかるだろうか。わかると思っている投資家もいれば、わかっているかのように振る舞う必要があると考える投資家もいる。そうしなければ、職や顧客を失いかねないからだ。また、長いこと予測を頼りに利益を追求してきた結果、未来は予見できると思い込んでしまっている（そして、自身の過去の低い的中率からは目をそむけるようになってしまっている）投資家もいる。さらに、未来を確実に知ることはできないと理解している（私に言わせると、より分別と自覚のある）投資家も存在する。この手の投資家は将来の出来事に関する見解を持つものの、それが的中することを強く期待したりはしない。

投資とは未来に対処することだが、未来は知りえない。だからこそ、投資にはリスクがともなう。未来の出来事が予測可能であれば、投資は簡単であり、確実に利益をあげられる（その場合、投資にともなうリスクがかなり小さいため、リターンの水準も全般に低くなりうる。これは別の機会に論じるべきテーマだ）。だが現実には未来の出来事は予測できないのであり、したがってリスクが生じる。実際に起きた出来事が予想されていたものと違うかもしれない、あるいは出来事に対する投資家の反応が予想とは異なるかもしれないため、あとになってポートフォリオの構成が不適切だったと判明する可能性があるのだ。

リスク（つまり、将来の動向に関する不確実性、そして悪い結果が生じる可能性）は投資を難しくする最大の要因である。したがってリスクを理解し、評価し、これに対処する能力が、すぐれた投資家のしるしであり、投資を成功させるうえで必要不可欠な条件の一つである（個人的には唯一の必須条件と言いたいところだが）。

議論の土台を築くうえで最後に伝えておきたいのは、投資環境は時間の流れとともに変わるが、どのようなときでも、その時点での投資環境は既定のものである、ということだ。つまり、我々はその時々の投資環境をそのまま受け入れることもできれば、受け入れずに傍観していることもできるが、「これは自分の望む投資環境ではない。別の環境に変えてくれ」と要求するわけにはいかない。いや、要求できるとしても、それがかなうことはもちろんない。

リスクは投資にかかわる要素の中で最も移り変わりの激しいものである、という見方から、私は以下の結論に達した。いかなるときでも、投資家が集合体としてリスクをどのように見ていて、それをもとにどのように振る舞うかが、我々を取り巻く投資環境が形成される過程で圧倒的に重要な役割を果たすのだ。そして、その投資環境の状態が、その時点でのリスクに関して投資家がどう振る舞うかを決定するうえでカギとなる。本章のテーマは、リスクに対する投資家の姿勢が今、そのサイクルのどこに位置しているのかを評価することにあるが、これこそ、本書全体の中で最も大切な部分と言えるだろう。

私がこれまでの人生で摑んだ最大級の幸運の一つは、一九六七年から一九六九年にかけて、シカゴ大学の経営大学院（のちにブース・スクール・オブ・ビジネスに改称）で学ぶ機会を得たことだ。当時の多くの人と同じく、私は大学からそのまま大学院へと進んだ。そうするのが最も効率的な成功への道のりと思えたからだが、ベトナム戦争とそのための徴兵制に後押しされた面もあった。

それに先立つ四年間、理論に頼らない実践的、定性的な教育を特徴とするペンシルバニア大学ウォートン・スクールで、私は金融の基礎を学んでいた。その後の進学先にシカゴ大学を選んだのはたまたまだったが、これが思いがけない幸運をもたらした。当時のシカゴ大学は、一九六〇年代初頭に自ら主導して編み出した新しい金融・投資理論を教えはじめたところだったのだ。こうしてウォートンで積んだ経験と、ほぼ完全に学術的、理論的、定量的な新たな金融学の研究が私の中で融合した（いやむしろ、二つの柱になったと言うべきかもしれない）。

シカゴ大学で学びはじめてまもなく、私は新しい投資理論の大きな根幹をなす図に出会った（図表8－1）。それ以来、私の思考や執筆の出発点には多くの場合、この図がある。

私が五〇年前に初めて見たこの図は、今では投資の世界で誰もが目にするものになっている。この図で重要なのは、右肩上がりの線を描いていて、リスクとリターンの間に正の相関関係が

図表8-1

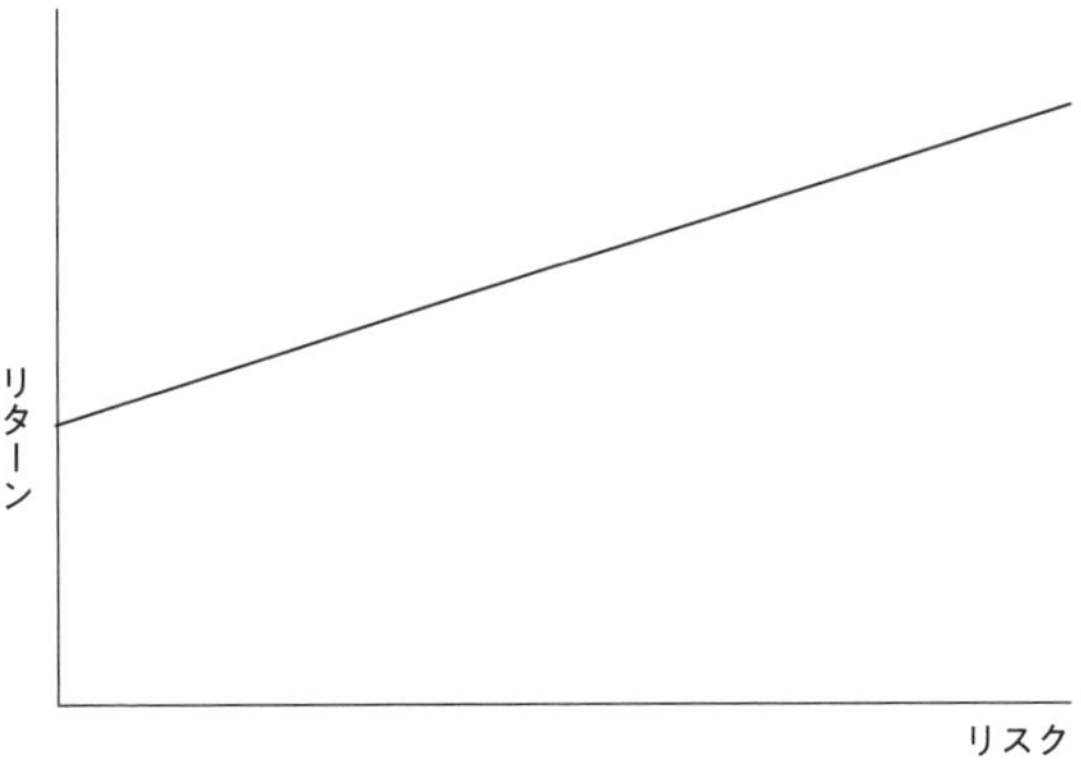

あることを示している点だ。この相関関係はだいたいにおいて、「よりリスクの高い資産は、より高いリターンをもたらす」から「もっと儲けたければ、もっとリスクをとることだ」という意味に誤解されていると思う。だが、そんな公式は成り立たない。リスクの高い資産ほど、より高いリターンが見込めるというのなら、その資産はそもそも高リスクとは呼べないからだ。

リスクとリターンの関係を直線で表す図表8－1は、リスクの水準が高かろうと低かろうと、それぞれの場合に達成しうるリターンには幅がある、という実情を無視しており、したがってリスクとリターンの関係の確実性を誇張している。だから人は、「よりリスクの高い資産は、より高いリターンをもたらす」と言うのだ。だが私は、「リスクがより高そうな資産は、より高いリターンを生み出しそうに見える必要がある。そうでなければ、誰もそれに投資しないだろう」という意味にこの図を解釈すべきだと考える。「～そう」とか「～に見える」といった表現がふさわしいのは、リスクや潜在リターンは推計することしかできないから、そして投資の世界は機械のようには動かないからである。だからこそ、「～そう」や「～に見える」は、投資について語るうえで非常に適切な（もっと言えば、説得力のある）言葉なのだ（詳しくは『投資で一番大切な20の教え』の第5章を参照）。

リスクや、リスクとリターンといった概念をすぐに理解できる人は、良い投資家になるための資質である直感をたいてい備えている。私がこの件について考えるよう促したことで、例の図を私が前述のように解釈する理由をすんなり理解してもらえるようになればよいと思っている。

論理的な思考ができる投資家に、二つの資産A、Bへの投資話が持ちかけられたとしよう。どちらも同じ期待リターンが見込まれるが、資産Aでこのリターンの実現がほぼ確実なのに対し、資産Bでは、その実現性がきわめて不確かである。ほとんどの人は不透明性よりも確実性を好むため、この投資家がAを選ぶと思うだろう。たとえば、米国債と新興ハイテク企業の株式でともに七％のリターンが見込まれるとしたら、大多数の人は米国債に投資するだろう。リスクの増分に見合うだけリターンが増加する余地がないのだとすれば、追加的なリスクをともなう新興企業に投資する意味があるだろうか。

ここが大事なところである。ほとんどの人は、得られる可能性がある七％よりも、確実に手に入る七％のほうを好む。言い換えると、ほとんどの人はリスク回避的である。これが「シカゴ学派」の金融理論の根底にある前提だ。

リスク回避的という言葉の意味を説明する際に、私はこう話す。ほとんどの人は安全性を選好し（prefer）、リスクを不選好する（disprefer）と。この disprefer という単語は、実はどの辞書にも載っていないのだが（この言葉の正当性については見解が大きく分かれており、言語学の権威からは激しい非難を受けている。だが私は絶妙な表現だと思っているし、存在しないのなら作ればよいだけ、とも考える）。

幅広い層がリスクを敬遠し、その結果として、追加的なリスクが見込まれる場合には追加的な潜在リターンが必要だと主張する。こうした傾向があるからこそ、①長期国債の利回りは短期国債よりも高い、②ハイイールド債は投資適格債よりも高いリターンを約束する、③株式では一般に債券よりも高いリターンが見込まれる、④ベンチャーキャピタルへの投資は公開株への投資よりも高いリターンが期待される、といった構図が生じるのだ。ここで気づいてほしいのは、私が「起きる」「必ず生じる」と言った言葉ではなく、「見込まれる」「約束する」（あるいは「起こりうる」「生じるだろう」）といった表現しか使っていない点である。とはいえ、ほとんどの人が自主的に追加リスクをとる際に追加的なリターンを期待するのは必然だろう。

リスク不選好の性向があることから、投資家にリスクをとらせるには追加的な見返りの可能性でひきつける必要がある、と考えるのは完全に理にかなった話である。無謀さと縁遠い人がリスクをともなうことを行うのは、それに見合う十分な見返りが期待できるときだけであり、それ以外にはありえない。

リスク回避は投資において不可欠な要素である。人は損失を出すことを嫌うため、市場を監視する。ほとんどの人はリスクを避けたがることから、以下のように振る舞う。

- 投資に慎重な姿勢を示す。
- 投資、とりわけリスクのともなう投資を検討する際には、入念な分析を行う。
- 分析は、保守的な前提と相応の懐疑主義に基づいて行う。
- 分析上の誤りと良からぬ不測の事態から身を守るため、リスクのある投資についてはより大きな「安全域」を求める。
- リスクのある投資を行う場合には、健全なリスク・プレミアム（追加的なリターンの見通し）にこだわる。
- 理にかなわない案件への投資を拒む。

これらはみな投資のプロセスに不可欠な手順である。リスク回避的な投資家がこれらの手順を踏むからこそ、投資は理にかなった取引が行われる合理的な分野になっている。つまり、リスク回避は市場を安全かつ健全な状態に保つ役割を果たす中心的な要素なのだ。

ただし、こうした手順のリストは、いわゆる規範的な記述（物事はどうあるべきかを示したもの）である。これらはみな、すぐれた投資家が行っていることであり、すべての投資家が行うべきことである。だが実際には、みなが行っているわけではない。すべての投資家が常時、同じように行っているはずがないことは言うまでもない。
リスクに対する姿勢が変化すること、そしてそれが投資環境を変容させることは、絶対的真理の一つである。本章の残りのページでは、この点について論じる。

ここで、また少し横道にそれてみたい。投資環境はどのようにして築かれるのだろうか。簡単に言えば、市場で繰り広げられる（投資家が自分の頭の中でめぐらしたり、話や行動を通じてほかの投資家と交わしたりする）議論の結果、作り出される。以下に、二〇〇四年一〇月二七日付の顧客向けレター「今日のリスクとリターン」で投資環境の成り立ちについて書いた部分を引用する。

ここでは、この思考プロセスが現実世界でどのように働くのかを説明するために、三〇日物米国債の金利が四％という、数年前の「典型的な」市場を例に用いる。この状況で投資家はこう考える。「五年物米国債に投資するなら五％、一〇年物なら六％の金利が必要だ」。投資家は、満期の長い国債について高めの利回りを求める。満期までの時間が長くなることで、購買力が低下するリスクが高まると懸念するからだ。したがって、イールドカーブ（事実上、資本市場線の一部となる）は通常、資産の年限が長くなるのにともない、

図表8-2

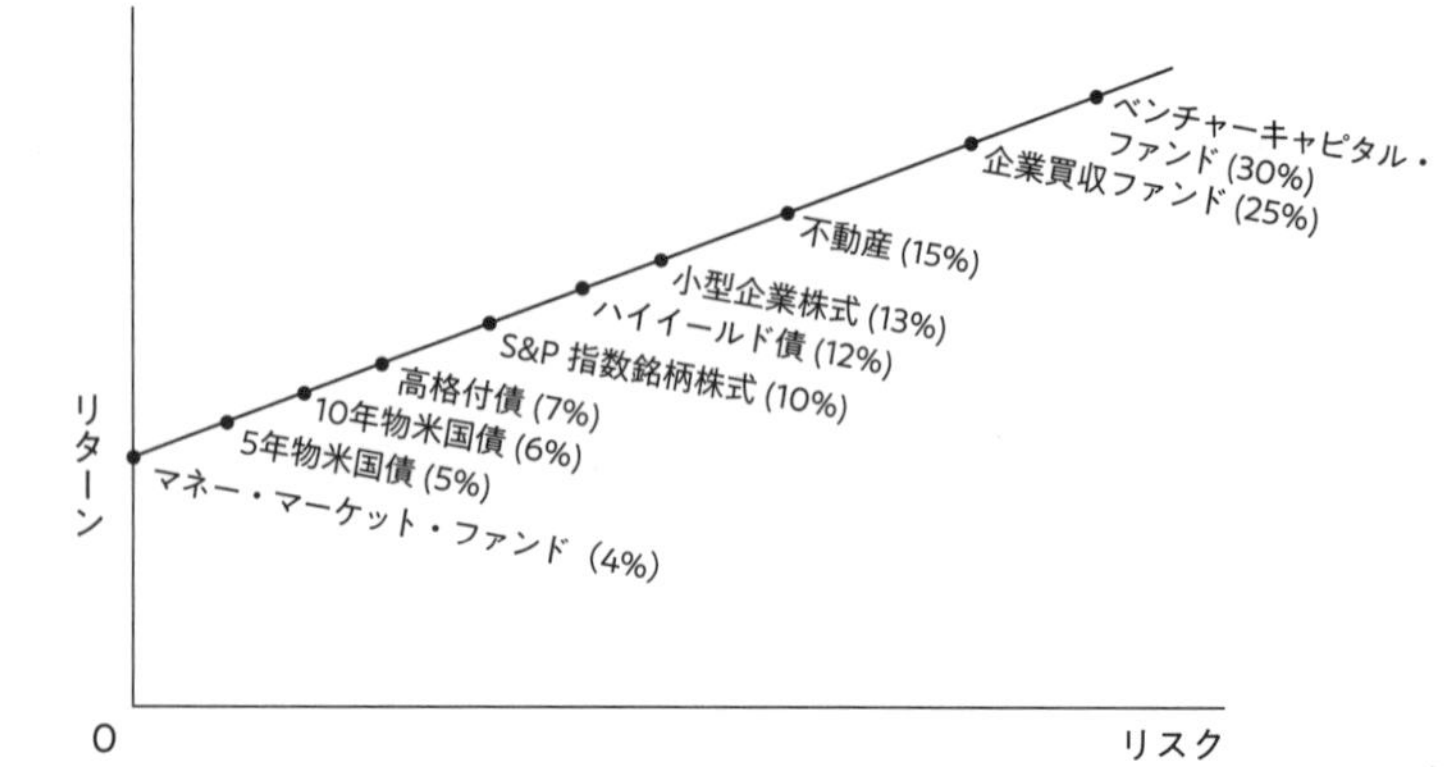

右肩上がりの線を描く。

さてここで、信用リスクという要素を考慮しよう。投資家はこう考える。「一〇年物米国債の金利が六%なら、シングルA格の一〇年物社債は、七%以上の金利が確実でなければ買わない」。こうして生まれるのが信用スプレッドという概念だ。この投資家は、米国債から社債に乗り換えるのに一〇〇bp（ベーシス・ポイント）の金利上乗せが必要と考えている。投資家全体のコンセンサスが同様であれば、これが信用スプレッドとなる。

投資適格ではない債券の場合はどうなのか。「満期が同じ米国債よりも金利が六〇〇bp高くなければ、ハイイールド債には手を出さない」。したがって、買い手をひきつけるために、ハイイールド債は米国債を六%ポイント上回る一二%の金利を提供しなければならない。

確定利付債以外の商品に視点を移すと、話はもっとややこしくなる。株式などの場合、期待リターンを知ることはできないからだ（簡単に言うとリターンが確定されておらず、推測することしかできないからだ）。ただし、投資家はそのあたりの感覚を持っている。「S&P指数銘柄は過去平均で一〇％のリターンを記録しているから、この水準が維持できそうなときだけ買おう。もっとリスクが高い株の場合は、より高いリターンが必要だ。ナスダック銘柄は一三％のリターンが見込めるときでなければ、買わないでおこう」

　ここから、よりリスクの高い商品の話へと進む。「株式で一〇％のリターンが見込めるのなら、非流動性の問題や先行き不透明感がつきまとう不動産に投資するには一五％のリターンが必要だ。企業買収ファンドなら二五％、成功率が低いベンチャーキャピタル・ファンドなら三〇％のリターンが見込めなければ手は出せない」

　理論上、投資家の期待はこのように変化するのであり、実際の市場でも、おおむね同じ状況になると思う（ただし、期待する要件はつねに同じわけではない）。この結果、図表8-2のように、我々の多くにとってなじみ深い資本市場線が出来上がるのだ。

　こうしたプロセスから、リスクとリターンの関係を一本の線で表す「資本市場線」が導き出される。そしてこのプロセスによって、リスクに対する一般的なリターンの水準だけでなく、追加的なリスクを負うことで見込まれる追加的なリターンの大きさ、いわゆる「リスク・プレミアム」も決まる。合理的な世界では、次のような流れが生じる。

●よりリスクが高いとみられる資産には、より高いリターンが得られると思えるような価格がつく。
●リスクが一単位増加することで増えるリターンは、理にかなった適切な大きさとなる。
●期待リターンの増分は概して、追加リスクにつねに比例していると考えられる（つまり、資本市場線上のある位置でリスクが一単位増加すると、同線上の他の点においてリスクが一単位増加した場合に増えるのと同じ分だけ、追加リターンが生じると考えられる）。
●したがって、資本市場線上には、リスクが増えた場合に追加的に得られるリターンが他の点の場合と比べてはるかに大きくなったり小さくなったりする特定の点は存在しない（つまり、リスク調整後の期待リターンが明らかに他の資産よりも大きくなる資産はない）。

合理的な世界では、これらの原則が一つでも破られると、資本の移動が起き、不適正な（割安あるいは割高な）水準にある資産の価格が上方あるいは下方に修正される。その結果、
●原則から逸脱した状態が修正され、
●すべての資産が、他の資産との相対比較で見て公正なリスク調整後リターンを提供するようになり、
●投資家は負担するリスクを高めることでしか、リターンを増やせなくなる。

もし投資家がつねにこのように振る舞えば、「効率的市場」を特徴とする世界が実現する。効率的市場では、他を上回るリスク調整後リターンを提供する資産は存在しない。もちろん市場はつねに想定どおりには動かず、価格もつねに適正な水準に設定されるとは限らないが、効率性が一般に提示することはきわめて理にかなっているため、無視するわけにもいかない（市場の効率性も避けては通れないトピックだが、ここで深入りするつもりはない。詳しくは『投資で一番大切な20の教え』の第2章と二〇一四年一月一六日付の顧客向けレター「幸運を掴む」を参照のこと）。

〜

ここで留意すべき大事な点は、リスクに対する姿勢の移り変わりが、これまでに述べた原則に例外をもたらす可能性があることだ。投資家は過度にリスク回避的になることもあれば、リスク回避の度合いを緩め、過度にリスクに寛容になることもある。

前章で説明したように、良い出来事が起き、陶酔感、楽観主義、強欲の傾向が強まると、投資家は通常よりも、そしてあるべき状態よりも、リスク回避的ではなくなる。すると、どのような影響が生じるのだろうか。一四四ページに記した行動の流れに沿って考えると、投資家は以下のような傾向を示す。

●投資環境をより肯定的にとらえるようになり、起こりうる結果についてもより楽観的になることから、投資プロセスにおける慎重さの度合いを引き下げる。
●もはや投資にリスクがあるとは考えていないため、入念な分析を行う必要性を感じなくなる。
●前提をより緩やかなものに変え、懐疑主義よりも軽信の度合いを強めがちになる。
●「安全域」を狭めて投資することを厭わなくなる。
●リスクをさほど懸念しなくなり、それまでのように十分なリスク・プレミアムを要求しなくなる。
●リスクの高い資産にともなうリターンをより魅力的に感じ、そのリスクに対する警戒心も緩めることで、投資先へのこだわりが薄れる。

次章でわかるように、こうした背景から、景気と市場が最も堅調なときに、きわめて疑わしい融資が行われる。好況時には、人々がより楽観的になり、警戒心を捨て去って、リスク・プレミアムが小幅でも高リスクの投資を行うようになる。さらに、悲観的な見方や恐怖心から遠ざかることで、資本市場線上のより安全な領域にある資産への関心を失いがちになる。これらの要素が重なると、高リスクの資産の価格は、より安全な資産との相対比較で見て上昇する。したがって不況時よりも好況時に、より分別に欠ける投資が行われることは驚くに値しない。高リスク資産の価格が上昇するということは、そうした資産について見込まれるリスク・プレミアムが、リスクに対する意識がより高い時期に比べて小幅になることを意味すると言えるが、

図表8-3

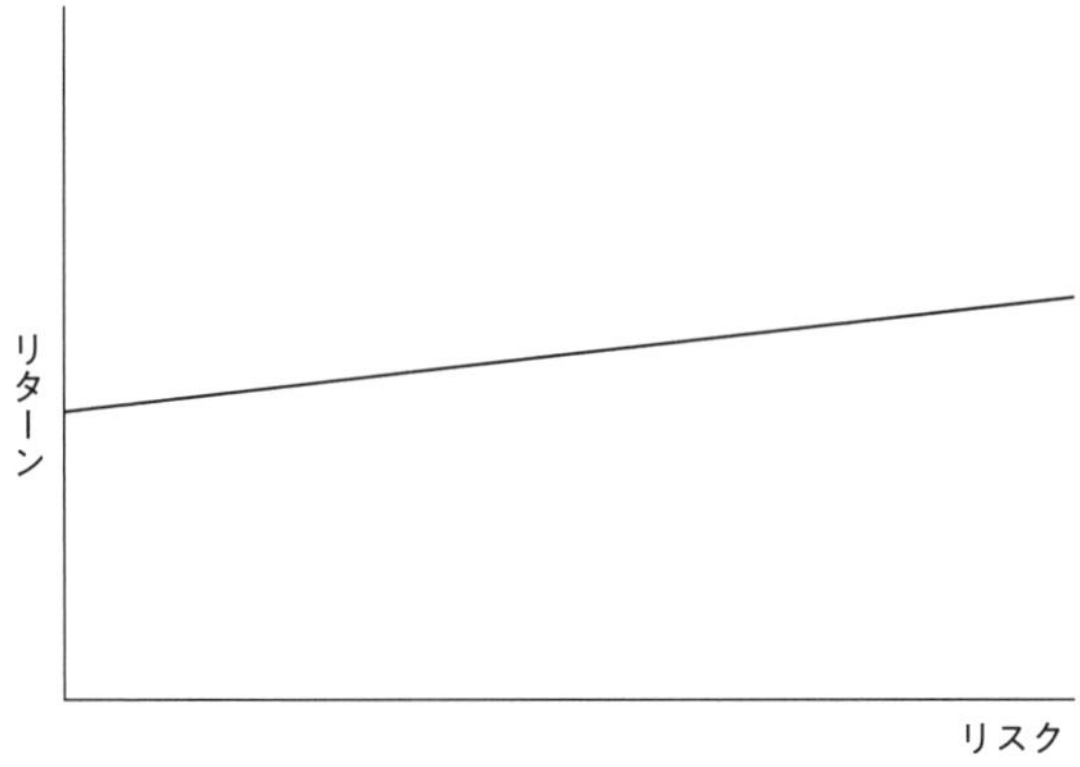

そのような状況でも、こうした傾向が生じるのである。

このように投資家が適正なリスク・プレミアムに固執しなくなると、資本市場線の傾きは平坦化する（図表8－3）。高校の数学の授業を思い出してほしい。図中の線の傾きは、水平軸（X軸）の数値の増加分に対する垂直軸（Y軸）の数値の増加分の比率を表す。資本市場線の傾きは、負担するリスクが一単位増えた場合の潜在リターンの増加分を意味する。つまり、資本市場線の傾きは、市場におけるリスク回避の度合いを直接的に示している。

投資家がリスクに無関心である（リスク許容度が高い）ときには、リスク・プレミアムに対する需要の低減から資本市場線の傾きが平坦化し、追加的なリスクを負うことに対する見返りは縮小する。

資本市場線の緩やかな傾きは、当然のように、リスクが一単位増えた場合に得られる追加的なリターンが少ないことを意味する。よりわかりやすく言えば、リスクを負担することに対する見返りが標準以下となる。

私の考えでは、市場の動きに直接目を向ければ、こうした傾向は論理的に導き出せる。市場では以下のような流れが生じる。

●良い出来事によって楽観主義の度合いが強まる。
●楽観主義の度合いが強まると、人々がリスク許容度を高める。
●リスク許容度が高まると、投資家が要求するリスク・プレミアムが縮小する。
●投資家が要求するリスク・プレミアムの縮小は、高リスク資産の期待リターンの低下を意味する。
●高リスク資産の期待リターンが低下すると、当該資産の価格が上昇する。
●価格の上昇で資産のリスクがさらに高まる（ただし同時に、値上がり株を狙う「モメンタム投資家」による買いをひきつける）。

こうした流れによって、投資家がリスクは低いと感じているときに、実際のリスクは高くなる。そして、リスクが最大になっている（つまり、リスクに対する見返りが一番必要とされる）まさにそのときに、リスクに対する見返りは最も小さくなる。投資家が合理的なのかどうか、もはや議論するまでもないだろう。

これまで述べてきたことをまとめると、投資リスクの最大の源は、リスクはないという思い込みだと言える。リスクに寛容な姿勢が広がること（あるいは、リスクをとることに投資家が強い心地よさを感じるようになること）は、その後の相場下落を示唆する何よりも有力な前触れとなる。とはいえ、ほとんどの投資家は先ほど書いたような流れに従ってしまうため、この点に気づき、そして慎重になることが非常に重要なときに、実際に気づくことはまずないのだ。

〜

コインの裏側がどうなっているのかは明らかだろうから、ここであえて説明するつもりはない。ただし、リスクに対する姿勢のサイクルが下方に振れ、投資家がよりリスク回避的になるとどうなるのか、という点について少し触れておきたい。

心理のサイクルのとりわけ重要な特徴の一つは、その極端さにある。サイクルは、方向性と程度の面で理にかなった動きをたどる場合もあれば、理由もなしに過剰に揺れ動く場合もある。たとえば、投資家は折に触れて「リスクは気にせず、みんなでカネ持ちになろう」と団結する。熱狂と興奮にかられた投資家は、高すぎる水準まで相場を吊り上げ、明らかにきわめて非現実的な（損失がさほど大きくなかった場合なら、あとで振り返った際にばかばかしいと思える）話を信じるようになるのだ。

そうして行き過ぎという罪を犯した結果、慎重さが重視されるようになり、相場が反落して多額の損失を出すと、投資家は強欲と軽信にかられすぎたと自分を責める。そして、なぜそんなばかげた振る舞いができたのかと不思議に思う。自分がかかわった特異で刺激的な投資行為を、実はまったく理解していなかったと認める。そして、二度と同じ過ちは犯さないと誓うのだ。

不適切なリスク回避の度合いのせいで（リスクにまったく気づかず、簡単にカネ儲けができるという見方に駆り立てられ）、値を吊り上げ、高値で買ってしまったときと同じように、投資家は今度は値を押し下げ、底値で売ってしまう。つい最近の不愉快な経験から（すべてが順調だったときに思っていたこととは対照的に）、投資はリスクの高い分野であり、かかわるべきではないと思い込むのである。そして、その結果、リスク回避の度合いは、不適切なレベルを通り越して過剰なレベルまで強まるのだ。

- 投資家は直前につらい経験をし、先行きを悲観的な目で見るようになったことで、警戒感を募らせる。
- 投資は利益よりも損失を生むものと考えるようになった結果、チャンスを求めることよりも、一層の損失を回避することを重視しはじめる。
- 期待外れに終わることが絶対にないように、十分に保守的な前提を設け、懐疑主義の傾向を過度に強める。
- 適切な安全域を提供する資産を特定することが（そして、想像することすらも）できなくなる。

図表8-4

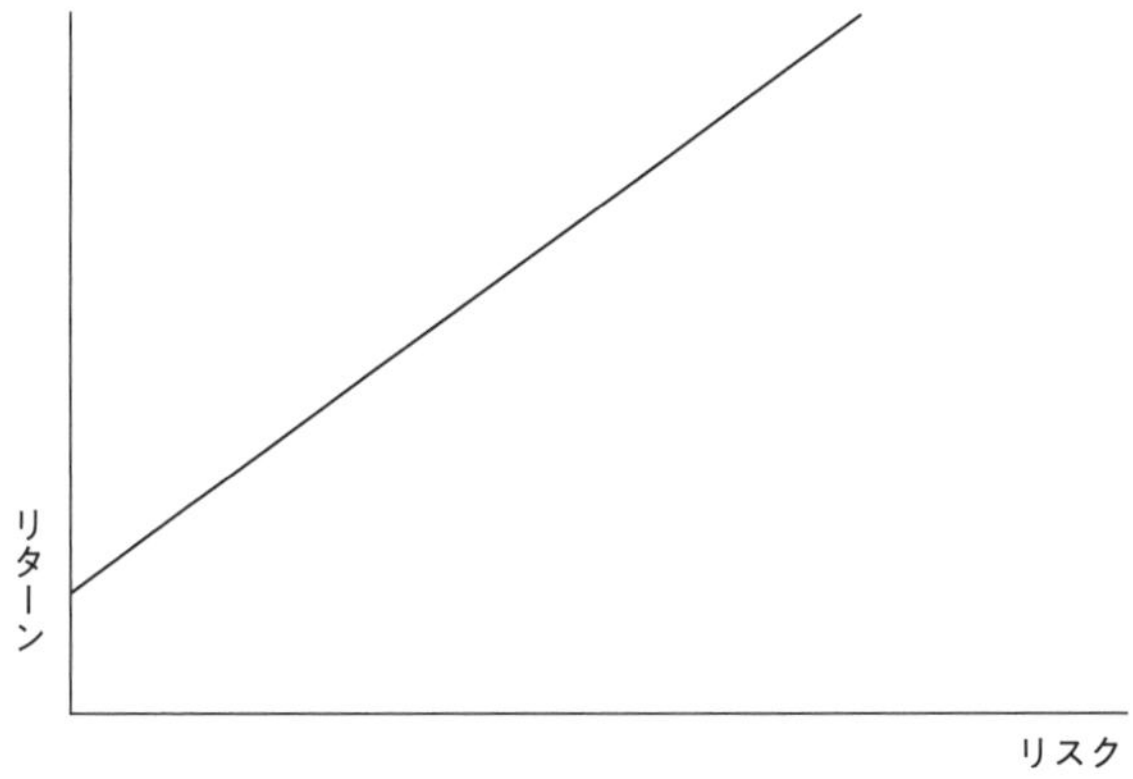

●あらゆるものにリスクがあると考え、現在の膨れ上がったリスク・プレミアムですら不十分に感じる。
●心配性になり、リスク許容度が高かったときに高値で割高な資産を買ったのと同じように、今度は行き過ぎたリスク回避の姿勢から底値で（決して買うのではなく）売る。

これが大事な点である。こうした状況では、リスクに対する認識が極端になり、資本市場線の傾きが過剰に大きくなるのだ（図表8－4）。

平坦化した資本市場線の傾きについて述べたこととは正反対に、この大きな傾きは、リスクが一単位増えた場合に得られる追加的なリターンが異常に大きいことを意味する。これはリスク回避的な市場であり、ここではリスクを負担することへの見返りが過度に大きくなっている。つまり、追加的なリスクを負担した場合のリターンが最大になるのは、人々

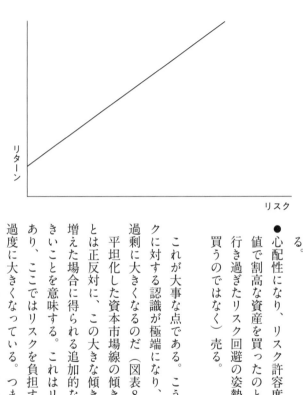

が追加的なリスクをまったく負担したがらないとき（いやむしろ、純粋に負担したがらないから）なのだ。

リスクに対する姿勢が極端な状態からもう一方の極端な状態へと変化すると、利益あるいは損失の可能性も変化する。すべてが順調で資産価格が上昇しているとき、投資家は未来がバラ色だと感じ、リスクは自分の味方であって、利益も簡単にあげられると考える傾向がある。そして、誰もが同じような感覚を抱くことから、価格にリスク回避的な要素はほとんど織り込まれず、したがって危険な状態になる。リスク回避の度合いを強めるべきときに、投資家はリスクに寛容になるのだ。

そして景況が悪化すると、投資家の心理も軟化する。市場は損失を生む場所、リスクは何としても回避しなければならないもの、損失はどうしようもなく避けがたいものだと考えるようになる。前章の最後に書いたように、行き過ぎた警戒感が優勢になると、誰もが①楽観的な要素が少しでも含まれるシナリオを受けつけなくなり、②想定の中に「そんなひどい話があるわけない」と言えるようなものがある可能性も認められなくなるのだ。

相場のピークでリスク許容度が天井知らずになるように、相場の底ではリスク許容度はゼロになる。こうした悲観的な姿勢の影響で、それ以上損失が出る可能性がきわめて低くなる水準、そして巨額の利益が生じうる水準まで価格は下落する。だが、価格（そしてリスク）がまさに底にあるときに、それまでの下落で傷を負った投資家は、リスク回避の姿勢を強め、傍観者になってしまう傾向があるのだ。

ここで、リスクに対する姿勢の変化の実例を、具体的な数値を示しつつ紹介したい。以下は二〇〇四年七月の顧客向けレター「幸せな中心点」からの引用である。

〜

一九九〇年代末にリスク許容（あるいはリスク無頓着）の姿勢が広がっていたのは明らかだった。私自身、ある有名証券会社のストラテジストが「株価は割高だが、買い推奨を取り下げる水準にはまだ達していない」と話すのを聞いた覚えがある。「４０１ｋ（確定拠出年金）の評価額が大幅に上がった。ここから三分の一、下がったところで痛くもかゆくもない」と言う一般の人もたくさんいた（そういう人たちは、それから二～三年後にどうなったのだろうか）。

だが、そうしたリスク許容の姿勢も永遠には続かないのだ。やがて、何らかの要因によって証券の欠陥と、価格が高すぎであることがあらわになる。価格は下落し、投資家は一〇〇ドルで買った証券を六〇ドルで売ろうとする。残りの六〇ドルも失うかもしれないという恐怖が、失った四〇ドルを取り戻したいという欲求にまさるのだ。こうして、リスク回避の姿勢が再び広がる（そしてたいていの場合、行き過ぎる）のである。

このようなサイクルの中で、投資家を取り巻く数字はどう変わるのだろうか。一九九八年半ば、ロング・ターム・キャピタル・マネジメント（LTCM）の破綻で、ハイテク株以外の分野の投資家が正気を取り戻す直前の話をしよう。当時、利回りが二〇％を超える非デフォルト債の総額は、一二五億ドルにすぎなかった（この時期が「ディストレスト・デット」という呼称が生まれる一つの分岐点となった可能性がある）。投資家はリスクをさほど気にしていなかったため、ほんの一部の非デフォルト債にしか、超高リターンを要求していなかった。「軽率」という言葉が、当時の投資家の姿勢を表すのに最もふさわしかったかもしれない。

だがLTCMの破綻で投資家はリスクの存在に気づき、その一年後には、利回りが二〇％を超える債券の総額が三倍超の三八七億ドルに達した。相次ぐ企業の不祥事で債券市場が恐怖に包まれた二〇〇二年半ばには、この額がわずか四年前の八・五倍の水準に相当する一〇五六億ドルに及んだ。リスク回避の度合いが不適切に低い状態から大きく変化し、やがてのちの出来事が示すように、過剰なまでに高まったのだ。その後、二〇〇四年三月三一日までに、利回り二〇％超の債券の総額は八五％減少し、一六二億ドルという低い水準に戻った。リスク回避の姿勢が弱まった（そして、おそらくは再び不適切な状態になった）のである。断言できるのは、ファンダメンタルズの変動の度合いが、価格や利回り、ディストレスト・デットの規模の変動の激しさには程遠かったことだ。いつものことながら、心理の揺れによって実態が著しく誇張されたのである。

投資家のリスク許容度が概して高いとき、証券価格はリターンに見合う水準よりも大き

図表2-2（再掲）

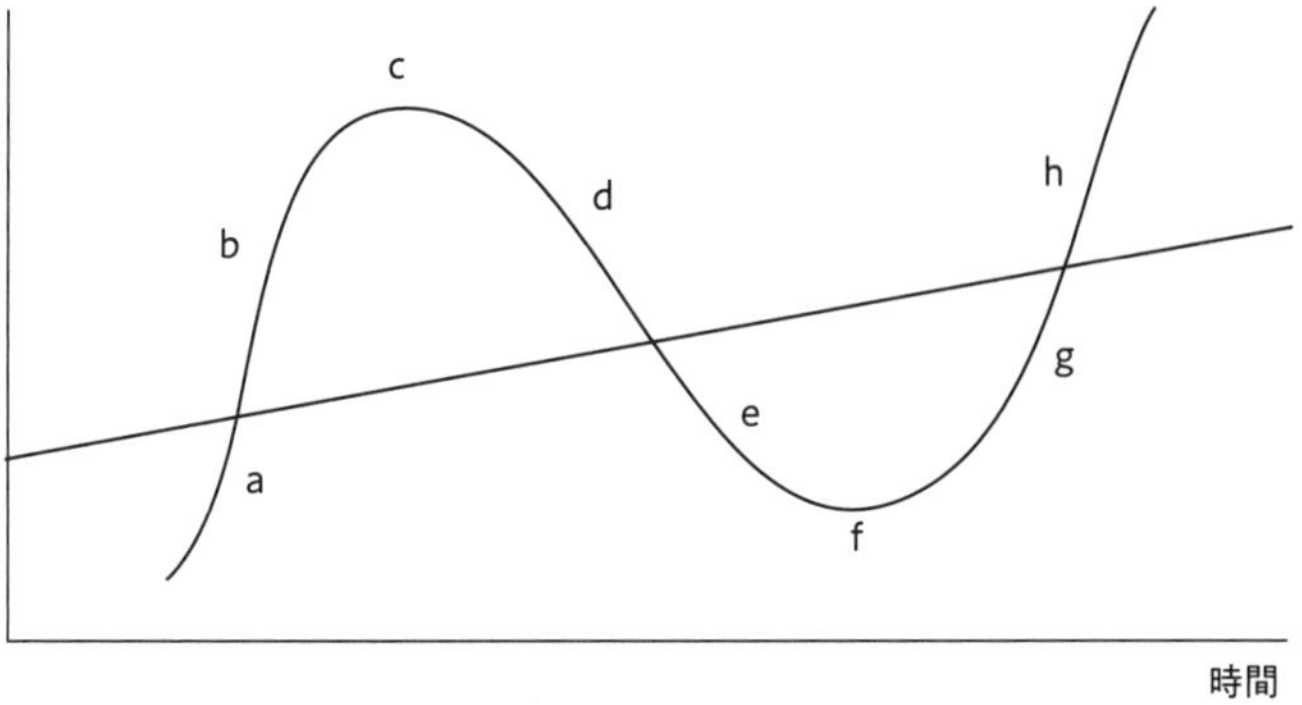

なリスクを内包している可能性がある。一方、投資家が過度にリスク回避的だと、リスクに見合う水準よりも大きなリターンが価格に織り込まれる場合がある。

　このレターの「幸せな中心点」というタイトルは、極端な行動をしないように、とつねに注意してくれた私の母の分別をヒントにつけたものだ。我々は、ほとんどの物事に関して中庸（過大でも過小でもない、バランスのとれた状態）をめざす傾向がある。

　だが、投資家としての経験から確実に言えるのは、幸せな中心点を目にする機会はほとんどないということだ。三九ページに示した典型的なサイクルの図について書いたことを思い出してほしい（図表2-2）。aやdやgの局面で周期的な現象が極限から妥当な中心点へと戻っていく傾向に気づき、感銘を受けるかもしれない。なんと合理的な動きだろう、と。

だが前述したように、b、e、hの局面では、適正な中心点を超えたあとも「極限からの修正」が反対の極限に向かって続くのがつねとなっている。

この図を見た統計学者は、ここに図示された現象が「平均としては」中央値にある、あるいは長期トレンドの周辺に位置している、と指摘するだろう。だが、統計学者ではない我々の目には、中心点から離れつつあるか、中心点に戻りつつある状態で、ほとんどずっと動いているように見える。実際に、山と谷の両極限にある時間と、幸せな中心点にある時間はほぼ同じである。大半の投資家のリスクに対する姿勢も、これとそっくりな動きをする。

投資リスクの最大の源は何だろう。経済関連のマイナス材料か、それとも予測を下回る企業情報か。製品の競争力低下や、利益の減少、あるいは低い信用力か。いや、最大の投資リスクは、投資家を夢中にさせる何らかの新しい投資根拠によって、資産価格が過度に高い水準に達したときに訪れる。その根拠はファンダメンタルズでは正当化できないもので、不当に高い価格水準（バリュエーション）をもたらす。では、いつ価格は過度に高い水準に達するのか。それはリスク回避の姿勢と警戒感が消え去り、リスク許容の姿勢と楽観主義に取って代わられるときだ。こうした状況が投資家にとって最大の敵となるのである。

リスク回避の姿勢が不十分だと何か起きるのか？

私の人生の中で、二〇〇七年から二〇〇八年にかけての世界金融危機のときほど、金融市場が大きく下振れしたことはなかった。そして、今なお世界金融危機は、振り返り、熟考し、学びを得る対象として、またとない事例でありつづけている。危機が起きた背景には、積み重なるさまざまな要因があった。以下に挙げるのはその一部である。

●住宅価格が上昇するなかで、政府の政策が（以前なら住宅を買えなかったであろう層の人々を含む）住宅所有者の増大を後押しした。

●FRBによる利下げで、高利回りの金融商品（住宅ローン関連の仕組み商品やレバレッジを利かせた商品など）に対する需要が高まった。

●銀行の間で、住宅ローンを提供し、その債権をまとめて証券化し、（保持せずに）転売する、という流れが活発化した。

●融資や仕組み債の組成、信用格付けの付与、投資にかかわる決定は、過去の低い住宅ローン・デフォルト率を何の疑いもなくそのまま当てはめた前提に基づいて行われた。

●これら四つの要因に融資基準の緩和が加わって、住宅ローン提供の積極化をもたらした。

●実績のない新手の住宅ローン担保証券が商品化され、低リスク・高リターンという触れ込みが、懐疑心の薄れている時期に大きな魅力を放った。

●（金融コングロマリットの創設を禁じた）グラス・スティーガル法や（直近の約定価格を下回る水準での空売りを禁じた）アップティック・ルール、銀行のレバレッジ比率を制限する規制などの保護法規制が緩和され、銀行のレバレッジ比率が三倍近く上昇した。

●そしてメディアが、以下の要素の組み合わせによってリスクはなくなった、と記事で書き立てた。

・景況が悪化すれば、すぐに刺激策を実施してくれると頼りにできる、機敏なＦＲＢ

・輸出大国である中国と原油生産国へ流れていった過剰流動性が、必ずアメリカ市場に還流して資産価格を押し上げる、という確信

・リスクを巧みに「切り分け」、幅広い種類に区分して、それぞれのリスク負担に見合った層に売ることを可能にした、ウォール街の革新的な新商品

ここに挙げた要素はどれも、リスク許容の空気が存在していることを示唆していた。むしろ投資家、貸し手、借り手、規制当局の心理においてリスク許容の姿勢が優勢になっていなければ、リスクが高まるはずはなかった。金融危機直前の数年に見られたこのようなリスク許容の空気は、非常に警戒すべき対象である。懸念、警戒感、懐疑主義の欠如を示唆しているからだ。

こうした流れ（そして、その背景にあるリスク許容あるいはリスク無頓着の空気）が、最終的に（とりわけ不健全でうまくいかなくなる可能性の高い金融商品の発行を通じた）安全性の低い金融行動につながったのは必然だった。低金利で巨額の資金を借りられる状況において、資産の買い手は「黄金期」にあると思い込んだ。だが、健全で格安の資産が手に入りやすかったわけではない。むしろ、借金をしやすかったがために、すでに著しく価格が上がってしまっ

ている資産や、革新的だが実績のない、レバレッジを利かせた合成型の投資商品（その多くは失敗に終わった）に、安易に巨額を投じることが可能になってしまったのだ。

数ある要因の中でとりわけ重大だったのは、この時期に、金融機関側もリスクのある行動をとっていたことだろう。マクロ情勢が良好で、金融活動と金融イノベーションが過度に活発なときには、私が「谷底へと続く競争」（これをタイトルとした顧客向けレターを後ほど引用する）と名づけた状況の中で資金の貸し手が市場シェアをめぐって競う傾向がある。二〇〇五〜二〇〇七年ごろの風潮は、世界金融危機の前夜とも言うべき二〇〇七年六月に、シティグループの最高経営責任者（CEO）チャールズ・プリンスが発した、その時代を象徴することになった言葉に凝縮されている。「音楽がやめば、流動性の面で厄介なことになる。だが音楽が鳴りやまないかぎり、立ち上がって踊らなくてはならない。だから我々は今も踊っている」

言い換えると、銀行は競争に勝つために、異常なほど良好な状況が続くことをあてにした事業を展開しなければならず、実際にそうしていた。それは、状況が正常化した場合に問題が生じることを意味していた。だが、市場シェアの喪失を恐れるあまり、その流れに乗るのを拒むことができる銀行はなかった。実績のない新手の商品には欠陥がある可能性があったが、それでも進んでシェアを明け渡すわけにはいかなかった。これこそが、サイクルを象徴し、生み出し、増幅させる群集行動なのである。

理論の上では、銀行のCEOがこうした愚行の輪に加わるのを拒否することも可能だった。だが当時の現実社会においては、ダンスに加わらないことによって市場シェアをなくし、競合他社のような「楽なカネ儲け」手段での荒稼ぎをせずにいれば、アクティビスト投資家（物言う投資家）の圧力で職を失う恐れがあった。だから銀行は、音楽が永遠にやまないとでもいうかのように、資金提供の機会をめぐって激しく競い合った。しかし、サイクルの存在を認識していれば、いつかは音楽がやむことは明らかである。このようなリスクに寛容で無頓着な姿勢は、急激な下降局面に先立つ（そして、そのお膳立てをする）上昇局面において非常に重要な役割を果たすのだ。

二〇〇五〜二〇〇七年の時期、時間の経過とともに市場参加者のリスクに対する姿勢が明らかになる出来事が目立つようになり、そこから私は有用な結論を導き出した。以下に引用する顧客向けレター「谷底へと続く競争」（状況悪化の最初の兆候が現れる数カ月前の二〇〇七年二月一七日に出している）では、その格好の例を取り上げている。このレターは、個別の、そしておそらく逸話的な経験から引き出される推論に潜在的な価値があることを示している。

ここ数年、資本市場の行き過ぎた状況に驚く機会が数多くあったが、なかでも私が思わず「これはレターに書かなければ」と叫んでしまったことがある。前回のイギリス滞在中に、ある新聞記事を目にしたときの話だ。そのフィナンシャル・タイムズ紙（二〇〇六年一一月一日付）の記事には、こう書かれていた。

住宅ローンの融資額でイギリス第二位のアビー・ナショナルは、住宅購入者への融資基準額を、購入者個人あるいは世帯合計の年収の五倍に引き上げた。これは従来の同三・五倍を大幅に上回る水準である。先週、アイルランド銀行の住宅ローン部門とブリストル・アンド・ウェスト住宅金融組合が年収の四倍から四・五倍への融資基準額引き上げを決定したのに続く動きだ。

つまり、過去の経験則は、年収の三倍強の額の住宅ローンであれば、借り手が安全にやりくりできることを物語っていた。ところがいまや、その五割増しに近い、年収の五倍の額を借りられるという。ここからどのような推論が導き出せるだろうか。少なくとも以下の四つの可能性が考えられる。

- 従来の基準が保守的すぎたのに対し、新しい基準は適正である。
- 状況が変化し、従来の基準がそうだったように、現在では新しい基準が保守的と言えるものになった。
- 資本コストの低下により、住宅ローンの貸し手にとってデフォルト率の上昇と、それにともなう純利益の減少を受け入れることが妥当になった。
- 預金の急拡大が、資金提供者による融資基準の緩和をもたらした。

ところで、私はイギリスの住宅ローン市場の専門家ではないし、ここでは特定の分野ではなく資本市場全般のトレンドについて書くことを意図している。また、今日の低金利環境では、一定の収入で借りられる住宅ローンの額が増えていること（そして、①貸し手の職が安定していて、②住宅ローンが固定金利型であるかぎり、それが続くこと）は確かだ。だが、アビー・ナショナルが融資基準額の引き上げに踏み切る理由が論理的と考えられるのだとしたら、「なぜ今やるのか？」という疑問が生じる。

この動きの背景には、論理的な理由と冷静な意思決定があったのかもしれない。だが、融資競争と、上昇期の終盤にいつも生まれる「今回は違う」という思い込みもあったのではないか。サイクルが極限に達すると、必ずと言ってよいほど、貸し手と投資家は由緒ある規律から逸脱する。現在の状況は、そうした規律が妥当だった過去において一般的だった状況とは違うのだ、という思い込みからだ。そして、やはり必ずと言ってよいほど、サイクルが繰り返され、実は何も変わっていないことを思い知らされるのである。

住宅価格が上昇し、金利が低下していたときに、アメリカの住宅ローン市場では何が起きたか。まず初期優遇金利が低くなった。次に融資比率（住宅価格に対する融資額の比率）が上昇した。やがて融資比率一〇〇％のローンが登場した。それから返済額に占める元本部分の比率が低いローンが、続いて返済額に元本部分がまったく含まれないローンが導入された。ついには、職や信用履歴に関する書類なしでもローンが組めるようになった。その結果、より多くの住宅購入者が、より高額の住宅を購入できるようになったが、同時に貸し手にとってのリスクも高まった。このような流れは、住宅価格が高騰し、金利が過去数十年で最低の水準にあるなかで起きていた。最終的に、住宅購入者は自分の収入と当時の金利環境で可能なかぎり高い額の住宅ローンを組んだ。そのおかげで理想の家を手に入れ、そして状況が悪化しないかぎり（しないわけがないのだが）、そこに住みつづけるはずだった。

『ネーム・ザット・チューン』という曲名当てクイズ番組の「ビッド・ア・ノート」というゲームをご存じだろうか。出場者Aが「最初の六音で曲名を当てられる」と言う。すると出場者Bが「五音で当てる」と返す。さらにAが「四音で」と宣言する。情報が一番少ない状況で挑戦する、という最もリスクの高い課題を進んで受け入れる出場者が、最終的に曲当てのチャンスを獲得するのである。

つまりこういうことだ。アイルランド銀行が住宅ローンの融資競争に参入して言った。「借り手の年収の四・五倍まで貸そう」。するとアビー・ナショナルがこう応じた。「うちは五倍まで貸そう」。このオークションの勝者と言われるのは、最低レベルの安全性と引き換えに最大の融資を引き出す者だ。それが本当に勝者なのか、実は敗者だったのかは、昨年（二〇〇六年）のアメリカの例が示すように、サイクルが反転してから判明する。だが確実なのは、谷底へと続く競争、「誤りの許容範囲」を最小限にして融資を行う金融機関のコンテストが繰り広げられているということだ。

どう見ても、近年、住宅ローンの融資基準は低下し、リスクは上昇している。そこには論理の裏づけがあるのではないか。そうかもしれない。サイクルによって引き起こされた

（そして増幅した）現象なのではないか。そのとおりだろう。フィナンシャル・タイムズ紙の記事には、メリルリンチの銀行アナリスト、ジョンポール・クラッチリーのコメントが引用されていた。「アビーが年収の五倍まで融資するというのなら、それは完璧に理にかなっている可能性もあるし、とてつもなく高いリスクをとっている可能性もある」。住宅ローンのリスクが高くなっているのは明らかだ。賢明なリスク負担だったのか、常軌を逸した競争熱だったのかは数年後になってわかるだろう。……

今日の金融市場の状況を簡単にまとめるとこうなる。世界的に過剰流動性が存在するなか、従来型の投資商品への関心はきわめて小さく、リスクに対する懸念はほとんどみられず、どの分野でも期待リターンは雀の涙ほどになっている。だから、妥当と考えられうる（ただし、過去に約束されていた水準よりも低い）リターンを手に入れる代償として、投資家は高いレバレッジ依存度や実績のない派生商品《デリバティブ》、有利ではない買収構造などの形をとった高リスクを進んで受け入れる。現在のサイクルも、その形状自体は異様ではない。程度だけが異常なのだ。最終的にどうなるのか予想するのは難しくないと私は思うが、サイクル内の今の位置で最もうまくいっているように見えるのは楽観主義者である。

いつものことながら、私のお気に入りの引用文二つを記す方式をとって、このレターをもっと短く終わらせることもできた。結局は長くなってしまったのだが、ここでその二つを紹介したい。

一つ目は、昨年他界したジョン・ケネス・ガルブレイスの言葉だ。亡くなる一年半前、私は幸運にも氏と数時間をともにすごし、その見識を目の当たりにする機会に恵まれた。以前にも記した以下の引用文の原典は、名著『バブルの物語』である。現在の状況にとりわけふさわしいと思える金言だ。

こうした陶酔的熱病《ユーフォリア》に寄与……するものとして、あと二つの要因が挙げられるが、それらは過去、現在を問わず、ほとんど注目されていない。一つ目は、金融に関する記憶が持続する時間は極端に短いということである。その結果、金融にかかわる大惨事が起きても、あっという間に忘れられてしまう。さらにその結果、同じ、あるいは非常によく似た状況が（時としてわずか数年後に）再び生じると、それは金融業界、そしてより広い経済界における輝かしい革新的発見として、新しい世代に大歓迎されるのだ。そうした世代とは、だいたいが若く、そして例外なく自信に満ちあふれた者たちである。人間の活動において、金融の世界ほど歴史がないがしろにされる分野はほとんどない。過去の経験は、たとえ記憶に残っているとしても、今日の驚異的な発展を評価するだけの洞察力を持たない者が、考えなしに駆け込む逃げ場であるとして、一笑に付されてしまう。

二つ目は、周りの投資家の振る舞いを見て自分の金融行動を見直す必要性を説いたウォーレン・バフェットの揺るぎない忠言である。一つ目の引用に比べて短いが、おそらくそれ以上に有益な言葉だろう。

他人が慎重さを欠いているときほど、自分たちは慎重に事を運ばねばならない。

このレターは簡潔に要約することができる。投資家と資金供給者の双方で広範囲にわたって慎重さの水準が低下するなかで、谷底へと続く競争が繰り広げられている、と。現時点では、この競争への参加者が手痛い目にあう、あるいは、その長期的なパフォーマンスが反対派のパフォーマンスを上回ることはない、と明言するのは不可能だ。だが、それがお決まりのパターンなのである。

現在のような無警戒の市場に同調する気がない者は、当面、①リターンの面で後れをとり、②時代遅れな人物のように見られる可能性が高い。しかし、ほかの者が最終的に多くを失うなかで冷静さ（と資金）を保っていられるのだとすれば、どちらも支払うに十分値する代償だ。私の経験から言えば、警戒心が緩みきった時代は、やがて手痛い打撃をもたらす調整が起きることで幕を閉じるのがつねである。今回はそうならない可能性もあるが、私はいつもどおりの展開になるほうに賭ける。さしあたってオークツリーとそのスタッフは、過去二〇年にわたってすばらしい成果をもたらしてきた規範を保っていく所存である。

前述のウォーレン・バフェットの言葉はまさに的を射ているため、何かと引用させてもらっている。この一文には、今の現象と、その結果、逆張りのスタンスが必要になることが的確にまとめられていると思う。バフェットが言うように、ほかの者がリスクを気にしなくなり、警戒を怠っているときには、もっと慎重にならなければならない。だが、もう一つ伝えければならないことがある。他の投資家がうろたえ、意気消沈し、リスクをとるに値する状況が訪れることなど想像できずにいるときにこそ、攻めに転じるべきなのだ。

リスク回避の姿勢が行き過ぎると何が起きるのか？

第2章で詳しく説明した金融サイクルの対称性は、二〇〇五年から二〇〇七年にかけてのリスクに寛容な環境（と、それにあおられた金融商品発行ブーム）のあとに大がかりな調整が間違いなく訪れることを本質的に示していた。そして周知のとおりに、そうした調整は実際に起きたのである。

すでに述べたように、二〇〇七〜二〇〇八年の世界金融危機は、根拠もないままに感情の振り子が負の方向に振り切れる、そしてリスクに寛容な姿勢が過剰なリスク回避の姿勢に切り替わるところを目の当たりにする機会をもたらした（それが一生に一度の機会だったと思える日が来ればよいのだが）。

二〇〇七〜二〇〇八年に行き過ぎたリスク許容の姿勢にあおられて生じた（先ほど示したような）行動は、やがて無謀だったことがあらわになり、結果として多大な苦痛と損失を生み出した。

●持ち家を普及させる取り組みが、そこまでの経済的余裕がない多くの人による住宅購入を招いたことが明らかになった。数千人規模の人が、住宅購入と転居やリフォームに費やした資金を失った。

●収入や職の裏づけなしに行われたサブプライムローンの提供は、軽率だったと判明した。

●住宅ローンの緩い融資基準（と、そのせいで見逃された広範囲に及ぶ不正利用）が、当然のように、契約どおりに返済する能力のない多くの貸し手への融資につながった実態があらわになった。

●従来の低いデフォルト率をそのまま当てはめる考え方に、融資基準の緩和でデフォルト率が前代未聞の水準に達する可能性がまったく織り込まれていなかったことが露呈した。

●実際のデフォルト率が、証券の組成に関する判断や債券格付け、損失見通しの基準になっていた従来のデフォルト率を超えていたために、サブプライムローンから派生した仕組み商品やレバレッジ商品のデフォルトも衝撃的な水準に達し、これらの商品の高い格付けが間違っていたことが明らかになった。

●レバレッジを利かせた住宅ローン担保証券（と、本質的にレバレッジ依存度の高いものが大半を占める、その金融派生商品）は、レバレッジを利かせたファンドや証券が融資の契約条項を満たせなくなり、最終的に発行体が債務を履行できなくなったことにより、総じてリターンを高めるための手段から、金融市場の大量破壊兵器へと姿を変えた。
●当然のように、こうした新しい金融商品は、低リスク高リターンを約束するという金融イノベーションがほとんどその約束を守らないことを（いつもどおりに）示した。
●規制緩和に関連して、以下の事態が生じた。グラス・スティーガル法の廃止で誕生した金融コングロマリットが深刻な問題を抱えた。アップティック・ルールが廃止されたせいで、金融機関の株式が容赦なく売りたたかれた。また、規制緩和で銀行がレバレッジ比率を高めることが可能になった結果、複数の銀行が存続できなくなった。

こうして、以前に生じたあらゆる流れの果てに、大量の住宅ローンのデフォルトと住宅担保の差し押さえ、住宅ローン担保証券の格下げや破綻、住宅価格の暴落と中古住宅の売却難、株式・債券相場の暴落と流動性の消失、融資可能な資金の枯渇、そして数多くの銀行の経営破綻、救済、倒産が起きたのである。

もちろん、信用危機を引き起こしたのは、ありえなそうな出来事の数々だった。レバレッジに大きく依存していた投資家の身には、（ありえないとは言わないまでも）ありそうもないと考えられていた悪いことがたくさん、しかも同時に起こり、それが信用危機へとつながった。

二〇〇八年一〇月一五日付　顧客向けレター「否定主義の限界」より

こうした出来事が積み重なった結果、投資家やその他の金融システム参加者の心理はどうなったのだろうか。簡単に言うと、みな死ぬほど怖くなったのである。自信に満ちあふれていた心理が恐怖一色に塗り替えられると、非現実的なほどリスクに寛容だった姿勢が行き過ぎたリスク回避の姿勢へと変わる。このような心理の急変が、二〇〇八年後半のリーマン・ショック後に起きたのだ。切迫感にかられた売り手が大挙して押し寄せ、買い手は隅に追いやられた。資産価格は暴落し、市場の流動性はゼロに等しくなった。

これらはすべて、強いリスク許容志向が強いリスク回避志向に取って代わられた結果、起きた。そして、こうした流れのすべてが、いっそう恐怖心をあおり、一段とリスク回避志向を強め、さらに良くない出来事を招き、また同じことが起きるのではないかという不安を広める働きをした。眉唾ものの楽観的な仮定と約束を信じて実績のない商品を買ったのと同じ人々が、今度は金融システム全体が崩壊するかもしれないと思い込んだのである。

過剰なリスク回避姿勢へと向かう振り子の揺れとその影響を示す例として、リーマン・ブラザーズ倒産の数週間後に起きた出来事を紹介したい。この出来事を受けて、私は先ほど引用した「否定主義の限界」という顧客向けレターを、最悪の状況下で発信することにしたのだ。

全般的な潮流に少しだけ乗るために、オークツリーは金融危機の数年前に初めてレバレッジを利かせたファンドを導入した。ただし、他の業者に比べてレバレッジへの依存度は低くした。たとえば、標準的なファンドのレバレッジ倍率（ファンドの投資総額÷自己資金）が七〜八倍であったのに対して、当社のヨーロピアン・シニアローン・ファンドは四倍に抑えていた。また、保守的な資産への投資を心がけていたが、それにもかかわらず当社が投資する資産も市場暴落の影響は不可避だった。危機前においては、シニアローン（別名「レバレッジド」ローン）が、（信用面で問題があるものでも）額面の九六％を下回る価格で取引されることはほとんどなかった。したがって、マージンコール（証拠金の追加預け入れ請求）が発生する可能性はまずないだろうと私たちは感じていた。当社の借入契約では、ポートフォリオに組み込まれたローンの平均市場価格が額面の八八％まで低下しないかぎり、マージンコールは発生しないことになっていた。

ところがリーマン倒産後、何よりも銀行によるポートフォリオ投げ売りの圧力から、ローンの価格はかつてない水準に低下した。銀行が投げ売りしたのは、借り入れに頼って投資し、マージンコールを受けたが追加証拠金を払えなくなった投資家が放棄したポートフォリオである。こうして額面の八八％という数字、さらにマージンコールが当社にとって現実味のある可能性となった。それでも貸し手から時間の猶予をもらうことができたため、ファンドの投資家から追加資金を調達し、レバレッジ倍率を四倍から二倍に引き下げる手配に取りかかった。投資家たちに追加資金の投入を求めると、みなこれがローンを手放すのではなく、割安な価格で保持する機会、高い予想利回りと当社ファンドの低コストでのレバレッジの恩恵を享受する機会だと理解してくれた。そして、ほとんどの投資家が追加資金投入の依頼に応じてくれた。レバレッジ倍率が下がったことで、ローンの平均価格が額面の六五％という、普通では考えられない水準に低下しないかぎり、当社のファンドはマージンコールを受けずに済むことになった。

ところが、買い手がまったく存在せず、マージンコールやヘッジファンドの撤退に絡む売りが続くなか、ローン市場で下落の悪循環が続くと、「適正価格」という概念は消えてなくなり、どんな価格でも保持する根拠になりえないのではないかという懸念が広がった。このため、当社のローン・ポートフォリオの平均価格は額面の七〇%近くまで低下した。ここへ来て、私はレバレッジ倍率を二倍から一倍に引き下げようと考えた。そうすれば、マージンコールのリスクをともなう契約条項と完全に縁を切ることができる。

そこで私はファンドの投資家に、さらに追加資金を投入してファンドのローンを満期まで保持すれば、利回りは優に二桁に達し、レバレッジを利かせたファンド全体のリターンは（手数料とデフォルトによる潜在的損失を差し引く前で）二〇%台になると訴えた。もちろん、既存の投資家がこれまでの出資額に比例した追加資金を出せず、その分をほかの投資家が出すことになった場合、払えなかった投資家はそのファンドにおける自分の持ち分をその利回りで売却したも同然となってしまう。

また、止まらない価格下落、ポートフォリオの清算、買い手の完全な不在が重なり、再び追加投資の手続きを取るのが困難なファンド投資家もいた。自身の投資を救済するチャンスどころか、「損の上に損を重ねる」恐れがあると見る向きもあった。流動性のある資金が手元にない投資家も存在した。追加投資について上司にかけあうのを厭う者もいた。確信と盤石さを必要とする行動を起こすこと自体が、きわめて難しい場合もありうる。だからこそ、以下に記すようなことが起きたのである。
私は追加資金の投入を訴えるために、当社のファンドに投資していた、ある年金基金を訪ねた。こちらが提示した利回りは、相手も魅力的と認める水準だったが、向こうはローンがデフォルトする可能性を懸念していた。そこで交わされたのが次のような会話である。

年金基金：デフォルトで投資がうまくいかなくなる可能性はありますか？

私：当社のハイイールド債（当社ファンドで保有しているようなローンよりも返済順位が低い）の過去二六年間平均のデフォルト率は、年に一％程度です（それに覚えておいてほしいのだが、デフォルト後の債権回収によって、当社の損失率は年一％未満に抑えられている）。したがって過去のデフォルト率であれば、当ファンドのリターンが約束する二〇％台から減少することはほとんどありません。

年金基金：それでも、もしデフォルト率がそれよりも悪化したらどうなるのでしょうか？

私：当社において過去最悪だった五年間での平均デフォルト率は年三％で、今、お話ししているファンドの利回りと比べれば問題にならないことは明らかです。

年金基金：それでも、もしデフォルト率がそれよりも悪化したらどうなるのでしょうか？

私：熟練した信用選択によってデフォルトを防ぐ能力がまったくないと仮定した場合のハイイールド債全体の平均デフォルト率は年四・二％です。その結果、二〜三％の信用損失が発生しても、この投資の成績が大きな危険にさらされることはありません。

年金基金：それでも、もしデフォルト率がそれよりも悪化したらどうなるのでしょうか？
私：過去最悪だった五年間でのハイイールド債全体の平均デフォルト率は年七・三％で、やはり問題にはなりません。
年金基金：それでも、もしデフォルト率がそれよりも悪化したらどうなるのでしょうか？
私：ハイイールド債史上で最悪だった年のデフォルト率は一二・八％です。その水準でもまだ十分なリターンが残ります。
年金基金：それでも、もしデフォルト率がそれよりも悪化したらどうなるのでしょうか？
私：最悪の年の一・五倍と想定するとデフォルト率は一九％になりますが、二〇％台のポートフォリオの利回りを考えれば、それでもまだ少しは利益が出ます。そして、リターンがそこまで小さくなるのは、その規模のデフォルトが一年だけでなく毎年のように起きる場合に限られます。
年金基金：それでも、もしデフォルト率がそれよりも悪化したらどうなるのでしょうか？

ここにいたって私は、「株式を保有していますか」と相手にたずねた。そして、もし持っているのなら（そして、私を追いつめるようにして投げかけた破滅のシナリオを本当に信じているのなら）、すぐにこの部屋を出て全部売却したほうがよい、と伝えた。

何が言いたいのかというと、悲観的な環境においては、行き過ぎたリスク回避の姿勢から、人々は投資を理不尽なまでに精査し、仮定をどこまでも悲観化させる、ということだ（ちょうど、それに先立つ陶酔の時期に投資する際に、ほとんど、あるいはまったく精査せず、バラ色の仮定を採用するのと同じように)。パニックに陥ると、人々はとにかく損失を出さずに済ませるためにすべての時間を費やす。絶好のチャンスを逃がすことのほうを心配すべきときなのにだ。

否定主義が過度に広がった時期には、行き過ぎたリスク回避の姿勢から次のような事態が起きやすくなる。もはや限界というところまで価格が下落する。それ以上、損失が生じる可能性がきわめて低くなり、したがって損失リスクは非常に小さくなる。前にも伝えたように、この世界で何よりも危険なのは、リスクなどないと思い込むことだ。同様に、最も安全な(そして最も投資しがいのある)買い場は、お先真っ暗だと誰もが思いつめているときに、たいてい訪れる。

もし、検討中のそれぞれの投資案件について一つだけ質問できるのだとすれば、私は単純にこう聞く。今の価格にどれだけ楽観的な見方が織り込まれているのか、と。楽観論が優勢な場合、生じうる好材料は織り込み済みである。価格は本質的価値との相対比較で見て高くなっており、期待外れとなる可能性に備えた「誤りの許容範囲」がほとんどない状況にある公算が大きい。一方、楽観論が鳴りをひそめている、あるいはまったく存在しない場合、価格は低く、期待は控えめで、予想外の悪材料が生じる恐れは小さく、ちょっとした状況の改善が価格上昇をもたらす可能性が高いと言える。前述した年金基金とのやりとりは、投資家の思考に楽観論が入り込む余地がまったくないことがわかった、というただそれだけの理由で、重要な出来事であった。
このミーティングのあと、私は走らんばかりの勢いで自分のオフィスに戻り、顧客向けレター「否定主義の限界」を書いた。ほとんどの債権を当時のサイクルの中で最も安く買えるタイミングが迫っていた。以下のように私が認識した点を、このレターで顧客と共有したのである。

レバレッジに大きく依存していた投資家の身には、（ありえないとは言わないまでも）ありそうもないと考えられていた悪いことがたくさん、しかも同時に起こり、それが信用危機へとつながった。短絡的に言えば、信用危機でやけどした人々は、十分に懐疑的（あるいは悲観的）ではなかった、ということになる。

だが、ここでふと気づいたことがある。**懐疑主義と悲観主義は同義語ではない。楽観主義が行き過ぎると、懐疑主義は悲観主義をもたらす。一方で、悲観主義が行き過ぎると、懐疑主義は楽観主義を呼び込む。**この件について以下にもう少し詳しく書くが、簡単に言えばそれだけのことなのだ。

ほかの人と反対のことをする、言い換えると「風に逆らって動く」逆張りは、投資を成功させるうえで欠かせない要素である。だが先週、信用危機が谷底に達したとき、人々は風に逆らうどころか、吹き飛ばされた。楽観的な者はほとんど見当たらず、程度の差はあれど、ほとんどの人が悲観的になっていた。すっかり意気消沈してしまった者もいる。私の知る何人かの偉大な投資家ですらそうだった。金融崩壊が起きる、という悪い噂が電子メールで広がりつつあった。**「そんな悲惨なシナリオは実現しそうにない」と懐疑的になる者は皆無だった。**悲観論がさらに悲観論を呼び、人々はきたるべき崩壊を乗り切るために自分のポートフォリオを防御すること、あるいは解約請求に応じるのに十分な資金を調達することしか考えられなくなった。先週、投資家がしなかった行為を一つ挙げるとすれば、積極果敢な買いになるだろう。だからこそ、株価は一度に数ポイントというペースでどんどん下がった（古い相場用語で言うと、「ギャップダウン」［前日の安値よりも低い値で寄り付き、さらに下落すること］が起きた）のだ。

こうして金融危機当時の話を伝えたことで、理屈に合わない行き過ぎたリスク回避志向がどのようなものであるか、そしてそのような状況でどうすべきかを読者が感じ取ってくれれば幸いである。

ここで追記したいことがある。ほんの一部だが、当社のファンドに追加資金を投じることを拒んだ投資家がいた（前述の年金基金もその中に含まれていた）。ファンド存続のためにできるかぎりのことをしようと考えていた私は、自腹を切ってその分の資金を出した。リスク回避志向が極端に高まった状況で、暴落したシニアローンからなるレバレッジ依存型のポートフォリオに行ったこの投資は、私のキャリアの中でも最高レベルの成果をあげた。それというのも、他の投資家がその市場への参加をためらった結果、ローンの価格が滑稽なほど安くなったからである。

リスクに対する姿勢のサイクルについて論じた本章は、本書全体の中でも特に多くのページを費やした章になった。それにはもっともな理由がある。本章で取り上げているのが、とりわけ重要なサイクルの一つと考えられるからだ。『投資で一番大切な20の教え』では、要となる章で、さまざまなサイクルのどこに今、位置しているのかを知ることの重要性を説いた。リスクへの対処について投資家がどう考えているのかを理解することは、追究すべき物事の中でおそらく最も重要なことである。簡単にまとめると、行き過ぎたリスク許容の姿勢は危険の発生を後押しする。そして、リスク回避姿勢が行き過ぎたところまで振り子が振れると、相場は下落し、絶好の買い場をもたらすのだ。

理性ある投資家は熱心で疑い深く、いつも適度にリスク回避的であるだけでなく、リスクに見合う水準よりも大きなリターンが得られそうな機会はないかとアンテナを張っている。まさに理想の投資家像だ。だが相場が良いときには、ほとんどの人がこう言う。「リスク？　一体どんなリスクがあるというのか？　何もかもうまくいっていて、悪いことなど起きそうにないではないか。それに何にせよ、リスクは味方だ。高いリスクをとれば、それだけ儲けも大きくなるだろう」。そして相場が悪いときには、もっと単純なせりふを吐く。「一銭も儲からなくても構わない。とにかく、もう損はしたくない。ここから救い出してくれ！」

理性的で感情に振り回されない投資家は非常に少数派であるため、投資家全体で見た場合に、リスクに対する姿勢や、サイクルの変動あるいは振り子の揺れにかかわるその他の心理的／感情的要素が平衡することはほとんどない。慎重になるよう強いるリスク回避志向と、リスクをとるよう促すリスク許容志向の間で、健全な均衡状態が保たれることはまれだ。たいていは明らかにどちらかが優勢となる。強欲と恐怖、軽信と懐疑主義、場合によって好材料ばかり、あるいは悪材料ばかりを受け入れる姿勢、といった多種多様な対となる二つの要素の間でも、これと非常によく似たことが起きる。心理のサイクルは、投資家が幸せな中心点で費やす時間がほとんどないことを十分に示している。

リスクに対する姿勢の変動（あるいは移ろいやすさ）は、ほかのサイクルがもたらした結果でもあれば、別のサイクルを引き起こす、あるいは増幅させる原因にもなる。そして、その変動が止まることはない。すべてが順調なときに楽観の度合いを強めてリスクに寛容になり、事態が悪化すると心配性になってリスクを避けようとする性向は、ほとんどの人の心理に生まれつき備わっているからだ。つまり人は、一番慎重になるべきときに買いたがり、最も積極的になるべきときに買うのをためらう。すぐれた投資家はこの点を理解しており、逆張りで動く努力をしているのだ。

第9章 信用サイクル

すばらしい投資成果は質の高い資産を買うことではなく、契約条件が妥当であり、価格が安くて潜在リターンが大きく、リスクが限定的な資産を買うことによって達成される。このような条件は、信用市場があまり熱狂的な状態ではなく、どちらかというとサイクルの厳しい局面に位置しているときに整いやすい。おそらく信用市場の扉がぴしゃりと閉ざされた局面にあるときに、ほかのどんな状態にある場合よりも、掘り出し物は手に入りやすくなるのだ。

さて、土台は整った。これまで、投資活動のファンダメンタルズ面での背景となる景気サイクルと企業利益サイクル、さらにはファンダメンタルズの変化に応じて起きる（そしてファンダメンタルズを誇張する傾向のある）心理と姿勢の変化について説明してきた。ここで、いくつかの特定の種類の金融サイクルへと話題を転じたい。前章までに取り上げてきたサイクルの変動が、本章以降で論じるサイクルに大きな影響を及ぼすことに読者は気づくだろう。

すでに述べたように、経済活動の中には、住宅購入のように景気サイクルの変動に著しく左右されるものもあれば、食品購入のように左右されにくいものもある。また、経済の他の要素に大きな影響を及ぼすサイクルもあれば、そうではないものもある。本章で取り上げる信用サイクルは、このどちらの区分でも前者に相当する。景気の変動に非常に左右されやすいうえ、他のサイクルに多大な影響を及ぼすのだ。そして、それ自体の変動もきわめて激しい。このように信用サイクルの変動は力強く極端であるため、他の多くの分野の活動に著しい影響を及ぼす。しかも、そうした影響はどれも、第7章と第8章で説明した心理の揺れによって増幅されるのだ。

ここで知っておいてほしいのは、本章で取り上げる信用サイクルが、場合によって資本市場サイクルと呼ばれることだ。私自身は、その二つの呼び方に重要な違いがあるとは思っていない。厳密に言うと、「資本」がビジネス向けに融通されるカネ全般を意味するのに対して、「信用」は企業の資本のうち、株式ではなく負債で調達された分を意味する。実際には、この二つのサイクルの名前は同じ意味で使えると思うが、見たところ、資本市場サイクルという名前のほうが使われる頻度ははるかに低い。私としては、債券市場のことだけを話題にする場合はあくまでも「信用サイクル」を用いるが、全般的な資金の利用可能性について論じる場合には「資本市場サイクル」という言い方をするかもしれない。だが、いずれにせよ、そしてとても重要なことに、どちらかの表現が当てはまるケースでは、もう片方の表現も同じように当てはまるはずである。
以下の顧客向けレター「開いたり、閉じたり」（二〇一〇年一二月一日付）からの引用箇所では、これまでに本書で説明した点をまとめ、サイクルの変動幅という面から信用サイクルに目を向けている。

考えてみてほしい。景気の浮き沈みは通常、企業利益が変動する原因とされており、企業利益の変動は証券市場の騰落の原因とみなされている。しかし、景気後退時と回復期の経済成長率は、そのトレンドラインの成長率の上下数％ポイントの範囲内になるのが通常である。それでは、なぜ企業利益の変動幅はそれよりもはるかに大きくなるのか。その答えは、売上高の変化が利益に及ぼす影響を増幅させる財務レバレッジと営業レバレッジの存在にある。

では、企業利益がこのように（GDP成長率よりは幅があるものの、比較的緩やかに）変動するのであれば、なぜ証券相場は急騰したり暴落したりと、激しく動くのだろうか。私はこれが心理の揺れ、そしてとりわけ資金の利用可能性に心理が及ぼす多大な影響に起因すると見ている。

つまり、景気の変動が控えめだとしても、企業利益の変動はそれよりもかなり大きくなり、そして信用の窓は大きく開いたり、ぴしゃりと閉じたりする。このレターのタイトルはここからつけたものだ。私は信用サイクルが各種サイクルの中で最も激しく変動し、最も大きな影響を及ぼすと考える。したがって、信用サイクルに十分に注目すべきである。

二〇〇一年一一月二〇日付の顧客向けレター「予測は不可能、準備は可能」では、この点をさらに簡潔にこうまとめた。

投資にかかわる年月が長くなるにつれて、私は信用サイクルというものの影響力をますます強く感じている。景気がわずかに変動しただけで、利用可能な信用の規模は大幅に変動し、資産価格や、原因となった景気そのものに多大な影響を及ぼす。

資金、あるいは信用の利用可能性は、経済、企業、市場にファンダメンタルズ面でとりわけ大きな影響を及ぼす要素の一つである。信用サイクルは、本書で取り上げている大半のほかのサイクルに比べて、一般の人にはなじみの薄いものかもしれないが、私は絶大な影響力を持つ最も重要なサイクルだと考えている。

先ほどの引用が示すように、信用サイクルは窓というたとえを用いることで容易に理解できる。要するに、開いているときもあれば、閉じているときもあるのだ。また、実際に金融業界の人々は、よく「カネを借りに行く場所」のことを「信用の窓口」と表現する。窓が開いているときは資金が潤沢で簡単に調達でき、閉じているときは資金が希少で調達しにくい。そして、つねに留意しておく必要があるのは、大きく開いていた窓があっという間に閉じてしまう場合があるということだ。信用サイクルを十分に理解するために押さえておくべきことは（周期的な変動の原因や影響など）ほかにも数多くあるが、特に重要なのはこの点である。

〜

私がこのサイクルを重要視するのはなぜか。第一に、資本あるいは信用は、生産プロセスに不可欠な要素である。したがって、企業（そして経済）の成長力は通常、追加資金の利用可能性に左右される。資本市場が閉鎖的であれば、成長のための資金を調達することは困難になりうる。

第二に、満期を迎える負債を借り換えるために、利用可能な資本が必要とされる。企業（そして、政府や消費者などの他のほとんどの経済主体）が満期までに負債を完済することは一般的ではない。たいていの場合、借り換えを行うにすぎない。だが、既存の債務が満期を迎える時点で新たな債券を発行することができなければ、デフォルトし、倒産を余儀なくされる可能性がある。信用サイクルのどこに今、位置しているのか（資金を借りるのが容易なのか困難なのか）は、所定のタイミングで債務の借り換えができるかどうかを決定づける最大の要因となる。

企業の資産の多くは（建物、機械、車両、のれんなど）長期的な性質のものである。だが、企業はこうした物を購入するのに短期債を発行して資金を調達することが多い。それは、一般に借入コストが最も安く済むのが短期債だからだ。この「短期の資金を借りて、長期の資産に投資する」という手法は、信用市場が開放的で完全に機能している、つまり満期を迎えた債務の借り換えが容易にできる、たいていの時期にはうまくいく。しかし、すぐに清算することのできない長期資産と短期負債との間のミスマッチは、信用サイクルが良くない方向に転じ、満期を迎える負債の借り換えができなくなった場合に、簡単に危機を引き起こす可能性がある。この典型的なミスマッチと信用市場の切迫した状況が組み合わさると、往々にして非常に大規模な金融崩壊の原因になる。

二〇〇七年に世界金融危機が形をとりはじめ、信用市場が機能しなくなったとき、アメリカの財務省はすべてのコマーシャル・ペーパー（CP）を保証するという前代未聞の措置を講じた。そうしなければ、CP（満期までの期間が二七〇日以内の約束手形）の借り換えが困難になり、超有力企業でさえデフォルトを起こしかねなかった。いやむしろ、一流企業で集中的にデフォルトが起きていただろう。高い信用力ゆえにCP市場に容易に参入できる大企業であればこそ、数十億ドルものCPを発行していたのだ（市場が開いていること、そして満期を迎えるCPの借り換えができることの重要性は、純資産がある状態と、流動性がある状態の間の根本的な違いを浮き彫りにする。どれほど資産のある企業でも、手元資金がなく、満期時の債務返済やその他の支払い要求に対応できるだけのキャッシュが得られなければ、深刻な事態に陥るのだ）。

第三に、金融機関は信用市場に過度に依存した特殊な事例を示す。金融機関はカネを扱う商売をしているのであり、その商売を続けるために資金調達の場を確保する必要がある。また、往々にして金融機関はとりわけ激しい短期／長期のミスマッチと崩壊の可能性が存在する場でもある。次の例について考えてみてほしい。銀行が、いつでも引き出し可能な預金によって資金を調達し、三〇年後まで返済が完了しない住宅ローンの提供にそれを用いる。すべての預金者が、不運なことに同じ日に預金の払い戻しを要求したら（いわゆる「取り付け騒ぎ」）、どうなるだろうか。信用市場への道が閉ざされたら（そして政府による救済が行われなければ）、銀行は破綻しかねない。

最後に、信用市場は多大な心理的影響をもたらすシグナルを発する。閉鎖的な信用市場は、企業の実際のマイナス材料に見合わないほどの恐怖心が生じ、広がる事態を招く。難しい業況が資本市場を閉鎖的にする場合もあり、そしてまた閉鎖的になった資本市場が業況（と企業に関する市場参加者の見方）にマイナスの影響を及ぼす可能性がある。ほとんどの金融危機には、こうした「悪循環」がつきものである。

信用サイクルの働き

ここまで読んだ読者には、信用サイクルの性質と重要性を理解してもらえたと思う。そこで次に、信用サイクルが起きる理由について論じたい。借り入れが行いやすいときと、行いにくいときがあるのはなぜだろうか。

信用の窓そのものは意思を持っておらず、自発的に開いたり閉じたりすることはない。むしろ、ほかの出来事の結果として開いたり閉じたりする。二〇〇一年一一月二〇日付の顧客向けレター「予測は不可能、準備は可能」で、私は信用市場が拡大したり縮小したりするプロセスについて取り上げ、少し詳しく説明した。

そのプロセスは単純明快だ。

●経済が好況期に突入する。
●資本を提供する金融機関が繁盛し、資本基盤を拡大する。
●悪い材料がほとんど存在しないため、融資や投資に付随するリスクが低下したように見える。
●リスク回避志向が消える。
●金融機関が事業拡大、つまり資金供給の拡大に動く。
●金融機関が市場シェア競争のために、要求リターンの引き下げ（金利の引き下げなど）、与信基準の緩和、特定の取引を対象とした資金供給の拡大、契約条件の緩和などを行う。

これが行き過ぎると、金融機関は本来なら融資に値しない借り手やプロジェクトに資金を提供するようになる。今年（二〇〇一年）初頭のエコノミスト誌の記事にあったように、

「最悪の融資は景気が最も良い時期に行われる」のだ。その結果、資本破壊が起きる。つまり、資本コストが資本収益率を超えるプロジェクトへの投資が行われ、資金がまったく回収できなくなる事態が生じるのである。

この段階に達すると、前述の上昇局面は終わりを告げ、サイクルは下降局面へと反転する。

●損失を出した貸し手が意欲を失い、融資姿勢を消極化させる。
●リスク回避志向が強まり、それにともなって金利の引き上げ、与信基準や契約条件の厳格化が起きる。
●利用可能な資本の規模が縮小し、サイクルの底では、融資が行われるとしても、超優良な借り手しか対象にならなくなる。
●企業が資本不足に直面しはじめる。債務の借り換えができなくなり、デフォルトや倒産が起きる。

もちろん、このプロセスが行き過ぎると、サイクルは再び反転に向かう。融資や投資をめぐる競争が鳴りをひそめ、信用力の高いものを対象にすれば高いリターンも期待できるようになる。この時点で投資を行っている逆張り投資家は高リターン狙いであり、そのような潜在リターンの魅力がやがて資本をひきつけるようになる。こうして回復のエンジンがかかりはじめる。

時として、人々はカネを動かすことに意欲的になる。すると信用の窓は大きく開く。だが状況の変化から人の心持ちが変わると、借り入れは行いにくくなる可能性がある。本書で取り上げているほかの多くのトピックの場合と同じく、読者にとって大事なのは、信用サイクルの働き、とりわけその中のどの要素が次の局面をもたらすかという点について、明確に理解することだ。したがって、ここで段階を踏みながら丁寧にその働きを説明し、読者に吸収してもらう必要がある。

ただその前に、「予測は不可能、準備は可能」の中でそのプロセスを短くまとめた箇所を引用したい。この文章には信用サイクルの要点がまさに凝縮されており、その際限なく続く連鎖的な性質がはっきりと示されている。

好況で融資が拡大すると、無分別な融資が行われ、巨額の損失を生み出す。すると貸し手は融資をやめ、好況に終止符が打たれる……といった流れが繰り返される。

市場とは、最も高い買い値をつけた人の手に、売り出された品物が渡るオークション会場である。金融市場も例外ではない。投資の機会、あるいはローン提供の機会を得るのは、その機会に最も高い値をつけた市場参加者である。参加者が競り合うことで、価格は絶対額で見ても、株価収益率（PER）などのバリュエーション尺度で見ても上昇する。信用市場の場合、高い価格あるいは高いバリュエーション尺度に相当するのは、対象となる負債性商品の低い利回りであり、資金を提供する機会を手にするのは最も低い利回りを受け入れた貸し手である。

二〇〇七年二月に発信した顧客向けレター「谷底へと続く競争」では、好況期における「顧客リスト」拡充のための資金供給熱と、その影響について主に論じた。

カネをコモディティと考えると、話がわかりやすくなる。カネは誰が持っているものであっても、質的にまったく変わりはない。それでも金融機関は融資の拡大を、プライベート・エクイティ・ファンドやヘッジファンドは手数料の増加をめざし、より多くのカネを動かそうとする。金融機関がより多くの資金を供給しようとするなら、つまり資金を調達する者が競合他社ではなく自社へ来るようにするなら、カネの価値を安くする必要がある。ほかのコモディティと同様に、市場シェアを拡大するのに最も頼りになる方法は価格を下げることだ。

カネの価格を下げる方法の一つは、貸出金利を引き下げることだ。それよりも少しわかりにくい手段は、より高い価格で（つまり、普通株ならより高いPERで、企業買収ならより高い総買収価格で）資産を買うのに同意することである。その場合、どこからどう見ても、想定リターンの低下を受け入れることになるのだ。だが、カネの価値を下げる方法はほかにもある。それがこの顧客向けレターの主題である。

債務においては契約構造が重要な意味を持つ。したがって、借り手にとって受け入れやすい条件は、貸し手に追加的なリスクをもたらす可能性がある。たとえば貸し手は、借り手が既存のリスクをさらに高める特定の行為にかかわる可能性を制限する保護条項を付与したいと考える。借り手が負うことが可能な債務の総額や、配当として支払える額に制限をかけたり、ある程度の水準の純資産を維持するよう要求したりすることのできる条項だ。だが、とりわけ信用市場の競争が激化しているときは、負債の「最良の買い手」、つまり最も意欲的な貸し手が、保護条項がより少ない、したがってリスクのより高い契約構造を進んで受け入れる可能性がある。

そしてオークションでは、最も低い利回りと最もリスクの高い契約構造を進んで受け入れる資金の提供者に、融資を行う、あるいは債券を購入する機会がもたらされる。リスク回避志向が存在し、融資機会に対する需要がそうした機会の供給に見合った水準にあれば、通常は健全な競り合いになる。だが、リスク許容の姿勢が支配的になり、貸し手が融資機会をめぐって激しく競争すれば、競り合いは過熱する公算が大きい。その結果、融資機会を得るために払う代償はきわめて高くなると考えられる。つまり、低すぎる利回りと過剰なリスクのどちらか、あるいは両方がともなうのだ。このように、(ほかの市場の場合と同じく)信用市場での過熱したオークションは、実際には敗者となる「勝者」を生み出す傾向が強い。これが、「谷底へと続く競争」と私が呼ぶプロセスだ。

一方で、オークション会場に少人数、それもタダ同然の価格で買うことのみに関心を寄せる人しか現れないときもある。すると競りは低調となり、その結果、低い価格、目を見張るほどの利回り、保護条項がふんだんに付与された条件で取引が成立する。「谷底へと続く競争」を引き起こす過熱した市場の場合と異なり、積極的に貸そうとする者がいない冷え切った市場は、真の勝者を生み出す可能性を秘めている。

信用の窓の開き具合は、資金の供給者の姿勢（意欲的なのか、及び腰なのか）でほぼ決まる。そして、その開き具合は経済、企業、投資家、さらにそれ自体がもたらす投資機会の期待リターンとリスクの大きさに多大な影響を及ぼすのだ。

潤沢な資金がある状態の資本市場は、短期的には、より多様な理由から資金を必要とするより多くの企業に、より低い金利とより少ない保護条項という条件でより多くの資金を提供することができる、という効果をもたらす。その結果、企業の買収や事業拡大の案件増加（そしてもちろん、買収対象企業による急速な資本再編や短期的な収益率の上昇）が起きる。目先は、こうした流れが金融活動全般の活発化に寄与する。

また、弱小企業が財務難に陥るのを防ぐ効果も生じる。貸し手の融資姿勢が慎重で、厳格な保護条項がともなう場合、営業上の問題は簡単に条件面での不履行（条項違反）と「金銭的な不履行」（利息あるいは元本の不払い）の両方につながる恐れがある。だが緩やかな融資姿勢は、こうした不履行を未然に防ぐことを可能にする。①保護条項が甘い、あるいは存在しない場合、②現金支払いの債券から、現物支払いの債券へと転換するオプション（「トグル債」という最近のイノベーションによって可能になった）が借り手にある場合、③借り手が新規の資金調達によって清算日を先延ばしにすることが可能な場合、がこれに当てはまる。

こうして未然に防がれたはずの不履行も、多くの場合、結局は避けられないことが明らかになる。企業がレバレッジへの依存度をより高めた状態から転落するからだ。そしてもちろん、本来その資格を満たしていない企業に進んで資金を提供する資本市場の姿勢は、より多くの企業の経営難を招く。したがって、ほかのすべての条件が同じだとすると、ブームの規模が大きければ大きいほど（そして、資本市場における行き過ぎた上振れの程度が大きければ大きいほど）、より広範囲に及ぶ崩壊が起きるのだ。崩壊のタイミングと規模を予測することは絶対に不可能だ。だが私の知るかぎり、そうしたサイクルの変動ほど避けがたいものはない。

二〇〇七年二月一七日付　顧客向けレター「谷底へと続く競争」より

信用サイクルが及ぼす影響

あるサイクルの中での出来事が、他の領域や別の種類のサイクルにどれだけの影響を及ぼすのか、という疑問は、本書の主要な論点の一つである。そして、信用サイクルほどこの点がはつきりしている領域はほかにない。

ロング・ターム・キャピタル・マネジメント（ＬＴＣＭ）の問題を取り上げた一九九八年一〇月九日付の顧客向けレター「天才だけでは不十分」で、私はこう書いた。「次に危機が訪れた際に周りを見渡せば、おそらく貸し手の存在に気づくだろう」。寛大すぎる資金供給者は、往々にして金融バブルを後押しし、あおる。過去一〇年間ほどにも、甘すぎる融資姿勢がブームとその後の有名な危機を引き起こした例が数多くあった。一九八九〜一九九二年のアメリカ不動産危機、一九九四〜一九九八年の新興市場危機、一九九八年のＬＴＣＭ危機、一九九九〜二〇〇〇年の映画産業危機、二〇〇〇〜二〇〇一年のベンチャーキャピタル・ファンド危機と通信業界危機などだ。いずれの場合も、貸し手や投資家が低利の資金を大量に提供した結果、行き過ぎた事業拡大が進み、大規模な損失が発生したのだ。映画『フィールド・オブ・ドリームス』の中で、ケビン・コスナー演じる主人公は「それを作れば彼が来る」という不思議な声を聞く。金融の世界では、「低利の資金を用意すれば、彼らはしばしば無節操に借り、買い、建て、そして悲惨な結果をもたらす」のだ。

資本サイクルはハイテク・バブルの膨張に著しく寄与した。ベンチャーキャピタル・ファンドによる投資は、あまりにも多くの企業を生み出した。中には、事業の正当性や利益見通しの面で投資に値しないような企業も少なくなかった。新規株式公開（ＩＰＯ）に対する熱狂的な需要が注目の新規公開株の価格を流星さながらの勢いで押し上げたため、べンチャーキャピタル・ファンドは三桁の収益率を記録し、素早くリターンをあげることを求める資金をさらに引きつけた。寛容な資本市場は、通信会社による巨額の投資プロジェクトの契約締結を促した。そうしたプロジェクトの資金は当初、一部しか調達されなかったが、プロジェクトが進展する間に一段とPERが上昇し、金利が低下することで、追加の資金が確保できると考えられていた。その結果、当時必要とされていた規模を上回る光ファイバー設備が敷設され、その多くが現在、遊休状態にある。これらの設備に投じられた資金は永遠に回収できないかもしれない。ここでも、楽に得られる資金が資本破壊をもたらしたのである。

投資をする際に、私は景気の先行きをあまり気にしなくなった。景気の先行きについては、資本にかかわる需給状況ほどに多くを知ることはできないと確信しているからだ。人気のない領域で投資を行う方針をとれば、非常に大きな強みが得られる。誰もがカネをつぎ込む分野に身を投じることは、災厄をもたらす方程式である。

「予測は不可能、準備は可能」より

繰り返しになるが、ここで二〇〇四年七月二一日付の顧客向けレター「幸せな中心点」からも一部を引用したい。信用サイクルのプロセスについて、ここまで長々と説明した重要な点が、もっと簡潔にまとめられることがわかるだろう。

資金の提供者は、ほかの多くのものの場合と同じく、折に触れて資金の蛇口を過度に開けたり閉めたりするのだ。誰もがどんな目的であろうと、いくらでも資金を調達することができるときもあれば、最も優良な借り手であっても、投資に値するプロジェクトのために妥当な額の資金を調達できないときもある。資本市場の振る舞いは、市場心理が今どのような状態にあるのかを示すすぐれた指標であり、掘り出し物の供給に大きく寄与する要因でもあるのだ。

このレターでは、さらに信用サイクルがどのようにして行き過ぎた市場の状態をもたらすのかについて説明している。

市場が行き過ぎた状態になった原因を探すには、だいたいの場合、信用サイクルの様子を撮影したビデオを数カ月分、あるいは数年分、巻き戻す必要がある。急騰相場の大半は、資金供給意欲の（概して分別を欠いた）急激な高まりにあおられて起きる。同様にほとんどの暴落は、特定の企業や産業、あるいはありとあらゆる借り手志願者への資金供給がすべてまとめて却下される、という状況のあとに起きる。

ここから先は、信用サイクルが及ぼす影響について説明したい。そのために、あらためて世界金融危機について触れる。同危機ほど多くの教訓をもたらした出来事はほかにないからだ。

一九六〇年代後半、駆け出しの株式アナリストだった私は、景気サイクルとそれが企業利益の浮き沈みに及ぼす影響をはっきりと認識していた。まだまだ学ぶべきことは多かったが、心理とリスクに対する姿勢の振れ（とその重要性）についても、すでにある程度は心得ていた。一方で、信用サイクルの役割あるいは作用については、まったく認識できていなかった。要するに、投資の世界における現象の大半は、それらを身をもって経験していないかぎり、完全に理解するのが困難なのである。これまで重ねてきた経験から私が導き出した結論は、信用サイクルがきわめて重大な要素であるということだ。実のところ、二〇〇七～二〇〇八年の世界金融危機の原因について問われれば、私はそのリストの一番上に来る要因として、迷わず信用サイクルを挙げる。

二〇〇七～二〇〇八年の苦痛に満ちた経験がまさに「世界金融危機」と呼ばれるようになった背景には、それが本質的に金融現象（ほぼ完全に、金融市場内の出来事によって引き起こされた現象）であり、景気を主因としたものでも、その他の要因がきっかけとなったものでもなかったという事実がある。以下に、広範囲におよぶ危機をもたらした姿勢や振る舞いにかかわる要因について説明しよう。

- もともと存在していた原因としては、一六〇～一六二ページで述べた金融リスクに対する寛容すぎる姿勢が挙げられる。
- こうしたお気楽な姿勢をあおったのは、ＦＲＢによる全般的な金利引き下げによって生まれた高利回りの投資商品に対する旺盛な需要であった。
●これら二つの要因は、とりわけ次のような状況をもたらした。投資家は、過度に積極的な姿勢で革新的な金融商品を受け入れ、過去の例を都合よく取り入れた話や、そうした商品の開発の根拠となった楽観的な前提をすべて鵜呑みにした。
●革新的な商品の中で住宅ローン担保証券が中心的な存在となったことで、新たな派生証券を作り出すうえで原資産となる住宅ローンに対するニーズが急激に高まった。
●こうしたニーズの高まりは住宅ローンの販売を後押しした。その結果、住宅ローンの貸し手が、借り手となる住宅購入希望者を選ぶ際の基準が緩くなった。住宅ローンのオリジネーター（当初の債権者）は自分たちが組成したローンを保持しないため、そのローンの健全性を懸念する必要はなかった。こうした潮流における一つの極端な例が、「サブプライム」という新たな種類の住宅ローンであった。サブプライムローンは、職や収入の面で従来の融資基準を満たすことのできない借り手、あるいは職や収入の裏づけを示すよりも高い金利を支払うことを選ぶ借り手のために開発された。そのような信用力の低い借り手でも巨額の資金を借りられたという事実が、金融市場が非合理的な状態にあったことを示していた。
●住宅ローンの貸し手の融資姿勢が甘くなり、住宅購入者が寛大なサブプライムローンを利用できるようになったことで、住宅所有が可能なアメリカ人の数はかつてない規模に達した。その多くは、より厳格な従来の住宅ローン融資基準であれば、家など持てなかったであろう人たちだった。

●膨大な量のサブプライムローン担保証券の格付けで得られる利益にひかれて（そして自らの認識の甘さ、あるいはたぶん強欲から）、格付機関はかさ上げした格付けを付与することで仕事を奪い合い、谷底へと続く競争を展開した。

●短期物の金利の低さに後押しされて、住宅購買力は著しく上昇した。これは、オリジネーターが住宅ローンの販売を最大化するために、当初の月ごとの支払い額を低くする方法を思いついたからである。その結果、初期優遇金利を設定することで、月々の利払いが少ない状態から始められる変動金利型住宅ローンが普及した。当然のように、増額前の金利を支払うのがやっとの借り手は、この変動金利によって潜在的なリスクを負った。だが借り手は、寛容な資本市場のおかげでいつでも別の住宅ローンへの借り換えができ、再び市場金利を下回る初期優遇金利の恩恵を受けられると安心しきっていた。

●投資銀行は、有り余るほどのサブプライムローンという原資産を束ねたうえで、いくつかの階層（トランシェ）に分割し、平均格付けが最高水準になるような住宅ローン担保証券へと作り変えるのに躍起になった。こうした仕組み債にすることで、売りやすさを最大化しようとしたのだ。「金融工学」がもてはやされ、このような取り組みに熱意が注がれた結果、それぞれのトランシェに付与された格付けは、実際に厳しい状況にさらされた場合に演じるであろうパフォーマンスから、まったくかけ離れた水準にあったことがのちに明らかになった。

●この手の証券を作り、販売した投資銀行は、元本の返済順位が最も低いトランシェであるエクイティ債を進んで保持した。それは、大量の証券発行を容易にするための、あるいは単に高利回り資産を保有していたいという願望からの行為だった（要するに、投資銀行も自分たちが生み出した商品に有害な性質があることに気づいていなかった）。そしてほかの銀行は、レバレッジへの依存度を許されるかぎり高くし、低コストの借り入れで資金を調達して、住宅ローンを担保とした仕組み債のトランシェの中でも高リスク・高利回りのエクイティ債とジュニア債を購入するという方法で、安全資産とのイールド・スプレッドが非常に大きい資産を築いた。

これらの話からわかるように、世界金融危機の原因となった状況のほぼすべてが、金融システムと信用サイクルの内部で生じたものであった。危機の素地となった事態の進展は、一般的な好景気や、広範に及ぶ企業利益の急拡大によって引き起こされたわけではなかった。主要な出来事は、一般的なビジネス環境や、ビジネス界よりも広い世界で起きたのではない。むしろ世界金融危機は、金融市場の参加者の行動だけに起因する金融現象と言うべきものだった。このサイクルを生み出した主な要因を挙げれば、以下のようになる。あまりにも簡単に資金が得られたこと。経験と慎重さを欠いていたために、飽くなき熱狂によって危険な状況が広がるのを抑えられなかったこと。現実離れした金融工学。ローン資産を保持するという概念からかけ離れた融資判断。そして責任感のなさと露骨なまでの強欲。

ただし、忘れてはならないことがある。こうした連鎖反応が、家を持つというアメリカン・ドリームを広めることに熱心で、無邪気にも国民全員が家を買えるようになればすばらしいと考える政治家にあおられた、という点だ。二〇〇二年一〇月、当時の大統領ジョージ・W・ブッシュはある演説で、自身の友人が語った言葉を披露した。「初めて家を買う人も、みすぼらしい家で済ませる必要はない。初めてでも低所得者でも、その気になれば周りのみんなと同じぐらい素敵な家を持てる」。当時、この発言を聞いた人たちの耳には、我々が今、感じるほど不合理には響かなかったのだろうか。

世界金融危機が起きたあと、かつて持ち家の普及を強く訴えていた人物の一人である下院議員のバーニー・フランクはこう述べた。「家を持つのはいいことだ。だが、我々は大きな過ちを犯してしまった。この国には、家を買うための借金を認めるべきではない層が存在する。そんな人たちにも家を持つようにけしかけてしまったのだ」（お察しのように、政治家のレトリックも周期的に移り変わる）。

要するに、世界金融危機の素地となった出来事は、ほとんどすべてがカネに絡むものだった。力強い上昇局面を生み出したのは、カネを求める動きだ。やみくもな資金獲得を抑制するはずの景気の現状は、ほとんど顧みられなかった。そして、通常であれば市場参加者の資金提供意欲に歯止めをかける警戒感とリスク回避の姿勢も、ないに等しかった。こうして資本サイクルは、不合理なほど極端に高いところまで振れた。そのような状態がどんな結果をもたらすのかは、概して予測可能である。

サイクルが極端に高いところまで振れれば、そこにずっととどまることができなくなるのは必然だ。反転は、自らの重みに耐えきれなくなって起きる場合もあれば、サイクルの外部の出来事のせいで起きる場合もある。世界金融危機では前者の傾向が強かった。危機の素地が築かれたときと同じように、市場の崩壊は基本的にすべて金融に絡む性質を帯びていたが、その第一段階は「現実世界」によって引き起こされた。

●最も影響力の大きかった要因として挙げられるのは、二〇〇六年にサブプライムローンの借り手によるデフォルトが大々的に発生したことだ。支払い能力の証明をせずに融資を受けた一部の借り手に、実際に支払う能力がなかったことが明らかになった。架空名義で不正に組まれたローンが、借り手が消えたことによって焦げつくケースもあった。また、自己資金ゼロの住宅ローン(住宅価格が上がりつづけると当てこんだ住宅購入者が、自分の懐をまったく痛めずに家を買うことを可能にしたローン)が、相場の上げどまりによって放棄される、という事態も生じた。

●デフォルトの理由はどうであれ、サブプライムローン担保証券の高いレバレッジ依存度と高い格付け(全国規模で住宅ローンのデフォルトが起きることはないとされていた)を正当化していた従来の根拠は、もはや意味をなさなくなった。あとで判明したように、そうした過去の基準に不当に頼る形で、軽率な融資判断が行われていたのだ。重要なのは、そのような非常に不用心な融資姿勢を招くという事実そのものによって過去の基準が当てはまらなくなる可能性を、貸し手と投資家が軽視していた点である。

●大規模な住宅ローンのデフォルトによって、住宅ローン担保証券の格下げ、契約違反、支払い不履行が相次いだ。

●格下げ、契約違反、支払い不履行は住宅ローン担保証券の相場暴落につながり、市場参加者の自信喪失を招いた。その結果、この種の商品の市場流動性が枯渇した。

●買い手が恐怖心を募らせ、また保有者がやはり恐怖心からしだいに売り意欲を強めた（あるいはマージンコールのせいで売りを余儀なくされた）ことで、住宅ローン担保証券の相場は激しい下方スパイラルに陥った。

●こうした後ろ向きの流れが生じているさなかに、透明性の向上を目的として、銀行に資産の「時価評価」を義務づける新規制が導入された。だが相場が急落中で流動性もまったくない状況では、どんな価格でも適正とみなすのは困難であった。銀行がしかるべき形で保守的に資産を評価すると、その含み損が投資家に大きな衝撃を与え、さらなるパニックをもたらした。そして、そのパニックがさらに相場の下落につながり、またパニックを招く、という悪循環が生じた。

●存続可能性そのものが疑われる銀行が多発した。多くの銀行が、（政府からの支援を受けて）他行に吸収される道、あるいは政府によって救済される道を余儀なくされた。

●銀行の倒産、（二束三文での）買収、救済が起きるたびに、投資家は損失を被り、さらに自信を失っていった。加えて、銀行が互いに取引を交わす関係にあったため、残った銀行の存続能力も他行に対する債権にかかっている、という点について、深刻な懸念が生じた。こうして、「カウンタパーティー・リスク」（取引相手の倒産リスク）が最新の懸念材料となった。

●銀行は巨額の損失を計上した。銀行のクレジット・デフォルト・スワップ（参照対象の信用リスクに対して保険の役割を果たすデリバティブ契約）のスプレッドが拡大し、銀行が支払い不能に陥る危険性が高まっていることを示唆した。これを受けて投資家が銀行株を投げ売りし、株価を押し下げた。絶え間なく続く空売りによって、下落圧力はさらに増大した。こうして投資家の悲観的な見通しそのものが、その実現を促す展開となり、悪循環に拍車がかかった。

●最終的に、他行と政府から吸収や救済を拒絶されたリーマン・ブラザーズが倒産した。時を同じくして不穏な出来事がほかにも数多く起きた結果、生じたのは、パニック以外の何物でもなかった。

●市場は二〇〇七年半ばの段階で、住宅ローンの問題を嫌気する傾向を示していたが、他の分野に悪影響が及ぶ可能性は見過ごしていた。二〇〇八年の終盤になると誰もがすべてを投げ出した。米国債と金《きん》を除くあらゆる資産の価格が暴落した。

●借り入れた資金（「レバレッジ」あるいは「マージン」）を利用して投資を行っていたファンドは、資産評価額の急落に見舞われ、貸し手から追加資金の投入を要求された。ファンド側が銀行に時間の猶予を求めても、銀行は概してそれを認めなかった（あるいは認めることができなかった）。このため、行き詰まったファンドがポートフォリオの資産をまとめて売りに出すと、資産価格への下落圧力は一段と強まった。

●このような状況のなかで、資本市場の扉はぴしゃりと閉ざされた。こうして、たとえ住宅や住宅ローンとまったく無縁であったとしても、金融市場のあらゆる領域で新たに資金を調達することは事実上、不可能になった。

●このような経緯から、すべての経済主体は及び腰となり、買うこと、投資すること、事業を広げることを拒絶した。その結果、「大不況」と呼ばれる景気の縮小が起きたのだった。

二〇〇八年の最後の一五週間に、奈落の底に向けて下降しつづける信用サイクルの振れは、普遍的で止めようのない現象に見えた。それを食い止めることのできる何らかの力や、（前章で説明したように）悲惨すぎて実現するはずがないと思えるシナリオを想像できる者はほとんどいなかった。金融システム全体の崩壊が現実味のある可能性として考えられるようになっていた。

要するに、いつでも資金を提供できるはずの潜在的な貸し手の資金提供意欲が激しく揺れ動き、経済と市場に多大な影響を及ぼしたのだ。信用市場が凍りつき、政府以外から資金を調達することができなくなったという点で、最近の信用危機がまさに悲惨であったことは疑いない。

「開いたり、閉じたり」より

私自身、（大恐慌の際に見られたような波及効果が生じることで）金融システムの崩壊が現実になっていてもおかしくなかった、と心の底から思っている。元アメリカ財務長官ティモシー・ガイトナーの回顧録には、それを裏づける話が書かれている。ただ幸運にも、アメリカ政府がさまざまな措置を講じた結果、流れは変わった。その中には（前述したように）コマーシャル・ペーパー（CP）やマネー・マーケット・ファンド（MMF）の保証も含まれていた。政府による金融機関の救済は、支援の手が差し伸べられる可能性があることを示した。一方で、二〇〇八年九月のリーマン・ブラザーズの倒産は、政府が救済に値する銀行とそうでない銀行を選別していることを物語っていた。パニック状態の市場参加者は、リーマンの次にモルガン・スタンレーが（そしてその次にはゴールドマン・サックスが）倒産すると思い込んでいたが、日本の三菱UFJフィナンシャル・グループがモルガン・スタンレーに九〇億ドルの資金を投じることが発表された結果、負のスパイラルに歯止めがかかったのだった。

重要なのは、信用市場における出来事が最終的に以下の点を示したことだ。どれほど広範囲にわたる大激変が起きたとしても、サイクルが永遠に同じ方向へと動きつづけることはありえない。リーマン・ブラザーズが倒産した二〇〇八年九月一五日から同年末にかけて、債券価格は全般的に急落した。だが年が明けるころには、確かな相場回復の芽が見えはじめていた。

●レバレッジ依存度が過度に高く、マージンコールを受けたファンドは、追加資金の投入や資産の売却によってレバレッジ依存度引き下げの要求に応えるか、清算するかのどちらかの道をたどった。

●投資家から年末時点での解約請求を受けたファンドと投資マネジャーは、「ゲート」と呼ばれる解約制限条項を設けるか、資産を売却して解約に応じるか、のどちらかの措置を講じた。
●債券価格は利回りが非常に高くなるところまで下落し、売るにはもったいなく、買うには魅力的と言える水準に達した。
●そして最終的に市場参加者は、悲観的な心理が蔓延して「これ以上、悪くなりようがない」状況になれば、事態の悪化に歯止めがかかる、ということを実証した。楽観論が完全に消えてなくなり、パニック的なリスク回避の姿勢が市場全体に広がると、相場がそれ以上、下がりようのない水準に達する可能性が見えてくる。そして、やがて相場が下げどまると、人々は安心感を覚えるようになり、価格回復の余地が生じはじめるのである。

二〇〇九年第1四半期に入っても、市場参加者が冷静さや自信をまだ完全に取り戻せず、買いの「根拠」も見出せずにいるままに、債券の市場価格は下がりつづけた。それでも先ほど挙げた諸要因により、年初の段階では投資家は大規模な買いへと動く力を失っていた。それから第2四半期になり、（もしかするとディストレスト・デットの買い手が、「落下するナイフを掴む」ような高度な仕事から自分たちが根拠もなく遠ざかってしまっていると気づいたことで）買い意欲が顕在化すると、売り物となる資産の供給不足が力強い価格上昇に寄与した。

世界金融危機は、信用サイクルが大恐慌以降で最も極端な動きをたどった事例となった。債券市場は歴史的に、概して保守性を特徴としてきた。つまり債券相場が上方に大きく振れる余地は限られていたのであり、ほとんどのバブルは株式市場で生じていた。もちろん、一九二九年の大暴落も株式市場で起きたものだった。

だが、一九七〇年代後半にハイイールド債市場が創設されると、債券投資の自由化が始まった。その後三〇年間の経済環境が全般的に良好であったため、あえてリスクをとった投資家は概して順調に利益をあげた。こうした市場環境と投資家の実績の組み合わせが、低格付けで歴史の浅い負債性金融商品を受け入れる風潮を強く後押しした。

一九九〇～一九九一年（一九八〇年代に借金に大きく依存したレバレッジド・バイアウトが相次いで行われた結果、企業倒産が多発した）と、二〇〇二年（通信業界の過剰な設備投資のための行き過ぎた借り入れに起因する著しい格下げと、複数の有名企業による会計不正の発覚が重なった）には債券相場が低迷する時期もあったが、原因の特殊性からその影響は限定的だった。負債性商品がきっかけとなって金融市場にパニックが広がり、経済全体へ波及するという流れは、二〇〇七～二〇〇八年に初めて起きた。こうして世界金融危機は、信用サイクルが最大限の影響をおよぼした究極の事例となったのである。

「開いたり、閉じたり」と題した顧客向けレターで説明したように、資本市場の働きは単純明快であり、そこから発されるメッセージも認識しやすい。信用市場が張りつめた空気と警戒感に包まれている場合、だいたいは以下のような要因とかかわっている。そうした状況に起因したり、つながったり、あるいはそうした状況を暗示していたりするのだ。

- 損失を出すことへの恐れ
- リスク回避志向と懐疑主義の高まり
- メリットの有無にかかわらず融資や投資をためらう姿勢
- 全般的な資金不足
- 景気の縮小と債務借り換えの困難さ
- デフォルト、倒産、リストラ
- 低い資産価格、高い潜在リターン、低いリスク、過大なリスク・プレミアム

これらの要因はみな、絶好の投資機会が生じていることを示している。とはいえ当然のことながら、こうした状況を生み出す原因となった恐怖心とリスク回避志向が残っているうちは、大半の人が投資に二の足を踏む。このため、ほとんどの人にとって、資本サイクルが下方に振れている間、つまり儲かる可能性のある時期に投資を行うのは容易なことではない。

一方、寛容な資本市場は、だいたい次のような要因とかかわっている。

●儲かる機会を逃がすことへの恐れ
●リスク回避志向と懐疑主義の弱まり（そして、それにともなう精査の軽視）
●有り余る資金と少なすぎる投資先
●供給量が増えている証券に進んで投資する姿勢
●質が低下している証券に進んで投資する姿勢
●高い資産価格、低い期待リターン、高いリスク、過小なリスク・プレミアム

これらの要因から明らかなのは、資本市場の過度に寛容な状態は慎重さの欠如に起因するのであり、したがって、投資家はそうした状態を非常に明白な危険信号として受け止めるべきだ、ということである。良いニュースに恵まれ、資産価格が上昇しており、楽観論が台頭して不可能なことはないと思えるようなときに、資本市場はきわめて開放的な状態になる。だが、そのような状態は、不健全で割高な証券の発行と、最終的に破綻へとつながる債務水準の上昇を招くのがつねである。

とりわけ留意すべきは、非常に開放的な資本市場における新規発行証券の質の問題だ。リスク回避志向と懐疑主義が弱まり、また損失を回避することよりも儲かる機会を絶対に逃さないことを重視する傾向が生じると、投資家はより発行規模の大きい証券に目を向けるようになる。同じ要因から、投資家はより質の低い証券を進んで買うようになる。

信用サイクルが拡大局面にあるときに投資家がより発行規模の大きい新規発行証券を買

っていることは、新規発行の統計から明らかだ。だが、質が低めの証券を買う傾向の場合、投資家が認識を持ってそうするのかどうかはわかりにくい。格付けや契約といった参照すべき材料はあるが、そこから重要な情報を読み取るには労力と推察力が必要となりうる。資金の過剰流動性によって熱狂があおられるなか、こうした傾向を認識し、それに逆らうことは、大多数の市場参加者の手には余ると考えられる。これが、過度に寛容な資本市場が損失や景気縮小、そしてその結果としての貸し渋りへとつながる多くの理由の一つである。

これまで述べてきたことをまとめよう。寛容な信用市場がたいてい資産価格の高騰とその後の損失にかかわっているのに対し、信用収縮は格安の資産価格と絶好の稼ぎ時をもたらすのである。

「開いたり、閉じたり」より

〜

本書の最終的な目標は、これまで長々と説明してきた世界金融危機の場合のように、起きたあとになってからサイクルを理解するための手助けをすることではない。それよりも、読者がさまざまなサイクルのどこに今、位置しているのかをリアルタイムで感じ取り、しかるべき行動がとれるようになることをめざしている。

信用サイクルに対処するうえで重要なのは、すべてが順調な状態がしばらく続いており、良いニュースが絶えず、リスク回避志向が薄く、投資家が意欲的なときに、サイクルが頂点に達するのだと認識することである。このような状況では、借り手が資金を調達しやすくなり、資金提供の機会をめぐって買い手や投資家の競争が起きる。その結果、低い貸出金利、甘い融資基準、緩い契約条件、軽率な信用供与という流れが生じる。信用の窓が大きく開かれているときに優位に立つのは、貸し手や投資家ではなく、借り手である。これらの点が発するメッセージは明らかだろう。警戒を怠らずに進め、である。

信用サイクルがもう一方の極端な状態にあるときには、これと正反対のことが起きる。物事がうまくいっておらず、リスク回避志向が強まり、投資家が意気消沈しているときに、サイクルは底に達する。このような状況では誰も資金を提供したがらず、信用市場は凍りつき、提示された案件も行き場を失う。この場合、借り手ではなく資金提供者が優位に立つ。

借り入れを行うのが難しく、全般的に資金が不足しているため、資金とそれを手放す意欲のある者は、厳格な基準を適用し、堅実な融資構造と保護条項に固執し、高い期待リターンを要求することができる。すぐれた投資に必要とされる安全域をもたらすのは、こうした条件である。これらの条件をチェックして、すべてが整っているようであれば、投資家は攻撃的な態勢へとシフトチェンジすべきである。

すばらしい投資成果は質の高い資産を買うことではなく、契約条件が妥当であり、価格が安くて潜在リターンが大きく、リスクが限定的な資産を買うことによって達成される。このような条件は、信用市場があまり熱狂的な状態ではなく、どちらかというとサイクルの厳しい局面に位置しているときに整いやすい。おそらく信用市場の扉がぴしゃりと閉ざされた局面にあるときに、ほかのどんな状態にある場合よりも、掘り出し物は手に入りやすくなるのだ。

第10章

ディストレスト・デットのサイクル

状況に変わりがない場合でも返済が見込めないような融資や債券に、カネを融通する貸し手や買い手はまずいない。そして冷静さが保たれている時期には、たとえ債務者を取り巻く状況が悪化した場合でも元利の返済が確保できるように、貸し手や債券投資家は十分な安全域を求める。

だが信用市場が過熱すると（谷底へと続く競争から、貪欲な貸し手があまりふさわしくない借り手に融資したり、堅実さを欠く債務構造を受け入れたりする事態が生じると）、そのような安全域を欠いていて、状況が少し悪化しただけで返済ができなくなるような債券が発行されるようになる。これが無分別な信用の拡大である。このプロセスが、オークツリー式に言うと、次のキャンプファイヤーのための「薪を積み上げる」働きをするのだ。

三〇年前にブルース・カーシュとパートナーシップを組み、一九八八年にディストレスト・デットに投資するための最初のファンドをともに創設したことは、私にとって幸運な出来事だった。主流に位置する金融機関の中で、我々はこの分野の草分け的な存在になったと自負している。これをきっかけに、高度に専門化されたニッチ市場への投資を押し進めたのである。

オークツリーのディストレスト・デット投資は、好調な企業や前途有望な企業ではなく、概して財務状態が悪く、既存債のデフォルトを起こした企業や、その道をたどる可能性がきわめて高い企業を対象としている。つまり破産企業か、破産の一歩手前にあると見られている企業である。誤解のないように言っておくと、我々の典型的な投資先は、事業の面で問題を抱えているのではなく、ただ負債を過剰に抱え込んだ企業だ。したがって、オークツリーが掲げるスローガンは「グッド・カンパニー、バッド・バランスシート（事業は良好、財務に難あり）」である。

通常、投資家が債券を買ったり、融資を行ったりするのは、定期的な利払いと満期時の元本払い戻しを期待してのことである。だがディストレスト・デットの場合、こうした支払いは生じず、債務の「継続」や「返済」は見込めない、というのが大方の認識である。このように元利の支払いが期待できないのだとすると、何がディストレスト・デット投資の動機になるのだろうか。

種明かしをすると、スケジュールどおりに元利の支払いを受けていない債権者には、債務者に対して「履行請求」を行う権利がある。簡単に言うと（簡略化しすぎではあるが）、ある企業が破産すると、従来の所有者はその立場を追われ、債権者が新たな所有者になる。各債権者には、（それぞれが保有する債権の額と優先順位に応じて）その企業の評価額の分け前が、現金と更生企業の新たな債権や所有権を組み合わせた形で配分される。

ディストレスト・デットの投資家は、①破産企業の価値（あるいは破産から更生した際の価値）、②債権者とその他の請求者の間でその額がどのように配分されるか、③そのプロセスにどれぐらいの時間がかかるか、を見極めようとする。正確に見極められれば、ある特定の価格で購入した場合に、その企業の債務がどれだけの年間リターンをもたらすか、計算することが可能になる。

一九八八年にディストレスト・デット投資を始めたことは、我々にとって非常に好都合だった。当時は競争相手がほとんど存在せず、この分野に対する認知度と理解度はゼロに等しかった。この二つの条件が揃えば、どのような分野であっても、すばらしい投資成果をあげやすくなる。その結果、投資開始から二九年間にわたって、我々のディストレスト・デット投資事業は高い年平均リターンを達成している。ただし、他の多くのことと同じように、平均の数値にたいした意味はない。当社のファンドのうち、あまりふさわしくない時期に設定したものは、そこそこ良いリターンをあげてきた。だがそれ以上に重要なのは、絶好のタイミングで設定したファンドがすばらしいパフォーマンスを達成してきたことだ。

言い換えると、ディストレスト・デットで高リターンをあげる機会は、訪れては消える。本書の主題に沿って、本章ではそうした機会が到来したり、逃げていったりする理由について論じるが、当然のように、その答えはディストレスト・デットのサイクルの変動にある。では、そのサイクルの変動はどうして起きるのだろうか。

〜

ディストレスト・デットで利益をあげる機会には大きな波があり、他のサイクルの変動に左右される。つまり、その波はサイクルの作用を反映しており、ここで論じるにふさわしいと言える。

この分野の投資を開始して間もないころ（一九八八年から一九九〇年初頭にかけて）、我々のファンドは、無視されがちなディストレスト・デット投資のメリットによる恩恵を受け、良好なリターンをあげた。ところが一九九〇年後半に非投資適格債の相場が暴落した。これは、私がブルース・カーシュとともに乗り越えてきた過去三回の大きな危機の一回目だった。この一九九〇年の経験は、当時、低価格での購入によって平均を上回るリターンを達成したことと合わせて、非常に重要な学びの場をもたらしてくれた。ディストレスト・デットの絶好の投資機会が生じるプロセスを、初めて垣間見ることができたのだ。

そうした投資機会が生まれるうえで不可欠な要素は二つある。一つは「無分別な信用の拡大」だ。前章を読んだ読者なら、私が何を考えているのか、そして話がどういう方向へ進むのか、おわかりだろう。ここではハイイールド債の例を挙げて説明しよう。

●最初は、適度にリスク回避的な投資家が、ハイイールド債の発行に際して厳格な信用基準を適用する。
●債券発行を促す要因となった健全な経済環境が、企業の既存債務の返済を容易にする働きもする（つまり、デフォルトはまれにしか起きない）。
●したがってハイイールド債は、（クーポン金利が高く、デフォルトによる打撃もほとんどないことから）堅実なリターンをもたらす。
●こうした実績から投資家がハイイールド債投資は安全だと思い込むことで、市場に流入する資金が増える。
●投資資金の増大は債券需要の拡大につながる。ウォール街では需要が満たされないことはありえないため、債券発行が増える。
●巨額の債券発行をもたらした要因（投資家の旺盛な需要）が、必然的に信用力の低い債券の発行も促す。

状況に変わりがない場合でも返済が見込めないような融資や債券に、カネを融通する貸し手や買い手はまずいない。そして冷静さが保たれている時期には、たとえ債務者を取り巻く状況が悪化した場合でも元利の返済が確保できるように、貸し手や債券投資家は（前に述べたように）十分な安全域を求める。

だが信用市場が過熱すると（谷底へと続く競争から、貪欲な貸し手があまりふさわしくない借り手に融資したり、堅実さを欠く債務構造を受け入れたりする事態が生じると）、そのような安全域を欠いていて、状況が少し悪化しただけで返済ができなくなるような債券が発行されるようになる。これが無分別な信用の拡大である。本章の冒頭でも書いたように、このプロセスが次のキャンプファイヤーのための「薪を積み上げる」働きをするのだ。

ただし、これはプロセスの前半にすぎない。キャンプファイヤー用の薪が組まれたあとでも、点火具がなければ火は燃え上がらない。これが二つ目の要素であり、たいていは企業利益の減少をもたらす景気後退という形で現れる。景気後退は多くの場合、信用収縮《クレジット・クランチ》（信用の窓がぴしゃりと閉ざされた状態）をともなうのであり、借り換えができないせいで既存債務がデフォルトするといった事態を招く。さらに、市場参加者の自信を喪失させ、景気と金融市場に打撃を与える外生的な事象によって、状況が悪化するという流れもしばしば生じる。一九九〇年には、以下の外生要因が発生した。

●イラクのクウェート侵攻をきっかけに勃発した湾岸戦争。

●一九八〇年代の大型レバレッジド・バイアウト（対象企業の資産などを担保として借り入れた資金に大きく依存して行う企業買収）の対象となった多くの企業の倒産。

●マイケル・ミルケン（ハイイールド債ブームを主導した投資銀行家）の服役と、ドレクセル・バーナム・ランベール（ミルケンの所属先で、ハイイールド債に最も深くかかわっていた投資銀行）の倒産。ドレクセルとミルケンが表舞台から去ったことで、弱体化した企業のデフォルトを防ぐ役割を果たしてきた手法が役に立たなくなった。

こうした点火具が整うと、発行されるべきではなかった債券が（そして場合によっては、発行されるにふさわしかった一部の債券でさえも）デフォルトしはじめる。

●景況の軟化で企業による債務の返済が難しくなる。
●信用市場の扉が閉じられることで、債務の借り換えができなくなり、デフォルトが増加する。
●デフォルトの増加が投資家心理に打撃を及ぼす。
●すべてが順調だったときはリスクに寛容だった投資家が、リスク回避志向を強める。
●財務的に厳しい状況にある企業へ資金を投じることが、（ほんの少し前まで名案のように思われていたにもかかわらず）嫌気されるようになる。
●潜在的な債券の購入者が逃げ腰になる。「落下するナイフを摑む」行為に拒否反応を示し、先行き不透明感が消えるまで様子見する構えを見せる。
●流動性のある資金が市場から逃げ出す。買い手は恐怖心を募らせ、売り手が市場で優勢となる。
●債券の売りが加速し、相場が急落する。解約請求を受けたファンドが売りを余儀なくされ、債券はどんな価格でも売りに出されるようになる。

これらの状況は、格安でのディストレスト・デットの購入を可能とし、高い利益を生み出す機会をもたらす。

もちろん、サイクルが一つの方向に進みつづけることはない。やがて景気は回復しはじめ、信用市場も再び扉を開ける。この二つの流れは、ハイイールド債のデフォルト率の低下をもたらす。景況の改善とデフォルト率の低下が組み合わさることで、売りに歯止めがかかる。すると債券価格への下落圧力が和らぎ、買いの動きが出はじめる。価格は下落から上昇に転じる。財務再編によって企業が存続能力を取り戻すことで、障害が取り払われ、価値が引き出される。底値で買った債券が利益を生んだことが知られるようになり、新たな資金を市場に呼び込む。投資パフォーマンスの向上と資金の増加という二つの要因が重なり、債券需要が拡大する。こうしてサイクルは一巡し、出発点に戻るのだ。

少し前に私は、債券発行のサイクルがどのような形でディストレスト・デットのサイクルの浮き沈みに影響するのかについて、箇条書きの形で簡潔にまとめてみた。

- リスク回避的な投資家の姿勢から債券の発行規模が抑えられ、質の高い債券に対する需要が高まる。
- 質の高い債券が発行されることで、デフォルト率が低くなる。
- 低いデフォルト率により、投資家が気を緩め、リスクに寛容になる。

●投資家がリスクに寛容になると、債券の発行規模の拡大と質の低下につながる。
●質の低い債券は、やがて景況が悪化すると試練にさらされ、デフォルトの増加をもたらす。
●デフォルトが増加すると市場が冷え込み、投資家は再びリスク回避的になる。
●そして振り出しに戻る。

これが、私が繰り返し目にしてきたサイクルの変遷である。二九年に及ぶディストレスト・デット市場での経験から言えるのは、まさしく韻を踏むように同じテーマが繰り返されるということだ。そして、このようにサイクルの流れを書き出したことで、各段階の出来事が次の段階の出来事を引き起こすという見方を確認する格好の機会が得られた。実を言えば、この箇条書きは特にその点を意識して記したものだ。それぞれの文章に注目すると、文の最後に触れた要素が、次の文の最初に位置していることがわかるだろう。この流れはまさに連鎖反応であり、今後も同じ形でずっと繰り返されていくと私は考えている。

〜

すでにおわかりだろうが、ディストレスト・デットの投資機会の浮き沈みは、景気、投資家心理、リスクに対する姿勢、信用市場といった他のサイクルとの相互作用によって起きる。

●景気サイクルは投資家心理、企業利益、デフォルトの発生率を左右する。
●心理のサイクルは信用市場の環境や、投資家の貸す、買う、売る意欲の変化に寄与する。
●リスクに対する姿勢のサイクルは、その頂点で信用力の低い債券の発行が増え、谷底で借り換え用の資金が枯渇する、といった形で影響を及ぼす。
●信用サイクルは、借り換えの可否や、債券発行志望者に適用される信用基準の厳格さを大きく左右する。

こうした複数の基本的なサイクルの影響を受けるディストレスト・デット市場が、他の分野から孤立した存在とは言いがたい点は明らかだろう。繰り返しになるが、これらのサイクルにはそれぞれ浮き沈みがあり、それぞれのサイクルが別のサイクルの浮き沈みをもたらす。そして、それぞれのサイクルの浮き沈みがほかのサイクルを左右する。ただし、それらすべての影響が劇的な形で表れるのがディストレスト・デットの投資機会のサイクルであるため、ここで一章を費やし、その説明をした次第である。

第11章
不動産サイクル

投資においては、物事を大まかに一般化し、十把一絡げに語るということが行われがちだ。たいていの場合、人は強欲と希望的観測に流されて、好材料ばかりに目を向けてしまう。そしてこうした傾向は、どういうわけか不動産投資で顕著なようだ。私はこの世界に入ってから、「(土地は)そのままでは何も生み出さない」「(住宅は)ずっと住むことができる」「(あらゆる種類の不動産は)インフレ対策になる」といったわかりやすい文言で不動産投資が正当化される場面に何度も遭遇してきた。だが最終的に人々は、そこに正当性があったかどうかにかかわらず、こうした言葉が高すぎる価格で行った投資を守ってくれることはない、という教訓を得るのだ。

不動産のサイクルにも、資本あるいは信用の供給を左右する他のサイクルと共通する点が多く見られる。

●良い出来事と収益性の向上が、熱狂と楽観論の高まりをもたらす。
●心理の改善で活動が活発化する。たとえば何かをするにあたり、より多くを求める、より楽観的な前提をもとにする、より高い価格を支払う、満たすべき条件を緩くする、といった変化が（場合によってはいくつか組み合わさって）起きる。こうした変化はどれも、リスク負担の増大という前提をともなう。
●楽観的な心理と活動の活発化が組み合わさることで、資産価格が上昇する。すると活動がさらに活発化し、一段と価格が上昇し、リスク負担が増大する。
●必然的に、こうした好循環は止まらないものと感じられるようになり、そのせいで資産価格と活動がとうてい維持できない水準に達する。

だが、やがてあまり楽観的ではないニュースが出はじめ、市場を取り巻く環境がさほど快適ではなくなると、心理、活動、リスク負担、そして資産価格の水準が行き過ぎであることが明らかになる。その結果、価格調整が起きると、心理がやや後ろ向きになって投資の引き揚げを招き、さらに価格に下落圧力がかかる、という悪循環が生じる。

これらはみな、金融にかかわるサイクルの大半に共通する要素であり、不動産サイクルもその例外ではない。ただし不動産サイクルの場合、ほかのサイクルには概して縁のない要素がかかわっている。それは、不動産開発につきものの長いリードタイムである。

たとえば信用市場では、投資銀行が借り手候補者のリストアップと目論見書の印刷を済ませていれば、好材料と楽観的な心理がすぐに融資の拡大につながる。したがって、貸し手の融資意欲の高まりは、ほとんど間をおかずに債券需要の増大、要求利回りの低下、融資基準の緩和、融資と債券発行の規模拡大をもたらす。

しかし、俗に「ブリックス・アンド・モルタル（レンガと漆喰）」と呼ばれ、実物資産をともなう不動産の市場では、こうした展開が著しく遅れて起こりうる。新しい建物が市場に出回り、床面積の供給増加につながる（そして、同じペースで需要増加が起きない場合には、単位当たり床面積の価格に下落圧力がかかる）までには、経済的な実現可能性を見極めるための調査、土地の選定と購入、建物の設計、環境への影響に関する調査、当局からの建設許可の取得、（場合によるが）区画の調整、資金の調達、そして建設というプロセスを経なければならない。このプロセスには数年の時間がかかる可能性があり、大型プロジェクトであれば一〇年を超える場合もある。そしてその間に、市場の状況は非常に著しく変わりうるのだ。

以下に、二〇一三年一月七日付の顧客向けレター「また同じ」から、不動産開発のサイクルに関する説明を引用する。このレターで書いたように、不動産サイクルは「だいたいにおいて単純明快で、同じことの繰り返し」である。

●不況で建設活動が低迷し、建設資金が調達しにくくなる。
●しばらくすると景況がやや改善し、やがて好転する。

●景況が良くなると建物需要が拡大する。
●景気低迷時に着工した建物がほとんど存在せず、景況が良くなってから新たな建物の建設が始められるため、この需要拡大が需給の逼迫と、それにともなう賃貸料と販売価格の上昇をもたらす。
●価格上昇によって不動産所有のメリットが大きくなるなかで、デベロッパーが建設意欲を高める。
●景況の改善と不動産所有のメリット増大を受けて、資金提供者もより楽観的になる。その結果、資金が調達しやすくなる。
●低コストでの資金調達が容易になると、潜在的なプロジェクトの試算リターンが上昇する。不動産プロジェクトの魅力がさらに大きくなり、デベロッパーの開発にかける意気込みが強まる。
●予想リターンが上昇する、デベロッパーがより楽観的になる、資金提供者がより寛容になる、という要因が組み合わさった結果、建設着工件数が増加する。
●最初に完了したプロジェクトは、積もりに積もった需要の恩恵を受ける。賃貸物件も販売物件もあっという間にすべて成約済みとなり、デベロッパーは高いリターンをあげる。
●この高いリターン（そして、日に日に楽観的な色彩が強まるニュース）を追い風に、さらに多くの建設プロジェクトが計画され、資金の提供を受け、始動する。
●空を覆うほどたくさんのクレーンが設置される（そして、さらに追加のクレーンの注文が工場に寄せられるが、これはまた別のサイクルの話である）。

●着工してから竣工するまで数年の時間が費やされる。その間に、最初に完成した物件が、満たされていなかった需要を取り込む。

●計画が始まってから建物が市場に出るまでには、往々にして好況から不況へと景気が移り変わってしまうほど長い時間がかかる。好況時に開始されたプロジェクトが、不況になってから商業化されるケースも多い。この場合、空室率の上昇と賃貸料や販売価格の下落に拍車がかかり、未稼働の床面積が市場に重くのしかかる。

●不況で建設活動が低迷し、建設資金が調達しにくくなる。

留意すべきは、本書で取り上げている他のサイクルと同様に、それぞれの段階が次の段階をもたらす原因になっている点だ。とりわけ一番最後の段階は、最初の段階の前提条件となっている。これは、際限なく続いていくサイクルの流れを示す格好の例である。

融資の場合、そのプロセスにかかる時間は長くないため、融資意欲が生じたとき、そして融資構想を練っているときの経済・事業状況が、融資が実施される段階になっても続いているのが一般的だ。また、その比較的短い期間のうちに状況が著しく変化したとしても、貸し手には契約の中の「重大な事態の変更」にかかわる条項に則って融資を撤回する余地がある。したがって、通常の融資であれば、構想から実施までかかる時間にともなうリスクはかなり小さい。だが前述したように、建物の場合は構想から商業化までに何年もの時間がかかるため、状況が激変する可能性がある。これは不動産開発プロジェクトの潜在リスクを高める要因となっている。デベロッパー側は、外部からの大規模な資金調達に頼ること（そして、それにより自己資金を失うリスクが比較的小さくなり、また財務レバレッジによって自己資金の収益率が著しく向上しうること）で、この潜在リスクが相殺されると当てこむ。

私が一九八〇年にロサンゼルスに引っ越したとき、ウェストウッドの「ウィルシャー・コリドー」と呼ばれる地区に鉄骨の構造物が並んでいた。そこは、ぴかぴかのコンドミニアムがひしめくはずの場所であった。一九七〇年代後半の好況時にこのプロジェクトを開始したデベロッパーは、事業に行き詰まった。好条件に恵まれて着工したが、景況の悪化、そしてより短い工期で供給された物件に需要を吸い上げられたことで、状況が一変したのだ。

さびついた状態で何年も放置された鉄骨もあった。総工費一億ドルのプロジェクトで高いリターンをあげるつもりだったデベロッパーは、五〇〇〇万ドルあるいは一〇〇〇万ドルに及ぶ自己資金を失った（そして、このプロジェクトに資金を提供した諸銀行も、建設融資の大部分を焦げつかせた）。このエピソードは、不動産サイクルの下降局面と、不動産事業につきものの長いタイムラグの影響の実情を表している。

ところが、この頓挫していたプロジェクトの物件を（多くの場合、差し押さえていた貸し手から）買い取り、建設を完了させた投資家は、往々にして以下のような条件に恵まれた。

●デベロッパーが土地の購入、計画、認可の取得、骨組みの建設のために投じた費用をはるかに下回る額で、物件を買い取ることができる。

●好況時よりも安い人件費と原材料費で完成させることができる。

●買い取りから建物の完成までにかかる時間が短くて済む。

●（好況時に認可されたプロジェクトがその後、不況に直面したのと同じように）、不況時に買い取った中断プロジェクトが、好況になってから市場に出される可能性がある。

不動産開発における長いリードタイムがこのような可能性を生み出していたため、私のチームもこの分野に参入した。この一件は、サイクルが潜在利益に及ぼす影響を物語っている。好況時にプロジェクトを始めることはリスクの源になりうる。不況時に買ったプロジェクトは、大きな利益をもたらす可能性がある。すべては、どんなタイミングで、どう動くかによって変わってくる。ゴルフの格言を借りて言い換えれば、「どんなパットも誰かしらを幸せにする」のである。

サイクルには、不動産の分野でとりわけ如実に現れる別の側面がある（ほかの多くの分野のサイクルでもその影響は見られるが）。それは、人は他の人々が何をしているのかを考慮せずに決断を下すことが多い、という事実だ。例を挙げて説明しよう。

人々が富を蓄え、気分を高揚させている景気拡大期には、概して住宅需要が増大する。その結果、住宅価格が上昇し、住宅購入者は住宅ローンの提供を受けやすくなる。こうした状況は往々にして住宅不足を招く。住宅の場合、需要拡大のペースが供給に比べて速く、供給が追いつくまでに時間がかかるからだ。こうしたなかで、高い住宅価格と、住宅建設会社に対する貸し手の積極的な融資姿勢に後押しされて、需要を満たすための新規住宅建設が行われる。

ある住宅建設会社が、地元地域で一〇〇戸の住宅が不足していると考えたとしよう。ただし、かなり慎重な姿勢から（また、自社で施工できる規模と調達可能な資金に限りがあるため）、二〇戸の新規住宅建設を決断する。ここまでは特に問題ないだろう。

だが、もし同業の一〇社がみな同じ決断を下したらどうなるか。この場合、二〇〇戸の住宅が新たに建設される。ここでまず問題になるのは、需要を上回る規模の住宅が建設されることだ。さらに二つ目の問題として、これらの住宅が売り出されるころには景気が冷え込み、人々も豊かな気分を味わえなくなっていて、住宅需要が急減しているかもしれない、という懸念が生じる。これが現実になれば、二〇〇戸の新築住宅は需要不足に直面し、売れ残るか、建設会社が建設の判断を下す際に想定していた水準を大幅に下回る価格で販売されることになる。

こうして状況は一変する。景気は低迷している。資金調達の道は閉ざされ、住宅購入志望者が住宅ローンを受けるのは困難になる。しかも、買い手のつかない住宅の在庫が山積みになっている。住宅建設会社にとって建設を中止するのが賢明な道であることは明らかだ。したがって、すべての同業会社が同じタイミングで建設中止に動く。すると、次に景況が改善した際に、需要の拡大に対応できるだけの住宅供給がない、といった事態が生じうる。そこで……という流れが繰り返されるのである。

変動しつづけるサイクルの一つの側面について端的に説明してきたが、これは決して仮定の話ではない。二〇一二年のオークツリー・カンファレンスで、当社のディストレスト・デット・グループのメンバーであるラージ・シャウリーが示した次の図は、私がこれまで目にした中でもとりわけ説得力のあるものだった（図表11－1）。

この図は一九四〇年から二〇一〇年までのアメリカの年間住宅着工件数の推移を示している。なぜ私がそれほど強い印象を抱いたのか、説明しよう。この図を見ると、二〇一〇年の住宅着工件数は、戦時の一九四五年以降でほぼ最低のレベルにある（そして、一九四五年よりも若干多い一九四〇年と同等である）。ただし、これは一面から見た状況にすぎず、一九四〇年以降のアメリカの人口増加という要素を考慮していない。長期にわたってアメリカの住宅需要の拡大に寄与してきた要因である。

二〇一〇年の住宅着工件数は一九四〇年と同等だったが、（それよりもはるかに重要な意味を持つと言ってよいであろう）人口当たりの住宅着工件数は、きわめて低調だった一九四〇年のわずか半分にとどまっている。つまり、サブプライムローン危機、住宅バブルの崩壊、

図表11-1　アメリカの年間住宅着工件数

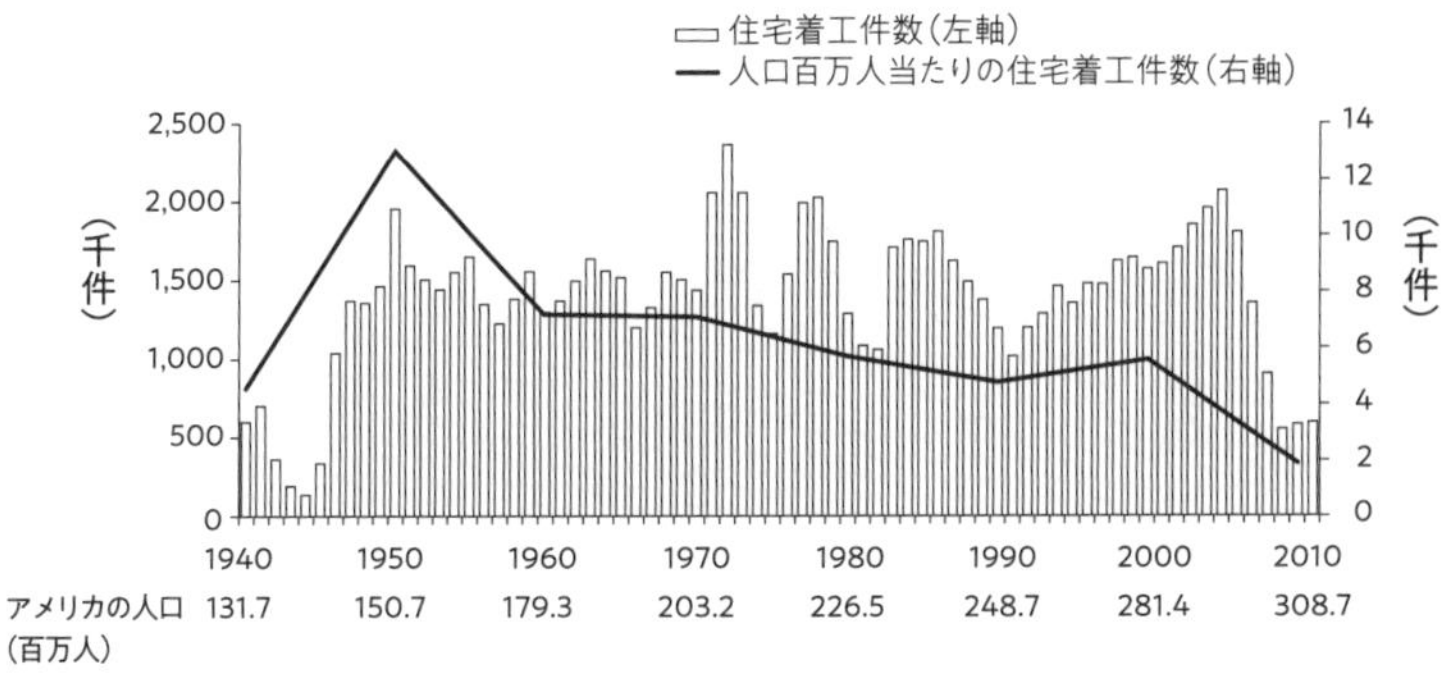

出所：アメリカ国勢調査局

二〇〇七～二〇〇八年の世界金融危機のあと、住宅建設は実質的にまったく再開されていなかったのだ。ここから導き出されたのが、この直後の数年間に供給される新築住宅の数は、住宅需要の回復に対応するには明らかに不十分だろう、という推論であった。

もちろん当時においては、住宅需要は二度と回復しないという見方が「常識」だった。ほとんどの人が、家を持つというアメリカン・ドリームは終わった、住宅需要はこの先ずっと低迷したままだろう、したがって売れ残った住宅の在庫は非常に緩やかなペースでしか減らないだろう、と思い込んでいた。人々は、（住宅と住宅ローンのバブルの崩壊で痛い目にあった）若者の間で家を買うよりも借りる傾向が強まっている点を引き合いに出し、いつものように疑うこともなく、そうした傾向が続くと推定したのだ。本書で取り上げた数多くの例からもわかるように、大半の人は、周期性について理解したり、考えたりするよりも、心理に突き動かされるがままに推定することを選ぶのだ。

この図とそれを構成しているデータに関する知識から、私とオークツリーの仲間は、はっきりとこう読み取った。過去八〇年弱で最大の経済崩壊が住宅供給の増加に歯止めをかけてきたのであって、需要の著しい拡大が起きれば、住宅価格は急激に上昇しうる、と。そして常識は無視して、住宅需要は例によって周期的に変動するのであり、そう遠くない将来に回復する、と考えた。ほかのデータや分析にも裏づけられたこの結論は、住宅ローンの不良債権と、住宅建設用の土地を担保とした銀行融資の不良債権に巨額を投じ、また北米最大の非公開住宅建設会社を買収する、という決断を後押しした。これらの投資は非常に大きな成果をあげた（この点で、二〇一七年五月一二日付のウォール・ストリート・ジャーナル紙の「賃貸世代、買いに動く」と題した記事に、次の記述があったことは興味深い。「今年に入って住宅を購入した人に対する「初めて家を買った人の」比率は四二%と、二〇一五年の三八%や、ここ数年の住宅サイクルの中で最も低かった二〇一一年の三二%を上回った」。持ち家をあきらめる傾向が広がっている、と推定するのはもうやめるべきだ）。

これは、サイクルの性質に対する認識と、現在のサイクルの中での位置づけから、収益性を推定できるケースの一例だ。そして、極限（この場合は住宅着工件数が深い谷底に達した状態）にあるサイクルが、非常に収益性の高い行動を呼びかけるシグナルを発することを示したケースでもあった。

こうした証拠を振り返れば、とるべき道はもはや明らかだろう。成功をもたらした決断の背景にあった要因は、いつだってあとから判明するものだ。だが、この場合、公正な目でサイクルのデータを分析することで、リアルタイムで、つまり、ここぞというタイミングで正しい結論を導き出せたのである。

本章では不動産のサイクルについて論じているが、ここで、時として金融にかかわる現象が周期的でなくなると結論づけてしまう人々の傾向に触れておきたい（本書でこの点に言及するのはこれが初めてだが、最後ではない）。そして、そのために特に顕著な例を取り上げる。すべてが順調なとき、人はそのすばらしい状態がいつまでも続くと考えがちだ。実のところ、前に経験した調整からさほど長い時間が過ぎていなくても、浮き沈みをともなう歴史の流れというものを丸ごと失念してしまうのだ。したがって、歴史に対する姿勢に関するジョン・ケネス・ガルブレイスの名言を、ここであらためて引用しておくべきだろう。

人間の活動において、金融の世界ほど歴史がないがしろにされる分野はほとんどない。過去の経験は、たとえ記憶に残っているとしても、今日の驚異的な発展を評価するだけの洞察力を持たない者が、考えなしに駆け込む逃げ場であるとして、一笑に付されてしまう。

投資においては、物事を大まかに一般化し、十把一絡げに語るということが行われがちだ。たいていの場合、人は強欲と希望的観測に流されて、好材料ばかりに目を向けてしまう。そしてこうした傾向は、どういうわけか不動産投資で顕著なようだ。私はこの世界に入ってから、「(土地は)そのままでは何も生み出さない」「(住宅は)ずっと住むことができる」「(あらゆる種類の不動産は)インフレ対策になる」といったわかりやすい文言で不動産投資が正当化される場面に何度も遭遇してきた。だが最終的に人々は、そこに正当性があったかどうかにかかわらず、こうした言葉が高すぎる価格で行った投資を守ってくれることはない、という教訓を得るのだ。

前述したように、一九九〇年代末から二〇〇〇年代初頭にかけて多くの政治家が、より良い社会と、より多くのアメリカン・ドリームを実現するための手段として、住宅を所有する国民を増やすのが良策だと考えた。政府系の住宅金融機関は、こうした風潮を住宅ローンの普及を促すメッセージとして受け止め、それに応じた。政治家が発したメッセージ、それに呼応して利用しやすくなった住宅ローン、さらに当時起きていた金利の急低下という要因が重なって、潜在的な住宅購入者に力強い追い風が吹いた。

住宅ローンへの資金の流れは、「住宅ローンは安全だ」という不動産業界のもう一つの決まり文句にも強く後押しされた。こうした認識は、全国規模で住宅ローンのデフォルトが起きることはありえない、という思い込みに基づいていた。大恐慌以降のアメリカでは、高い経済成長率、概して穏やかな景気の波、そして堅実な住宅融資慣行が、そうした事態の発生を防いできた。最後にそのような事態が起きてから、ガルブレイスが言うように、それが忘れ去られるのに十分なだけの長い時間が経過していたのである。だからといってそれは、貸し手の融資慣行が過度に寛容かつ軽率になり、急激な景気後退でデフォルトが相次ぐのを止められなくなる理由にはなりえなかった。

二一世紀の最初の数年間には、(楽観的なメディアの報道にもあおられた)旺盛な住宅需要と住宅ローンに向けられた潤沢な資金を背景に、住宅価格が急騰した。こうしたなかで、「住宅価格は上がりつづける」という、不動産業界ではすっかりおなじみの別の決まり文句が聞かれるようになった(この決まり文句については次の項で論じる)。

ここまで読んだ読者なら、問題となっている資産そのものの値打ちにはあまり意味がなく、どんな場合でも事態を収拾するのに十分な力は発揮しえない、という点に気づいているだろう。人間の感情は、資産の価格を(実際にその資産に値打ちがあろうとなかろうと)極端で持続できない水準(めまいがするほど高い水準か、過度に悲観的な低い水準)へと、否応なしに動かすのだ。

要するに、私が促しているように、サイクルは防ぎようがないという事実を真摯に受け止める賢明な投資家は、「絶対に〜ない」「つねに」「永遠に」「(〜ということは)起きえない」「(〜という事態には)ならない」「(〜という状況に)なる」「〜であるはずだ」といった言葉を使うのを避けなければならない。

二〇〇七年の住宅ローン危機と二〇〇七〜二〇〇八年の金融危機に先立つ数年間には、住宅は着実な値上がりが見込めるのであり、浮き沈みとは無縁だ、という思い込みから、（のちに無謀だったと判明する）強気の行動が大々的に繰り広げられた。この強気トレンドの渦中には、そのような行動を後押しする見解や楽観的な予測を披露する専門家も存在した（あるいはそうした一部の専門家が強気トレンドに貢献した）。

●「このとってもとっても古い家」と題された二〇〇六年三月五日付のニューヨーク・タイムズ・マガジン誌の記事は、当時のニューヨーク連邦準備銀行副総裁が「住宅価格の急騰は経済動向に見合っているのであり……歪曲された現実を反映しているわけではない」と語ったと報じている。この記事はさらに、「平均的な世帯が受けられる住宅ローンの規模が著しく拡大している点を考慮すると、どうして住宅価格がもっと上がらないのかと不思議に思うことがある」という同副総裁の発言も引用している。

●この記事は、「同様の考えの持ち主で、いわゆる『スーパースター都市』に注目している「コロンビア大学やウォートン・スクールの」専門家」が「非常に魅力の大きいこれらの都市では、さほど人気の高くない都市と異なり、住宅価格が調整するどころか、『ずっと上昇しつづける』可能性もある」と見ている点についても言及している（もちろん、「ずっと上昇しつづける」などという表現が積極的に使われていることは、慎重な投資家の目に明らかな危険信号と映るはずである）。

だが、こうした見方の妥当性に疑問を投げかける材料も数多く存在していた。

●住宅価格に関するデータの歴史は浅い。
●ある年に販売された平均的な住宅の価格のトレンドに関する見方が、ある特定の住宅、あるいはすべての既存住宅の価格の変動にも当てはまるとは限らない（たとえば、平均的な住宅の経年による物理的変化や、その年に販売された住宅の構成と全既存住宅の構成の違いを反映した調整は行われていない）。
●同様に、周辺都市や全都市の人気がどう移り変わってきたか、という住宅の価値を左右する要因を考慮した調整も行われていない。このため、特定の都市あるいはその周辺の住宅に関する見方が、住宅全般についても当てはまるとは限らない。

このような点から、私は二〇〇六年に「このとってもとっても古い家」という記事が発表されたときに、強い興味をかき立てられた。この記事では、アムステルダムのある一軒家の価格の変化に注目することで、こうした方法上の問題の多くを解決した研究が紹介されていた。その一軒家は一六二五年にピーテル・フランツという人物が建てたもので、以後、持ち主こそ六回も変わったが、建物自体はほとんど姿を変えずに住宅として残っている。そして、この家が建つヘーレングラハト（ヘーレン運河流域）は、今なおアムステルダムで最も魅力的な地域でありつづけている。こうしたエピソードを交えながら、この記事は平均的な住宅の価格が上昇したかどうかという点ではなく、ある特定の住宅の価格がどう変化したかという点に関して考察している。

住宅価格について長期的な楽観論を示した前述の研究者たちとは対照的に、イェール大学のロバート・シラーはフランツの住宅とその周辺地域について、こう述べている。「ヘーレングラハトのデータは示唆に富んでいる。景気が五〇年周期で変動していることが読み取れるからだ。このデータが示す状況は、スーパースター都市に関する議論よりも現実的だ」。記事によれば、フランツの住宅に関する研究を行ったピート・アイシュホルツも「不動産価格は際限なく上昇しうる、という主張には懐疑的」である。アイシュホルツは「今回は違う」という経済議論がある点に触れつつ、こう語っている。「これまでにも同様の楽観的な見方が繰り返し生じたが、どれも状況の変化により、やがて粉々に打ち砕かれた」。我が意を得たり、である。

ニューヨーク・タイムズ・マガジン誌の記事から、もう少し引用しよう。

「不動産の価値は時間とともに著しく上昇する、という神話があるが……データはむしろ、この神話を否定している」とアイシュホルツは語る。

どういうことか。読者の思慮深い年老いた伯父から、読者に家を売ったブローカーまで、あらゆる人が金科玉条のように、不動産は長期投資対象として非常に有望だと考えている。だが、この「アイシュホルツが算出した」きわめて長い期間を対象とする価格指数を見るかぎり、不動産はまったく投資に適していない。（アイシュホルツが一九九〇年代に行った研究で対象期間とした）一六二八年から一九七三年にかけてのヘーレングラハトの不動産価格の上昇率は、インフレ調整後の実質ベースで年わずか〇・二％だった。これは、最も実入りの悪い銀行普通預金の利率をも下回っている。このヘーレングラハト指数を分析したシラーは、「実質住宅価格はだいたい二倍になっているが、そこにいたるまでに三五〇年近くもかかっている」と自著に記している。

……シラーによれば、不動産価格の大幅な上昇が常識と化し、人々がそれを期待するようになったのは、近年になってからのことだ。

……「とにかく驚異的なペースで価格が上昇した」という」過去数年の状況は、我々の住む、すばらしき新世界を象徴しているのだろうか。だとすれば、それを上昇、下落、上昇、下落と続く大きな時間の流れの中でとらえた場合に、我々は最も古くからある歴史の教訓へと引き戻されるのではないか。歴史は繰り返す傾向がある、という教訓である。

住宅価格に関する長期的なデータは貴重だ。だが最も重要な教訓は、資産価格が上昇しているときには人々が強気になり、識者の見解がそれをもっともらしく後押しする、ということだ。

これはきわめて当然の流れである。それまでの価格上昇を正当化する（そして、さらに続くと予測する）行為は、いつの時代も相場が低いときではなく、高いときに起きる。本当に役立つ指針を求めるのであれば、私なら強気相場のときに慎重な見解を示し、相場が下がっているときに悲観論に異を唱える識者に注目するだろう。

不動産業界には、ほかのすべての業界と同じく周期的な浮き沈みがつきものである。ただし不動産サイクルの場合、以下の特殊要因により振れが激しくなる可能性がある。

● 構想から販売にいたるまでにかかる時間の長さ。
● 非常に高い財務レバレッジという特徴。
● 供給が概して柔軟性を欠いていて、需要の変動にうまく対応できないという実情（製造業者であれば、工場労働者の勤務時間短縮や一時解雇《レイオフ》、減産によって製品需要の低迷に対応することができる。だが、地主やホテル経営者、不動産デベロッパーの場合、需要が減少した際に売り物となる建物を減らすことは、はるかに難しい）。

不動産のサイクルは、サイクルを構成する要素が互いに原因になったり結果になったりするという関係性や、極端に振れがちなサイクルの傾向を典型的に示す好例である。景況が悪化して楽観的な一般論がもはや求められなくなったときに、しばしば不動産業界で皮肉まじりに「三番目のオーナーにならなければ儲からない」と言われるのにも、それなりの理由がある。プロジェクトの構想を練り、始動させたデベロッパーも、建設資金を融資し、不況になればデベロッパーからプロジェクトを差し押さえる銀行も、利益はあげられない。だが、不況時に銀行からその不動産を買い取って、その後の景気回復に乗じる投資家は儲かる、というわけだ。

もちろん、すべての一般論と同じく、これも誇張された話である。ただし、不動産市場と周期性のつながり、とりわけ景気が思わしくないときにその周期性がどのように作用しうるかを思い出させる役割は、十分に果たすのだ。

第12章

すべての要素をひとまとめに——市場サイクル

市場サイクルの上昇局面を初めて体験した経験の浅い投資家の目には、その流れの始まりが理にかなったものと映るかもしれない。強気相場あるいはバブルは、良い出来事が重なった結果、生じるからだ。良いニュースと良好な心理状態が続いた末に損失が発生する場合があることに、驚く者もいるだろう。もちろん、初心者がそのように受け止めるのも無理はない。一連の流れが極限に達する背景には判断ミスがあるのであり、その判断ミスを防ぐことができれば、市場が強気相場の天井に到達して暴落する（あるいは弱気相場の底に到達して反騰する）展開にはならないからである。

投資家の仕事はシンプルだ。資産価格に向き合い、それが今どのような位置づけにあるのか評価し、今後どう動くかという点について判断を下す。価格は主に二つの分野での変化に左右される。ファンダメンタルズと心理である。

●ファンダメンタルズ（本書では場合によって「出来事」という言い方もしているが）は、大まかに利益とキャッシュフロー、そしてその二つの見通しに絞ることができる。これらの要素は景気トレンドや収益性、資金の利用可能性など、さまざまな要因の影響を受ける。

●そして心理（投資家がファンダメンタルズをどう受け止め、評価するか）も、多くの要因、とりわけ投資家の楽観の度合いとリスクに対する姿勢の影響を受ける。

これらの要因にもサイクルがあり、またそれぞれのサイクルに複数の側面がある。サイクルの変動（そして相互に作用したり、結びついたりする動き）の背景にあるテーマには、これまで多くのページを費やして論じてきたように、わかりやすく反復的なパターンが見られる。これらの要素がすべて合わさり、さらにそこに特殊要因やランダム性の影響も加わった結果、証券相場は動くのだ。

本章の目的は、相場の周期的な浮き沈みについて、読者に感触を摑んでもらうことにある。相場が上がったり下がったりするという事実や、過去の変動とそれに対する反応についてではなく、しばしば激烈な形で相場の浮き沈みをもたらす力（とりわけファンダメンタルズや景気とは無縁な力）について論じたい。

もし市場が企業のファンダメンタルズだけに基づいて厳密に価値を算出する機械だったら、

証券価格が発行企業の現在の利益や将来の利益見通しよりもはるかに大きく変動することはないだろう。むしろ証券価格の変動は利益の変動よりも、おおむね小幅になるはずである。前期比での利益の変動は、長期で見た場合のならされた数字よりも幅が大きくなることが多いうえ、その企業の長期成長性が実際にどう変化したかを反映しているとは限らないからだ。

ところが、証券価格は概して利益よりもはるかに大きく変動する。その原因は、もちろん主として心理、感情などのファンダメンタルズ以外の要因にある。つまり、価格の変動はファンダメンタルズの変化を誇張している。そのような誇張が起きる理由を流れに沿って簡潔にまとめると、次のようになる。

●景気や企業利益のファンダメンタルズが徐々に好転していく。
●良好なファンダメンタルズが投資家心理をあおる。良好なファンダメンタルズを受けて、いわゆる「アニマル・スピリット（血気）」と投資家のリスク許容度が共に高まる（思わしくないファンダメンタルズから同じ流れが生じる場合すらある）。
●こうした心理の高揚から、投資家がリスク防御や期待リターンに関する要求を弱める。
●良好なファンダメンタルズ、心理の高揚、リターンに対する投資家の要求の低下が組み合わさって、資産価格の上昇をもたらす。
●だがやがて、こうしたプロセスが逆回りしはじめる。予想の前提となっていた環境が思わしくなくなる、あるいは予想が非現実的な高望みだったといった理由から、ファンダメンタルズが予想を下回る。

●投資家が前向きな心理状態を永遠には保てないことが、やがて判明する。冷静さを取り戻した投資家が、価格が不当に高い水準に達してしまったと判断する。もしくは、幾多の考えられうる理由のどれかによって（あるいは、これといった理由もなしに）、心理が軟化する。

●ファンダメンタルズがあまり良好でなくなる、あるいは良好ではないと思われるようになると、価格が下落する。純粋に価格が持続できないほど高い水準に達したという理由から、あるいは環境に良くない変化が起きたという理由から、価格が下落する場合もある。

●下落に転じた資産価格は、回復の出発点となるのに十分なほど低い水準まで下落しつづける。

このようにファンダメンタルズと心理が相互に作用する点を理解することは重要である。だがここで、このプロセスに関する注意点を伝えておく必要があるだろう。先ほどのまとめでは、このプロセスを整然と順序立てて箇条書きで記したが、実際のプロセスはこの説明ほどすっきりとした形で進むわけではない。物事が起きる順序は変わりうるのであり、因果関係が逆転する場合もある。

●ファンダメンタルズが心理を高揚させる場合もあれば、心理状態の改善が（景気や企業利益の拡大を後押しする、というように）ファンダメンタルズにプラスの影響を及ぼす場合もある。

●投資家心理の改善が資産価格の上昇をもたらすことは明らかだが、資産価格の上昇で投資家がより賢く豊かになった気分を味わい、より楽観的になることも明らかである。

つまり、これらの要素の関係性は両方向で、それも同時に生じうる。そして、それぞれの要素が別の要素の原因となりうる。さらに、物事が進展するスピードはサイクルによって、また特定のサイクルの中でも大きく異なる。しかも、サイクルの流れは必ずしもスムーズに進まない。ところどころで落ち込んだり、反転したり、騙しのような動きが入ったりすることもある。投資を科学的に語ることができない理由、そして投資において毎回、同じ動きを期待することができない理由はここにある。ここでもマーク・トウェインの「歴史は繰り返さないが、韻を踏む」という言葉を引用したい。物事の理由や結果が過去の例とまったく同じになることはありえないが、たいていの場合、物事はかつて見たのと似たような展開をたどるのである。

プロセスが必ずしも決まった経過をたどらないとしても、過去のファンダメンタルズと予想される将来のファンダメンタルズ、そして投資家の心理が組み合わさって資産価格が決まるのは明らかだ。ファンダメンタルズと心理は信用の利用可能性にも影響を及ぼす。そして信用の利用可能性は資産価格を大きく左右し、資産価格がまたファンダメンタルズと心理に影響を与える。

まとめると、これらの要素がすべて合わさって市場サイクルを生み出す。我々は毎日、市場サイクルに関する話を耳にする。証券市場の騰落に絡む話がとりわけ目立つが、債券、金《きん》、為替といった市場と関連づけて語られることもある。市場サイクルは多くのサイクルが交わる場所であり、本章のテーマである。

〜

金融理論において、投資家は客観的で、合理性に基づいて最適化した行動をとる「経済人《エコノミック・マン》」として描かれる。これは、著述家で投資家（そしてウォーレン・バフェットの師）であるベンジャミン・グレアムが「計量器」と呼んだように、経済人が集まって形成される市場が資産の価値を厳密に評価する存在であることを示唆している。

だが、実情はこれとまったく異なっていて、金融にかかわる事実や数字は市場行動の出発点にすぎない。投資家の合理性は例外であって、原則ではない。また、市場が冷静に金融データを評価したり、情動の影響を受けずに価格を決めたりすることは、まずない。

投資のファンダメンタルズはむしろ単純明快だ。過去の出来事はすでに起きてしまっていて、記録に残っている。そして、多くの人がそれを分析するために必要な定量分析能力を身につけている。現在の業況は財務諸表に織り込まれている。財務諸表は業況を的確に示している場合もあれば、その道に通じていなければ読み取りにくい場合もある。一方、将来の出来事は誰にもわからない（ただし、ほかの人より将来を見通す能力に秀でた投資家もいる）。ファンダメンタルズは投資において最も変動しやすい要因ではないし、私がとりわけ強く興味をそそられる対象でもない。それにどうであれ、ほかの人より将来の出来事についてより多くを知るためのノウハウ本を書くことは、私にはできない。将来を見通す能力に秀でるには、先見の明や直感や「二次的思考」といった要素が必要となるが、それを身につける方法を文書にまとめたり、教えたりするのは不可能だと思う。

投資において私が強い魅力を感じるのは（それは私が日頃から特によく考えていることであり、私とオークツリーの同僚たちが顧客の利益にとりわけ大きく寄与するうえでカギとなってきたことでもある）、投資家がいかに合理性の仮定からかけ離れた行動をとるか、そしてそうした行動がサイクルの変動にどのような影響を及ぼすか、という点だ。

この投資における意思決定に関与し、純粋に経済的な決定へといたるプロセスを妨げる要因は数多く存在する。そうした要因は、人間の本性や心理、感情（これらの違いを説明するのは簡単ではないし、ここでの論旨に必要なことでもない）の範疇に入ると考えられるもので、投資家の行動、ひいては市場を支配する力を間違いなく備えている。そのうち周期的に変動するのは一部だが、サイクルに影響を及ぼす、あるいはその波を増幅させる可能性はすべての要因にある。とりわけ重大な影響は、以下のような形で現れる。

- 合理的な考えとそれによって下される合理的な決断を貫かずに、揺れ動く投資家の振る舞い
- 現在の状況を歪んだ目で見て選別的に認識し、偏った解釈をする投資家の傾向
- 人々が示す、自分の主張を支持する証拠だけを受け入れ、それ以外は拒絶する、という確証

バイアスなどの奇癖や、稼いだ一ドル（あるいは失った潜在利益の一ドル）よりも実際に失った一ドルを大きく感じる、といった非線形的な効用を強める傾向

●好況時には潜在的な利益に関するホラ話を鵜呑みにし、不況時には行き過ぎた懐疑主義から利益に関するあらゆる可能性を拒絶する、投資家の騙されやすさ

●リスク許容とリスク回避の間で揺れ動き、保険としてのリスク・プレミアムに対する要求を頻繁に変える投資家の態度

●他者への同調圧力と、非協調的な立場を保つことの難しさから生じる群集行動

●自分が否定したやり方で他者がカネ儲けしている様子を見て抱く極度の不快感

●そうした不快感から、資産バブルに抵抗を示してきた投資家が、その渦中の資産の価格がたとえ著しく上昇しているとしても（著しく上昇しているから、ではない）結局は圧力に屈し、降伏して買いに動いてしまう傾向

●同様に、どれだけ賢明な選択に見えても、人気がなく価格が低迷している資産への投資には見切りをつける傾向

●そして、投資が結局はカネ目当ての行為であり、より多くを手に入れようとする強欲、カネ儲けする他者に対する嫉妬心、損失を出すことへの恐怖心といった強い影響力を持つ要因をもたらすという事実

強気《ブル》と弱気《ベア》

少なくとも過去一〇〇年にわたって、投資家は「ブル」（株価が上昇すると見て攻撃的《アグレッシブ》に振る舞う楽観主義者）と「ベア」（株価が下落すると見て防御的《ディフェンシブ》に振る舞う悲観主義者）のどちらかに分類されてきた。これを受けて、（非常に大雑把な表現なのだが）株価が上昇してきた、上昇している、あるいはこれから上昇する相場は「ブル・マーケット」、その逆の相場は「ベア・マーケット」と呼ばれている。

約四五年前（一九七〇年代前半）、ある思慮深いベテランの投資家から、私はそれまでの人生の中でも指折りのすばらしいプレゼントをもらった。それは、以下に記す「強気相場《ブル・マーケット》の三段階のプロセス」という知見である。

●まず、並外れて洞察力に富んだ一握りの人が、状況が良くなると考える。
●次に、多くの投資家が実際に状況が良くなっていることに気づく。
●最後に、すべての人が状況が永遠に良くなりつづけると思い込む。

私はこの単純な真理と出会ったことで、極端に揺れ動く投資家心理とそれが市場に与える影響に目を向けるようになった。幾多の名言や格言と同じく、この真理にはその文字数に見合わないほどの知恵がつまっている。人々の姿勢がいかに変わりやすいか、サイクルを通じてそれがどのようなパターンをたどるのか、そしてどのようにそれが過ちにつながるのかを簡潔に表しているのだ。

第一段階では、ほとんどの投資家が状況が良くなる可能性に気づいておらず、そのような可能性があると考えることもないため、証券価格に楽観的な見方がほとんど、あるいはまったく織り込まれていない。第一段階は多くの場合、相場が暴落し、その暴落をもたらしたのと同じ下降トレンドによって心理が冷え込み、人々が市場に背を向けるようになって投資熱が冷めきったあとで起きる。

一方、第三段階では、あまりにも長い間、良い出来事が続いたために、(それが資産価格に十二分に織り込まれて、市場のムードが一段と盛り上がるなかで)投資家が状況が永遠に良くなりつづけると思い込むようになり、その楽観論を反映して価格がさらに上昇する。空に届くまで木が伸びることはまずないのに、この段階になると、投資家はそのような木があるかのように振る舞い、無限の成長性という身勝手な認識に賭けてカネをつぎ込むのだ。のちに過大評価だと判明する成長性にカネを費やすことほど、高くつく行為はほとんどない。

この三段階のプロセスからわかるのは、(ほとんどの人が楽観的になる理由を見出せていない)第一段階で投資をする人は、著しく値上がりする可能性のある資産を格安で手に入れる、ということだ。一方、第三段階になって買う人は、市場が過熱するなかで必然的に高い代金を支払うことになり、結果として損失を出すのである。

強気相場の三段階のプロセスの説明は、非常に少ない言葉で多くの知恵を示している。だが、このプロセスについて教えてもらってからまもなく、（わずか二八文字で実質的に同じメッセージを伝える）もっと簡潔ですばらしい格言に私は出会ってしまった。それは、「賢明な人が最初にやること、それは愚か者が最後にやることだ」である。

私が思うに、サイクルの特性を巧みに抽出して取り込んでいるこの言葉は最もすぐれた投資の格言である。繰り返しになるが、初期の発見者（当然のように、ほかの者より将来を見通す力に秀でていて、妥当性を疑う群衆の圧力に負けずに買う気持ちの強さを持った稀有な人物でなければばならない）は、周りには知られていない成長性を格安で手に入れる。だが、あらゆる投資トレンドがやがて度を越し、価格が著しく吊り上げられる結果、最後に買う者は過大評価された成長性にカネを費やすことになる。そして、値上がり益を得るのではなく、値下がり損に直面するのだ。

「賢明な人が最初にやること、それは愚か者が最後にやることだ」という格言は、市場サイクルとその影響について知っておかなければならないことの八割を伝えている。ウォーレン・バフェットはこれとだいたい同じことを、さらに簡潔な言葉で述べている。「最初が革新者、次が模倣者、最後が愚か者だ」と。

もちろん、サイクルは両方向に動く。そして世界金融危機の深い谷底で、私は古い教えを逆のパターンの「弱気相場《ベア・マーケット》の三段階のプロセス」に転化させることを思いつき、二〇〇八年三月一八日付の顧客向けレター「潮は引く」でこれを紹介した。

●まず、思慮深い一握りの投資家が、強気相場の中にあってもそれがずっと続くとは限らないと認識する。
●次に、多くの投資家が状況が悪化していることに気づく。
●最後に、すべての人が状況が悪化の一途をたどると思い込む。

降伏については、これより前の章ですでに触れた。降伏は非常に興味深い現象であり、この現象に左右されるサイクルも存在する。強気相場でも弱気相場でも、第一段階においては大半の投資家が、ごく少数の人だけが行っていることに加わるのを（当然のように）差し控える。それは大半の投資家が、①そうした行動の土台にある秀でた洞察力や、②妥当であることが証明される前に、そして他の人たちが一斉に動く（そのころには、そうした行動が評価されていない状態、市場価格に織り込まれていない状態ではもはやなくなっている）前に行動を起こす能力、あるいは③群衆とは異なる道を選び、協調性のない逆張り投資家として振る舞うのに必要な気持ちの強さを欠いているからだと言える。

早い段階で大胆かつ妥当な行動を起こす機会を逸した投資家は、そうした行動が定着し、勢いを強めるなかでも抵抗しつづける可能性がある。そして、ブームが相場の値動きに反映されるようになっても、まだ輪に加わらない。鋼のような自制心で、強気の買い手によって価格が押し上げられた市場、アセットクラス、業種の銘柄を買うことや、他者の売りで価格が本質的価値を下回る水準に低下した銘柄を売ることを拒むのだ。あとからトレンドに乗じることを良しとはしないのである。

それでも大半の投資家は最終的に降伏してしまう。ただ単に、抵抗しつづけるのに必要な強い意志が保てなくなるからだ。資産の価格が二倍や三倍に上昇している、あるいは半分に下がっている、という事態に直面すると、多くの人が、自分が愚か者で間違っているかのような気分を味わう。そしてブームで儲けている人や、価格下落の難を逃れた人に強い嫉妬心を抱き、抵抗を続ける意志を失うのである。降伏に関する格言で私が最も気に入っているのは、チャールズ・キンドルバーガーの著書の一文だ。「友人がカネ持ちになるのを見ることほど、心の平安や判断力をかき乱すものはない」(『熱狂、恐慌、崩壊』、一九八九年)。市場参加者は、ほかの者が稼いだカネ、そして自分が稼ぎ損なったカネのせいで苦しみ、その傾向(そして苦しみ)がさらに続くことを恐れる。そこで、群衆に加わればその苦しみが終わると考えて降伏する。結局は、かなり価格が上がってしまった資産を買ったり、大幅に下落した資産を売ったりするのである。

言い換えると、第一段階で正しい行動を起こし損なうと、人は過ちを重ねつづけ、第三段階になってようやくその行動を起こすのだが、そのころには、それはもはや誤った行動になってしまっている。これが降伏である。降伏はサイクルの中における投資家の振る舞いの非常に破壊的な側面を表しており、心理によって誘発される過ちの中で最も深刻な例である。

もちろん、最後まで抵抗していた一人が白旗を上げ、かなり上がってしまった価格で買う、あるいはかなり下がってしまった価格で売ると、それ以上、新たに輪に加わる者はいなくなる。

買う人が増えなくなれば強気相場は終わる。その逆もまたしかりだ。最後に降伏した人が相場を天井あるいは底へと導き、サイクル反転の舞台を整える。この人こそ「最後の愚か者」である。

以下の歴史上の出来事は、最も才気にあふれた人物でさえ、降伏の犠牲になりうることを示している。

いわゆる「南海泡沫《サウス・シー・バブル》」のころ、イギリスの造幣局長官を務めていたアイザック・ニュートン卿は、ほかの裕福な同国人の輪に加わって南海会社の株式に投資した。一七二〇年一月に一二八ポンドだった同社の株価は、同年六月には一〇五〇ポンドに上がっていた。ニュートンは、このブームの投機的な性質に気づいており、総額七〇〇〇ポンドに達していた自分の持ち株を売却した。相場の先行きについて問われたニュートンは、「天体の動きなら計算できるが、人々の狂気は計算できない」と答えたと伝えられている。

一七二〇年九月にはバブルがはじけ、同社株は二〇〇ポンドを下回るところまで下落した。これは三カ月前に記録した最高値から八〇％も低い水準であった。そして、早い段階でバブルを見抜いていたにもかかわらず、ニュートンが当時の多くの投資家と同じく、周りの人が巨額の利益をあげているのを傍観する苦しさに耐えられなかったことが判明した。高値で同社株を買い戻し、結果的に二万ポンドの損失を出していたのである。世界屈指の秀才でありながら、重力で落ちるリンゴと同じぐらい明白なこのバブルの教訓を、身をもって学ぶはめになったのだ。

二〇〇〇年一月三日付　顧客向けレター「バブル・ドットコム」より

バブルと崩壊

相場はつねに上がったり下がったりを繰り返してきたし、これからもそれはずっと変わらないだろう。かなりの程度まで上昇あるいは下落が続く場合、強気相場あるいは弱気相場と言われる。さらに動きの度合いが激しくなると、ブーム、熱狂、狂乱、あるいは破裂、危機、パニックなどと呼ばれる。極端な強気相場と弱気相場を表すうえで、今日最も一般的になっている言葉は「バブル」と「崩壊」である。

バブルと崩壊には長い歴史がある。前述の「南海泡沫」は、南アメリカとの貿易を独占し、その利益で国家債務を返済する役割を果たすはずだった南海会社への投資をめぐり、一七二〇年にイギリスで起きた投機ブームである。大恐慌のきっかけとなった株価急落は、「一九二九年の大暴落」として知られている。だが、一九九五年から二〇〇〇年にかけての「ハイテク・バブル」「インターネット・バブル」「ドットコム・バブル」、そして世界規模での相場暴落をもたらした二〇〇七年までの住宅ローン・バブルにより、「バブル」という言葉が日常的に使われるようになった。

こうした流れの結果、最近では（とりわけメディアにおいて）相場の著しい上昇がすべてバブルと呼ばれる傾向がある。本稿を執筆している二〇一七年秋時点で、アメリカ証券市場のS&P五〇〇種株価指数（配当の再投資を考慮したトータルリターンの指数）は、二〇〇九年九月の底値から約四倍の水準に達しており、またアメリカのハイイールド債の利回りは、わずか五・八％まで低下している。このため、今また何らかの新しいバブルが起きていて、近い将来に暴落が起きるかもしれない状況にあるのか、という質問がしばしば私の元に寄せられる。そこで少し時間を費やして、大幅な上昇のすべてがバブルではないという私の考えを説明したい。「バブル」という用語には、きちんと理解して注意すべき特殊な心理的意味合いが含まれていると思う。

　私は前述のハイテク株や住宅のバブルよりも、はるかに前の時代に発生したバブルをいくつも乗り越えてきた。とりわけ、ここで取り上げるのにふさわしいのが一九六〇年代の「ニフティ・フィフティ（すばらしい五〇銘柄）」ブームである。ニフティ・フィフティとは、高成長が見込まれるアメリカ企業の株式のうち、特に質の高い五〇銘柄を表していた。バブルには共通する要素があり、ニフティ・フィフティ・ブームはそれをわかりやすく示している、というのが私の考えだ。その要素とは、ブームの渦中にある資産に関しては「高すぎる価格などない」という思い込みである。そこにはもちろん、どんな価格で買っても必ず儲かる、という意味が含まれている。

　賢明な投資の方法は一つしかない。投資対象の価値を算出し、それ以下の価格で買うのである。価値を数値化し、割安な価格で買うことにこだわらなければ、賢明な投資はできない。価格と価値の関係性以外の概念に基づく投資行動は、すべて合理性を欠いている。

「グロース株（成長株）」という概念が一般的になりはじめたのは一九六〇年代前半である。その背景には、技術やマーケティング手法、経営手法の発達を追い風に急成長する企業利益の恩恵にあずかる、という狙いがあった。グロース株ブームは勢いを強め、私がファースト・ナショナル・シティ・バンク（シティバンクの前身）リサーチ部門のサマージョブに参加した一九六八年には、超優良グロース株とみなされていたニフティ・フィフティの株価が著しく上昇したことで、当時、投資業務の大半を担当していた同銀行の信託部門が、ほかの株式への関心をほぼ失ってしまっていたほどだった。

誰もがゼロックス、IBM、コダック、ポラロイド、メルク、イーライリリー、ヒューレット・パッカード、テキサス・インスツルメンツ、コカ・コーラ、エイボンといった企業の株式を求めた。これらは超優良企業であり、先行きには何の憂いもないと考えられていた。そして、その株式を取得するのにいくらかかろうとも、まったく問題にならない、というのが常識になっていた。利益の急拡大を織り込んで株価がすぐに上昇する、とみなされていたからだ。

その結果どうなるのかは予測可能であった。人々が価格のいかんにかかわらず進んで投資しているときは、どう見ても冷静沈着な分析ではなく感情や人気に基づいて行動しているのがつねだからだ。したがって、力強い強気相場を主導していたニフティ・フィフティ銘柄の株価は、一九六八年に株価収益率（PER）八〇〜九〇倍の水準に達したが、その後、ブームが去ると暴落した。株式相場が著しく軟化した一九七三年には、ニフティ・フィフティ銘柄の株価はP

ER八～九倍の水準まで落ち込み、「アメリカの超優良企業」に投資していた人々は元手の八〇～九〇％を失った。そして、これらの「非の打ちどころがない」とされてきた企業の一部は、その後、倒産したり、深刻な経営難に陥ったりしたのである。

「高すぎる価格などない」という思い込みが何をもたらすのか、もうわかっただろう。価格や株価が割高になることがありえないほど質の高い資産や企業は存在しないのだ。言うまでもなく、こうした思い込みは永遠に捨て去らなければならない。

ただし、この教訓が投資家の胸にしっかり刻まれたと読者が思っているといけないため、ここで時間を早送りして一九九〇年代後半へと進めよう。この時代に広く注目を集めたのはハイテク株だ。企業のイノベーションがグロース株ブームの口火となったように、ここでは通信（携帯電話と光ファイバー伝送技術）、メディア（新しい娯楽チャネル向けの非常に旺盛な「コンテンツ」需要など）、情報技術（特にインターネット）における進歩が、投資家の想像力に火をつけた。

「インターネットは世界を変える」という鬨《とき》の声に続き、またもや「電子商取引関連株に関して言えば、高すぎる価格などない」という思い込みが広がった。ニフティ・フィフティ株のときは株価がPERで見て異様に高い水準に達したが、インターネット株の場合、この問題は当てはまらなかった。PERの算出に必要な利益がそもそもなかったからだ。投資は完全にイメージ主導で行われていたが、実態がともなっていないというのは、多くのインターネット企業そのものに言えることだった。そこで、PERの代わりに株価売上高倍率（売上高があればの話だが）や「アイボール」（企業ウェブサイトを閲覧する消費者の数）が株価水準を示す尺度として用いられた。

ニフティ・フィフティ株ブームのときと同じく、投資熱の根底にはバブルの始まりにつきものの一抹の真理があった。だが、株価水準は問題ではないと思い込むようになると、投資家はそうした根拠や自制心という錨《いかり》を外してしまった。投資家の見立ては間違っていなかった。たしかにインターネットは、二〇年前とは見違えるほどに世界を変えた。しかし、一九九九〜二〇〇〇年のインターネット株ブームの中心にいた企業の大多数は、もはや存在していない。ニフティ・フィフティ株投資で元手の八〇〜九〇％を失った投資家は、まだ羨望の的になりえた。消滅したインターネット企業に投資した者は、元手をまるまる失ったのである。

要点は明らかだ。「価格は問題ではない」という思い込みは、バブルの必須要素（そしてトレードマーク）だと私は考える。同様に、バブル時の投資家は往々にして、資金を借りてブームの輪に加わればカネ儲けができると思いいたる。借入金利が何％であろうと、それを超えるペースで資産価格が上昇するに違いない、と考えるのだ。これは明らかに、投資家が分析に際して「不信の一時停止」に陥ることを示す一例である。

「高すぎる価格などない」という思考はバブルの究極の因子であり、したがって相場が行き過ぎた状態にあることを示す、紛うことなきサインである。安全にバブルの輪に加わることなどできない。そこには危険しかない。ただし注意すべきは、「割高」が決して「明日にも下落する」と同義ではないという点だ。多くのブームは、バブルの領域に足を踏み入れたあとも長く続く。一部の著名投資家は、ハイテク・バブルに抵抗しつづける苦しみに耐えかねて、二〇〇〇年初頭に降伏した。抵抗を続けたあげく、顧客による大規模な資金引き揚げに直面した者もいれば、気力を使い果たし、この業界から去った者もいる。そして、崩壊の間際に根負けしてバブルの輪に加わり、過ちの上塗りをした者もいたのである。

～

以下は、市場サイクルの上昇局面における物事の流れをまとめたものである。景気、企業利益、心理、リスクに対する姿勢、メディアの振る舞いといった要素のサイクルがいかに組み合わさって、本質的価値を上回る水準まで相場を押し上げるか、そして一つの動きが次の動きにどうつながるか、を示している。

- ●景気が拡大していて、経済に関する良いニュースが続いている。
- ●企業利益が予想を上回るペースで拡大している。
- ●メディアが良いニュースばかりを報じる。
- ●証券相場が強含む。
- ●投資家がしだいに自信を強め、楽観的になる。
- ●リスクは低く、あっても比較的良性だと認識される。

- 投資家が、リスクを許容することは確実に利益をあげる道だと考える。
- 強欲が行動を促す。
- 投資機会に対する需要が供給を上回る。
- 資産価格が本質的価値を超える水準に上昇する。
- 資本市場の扉が広く開かれ、資金の調達や債務の借り換えが容易になる。
- デフォルトはほとんど起きない。
- 懐疑主義の度合いが弱まり、市場に対する信頼が強固になることから、リスクの高い取引が可能になる。
- 状況が悪化することがまったく想像できなくなり、どんな良い出来事が起きてもおかしくないと考えられるようになる。
- 誰もが状況が永遠に良くなりつづけると見込む。
- 投資家が損失を出す危険性をないがしろにし、機会を逸することだけを懸念する。
- 売る理由がまったく考えられず、売りを余儀なくされる者もいない。
- 買い手の数が売り手の数を上回る。
- 相場が一時的に下がると、投資家が喜んで買いに動く。
- 価格が高値を更新する。
- メディアがこのすばらしい出来事を大々的に報じる。
- 投資家が気分を高揚させ、警戒心をなくす。

- 証券保有者が自らの才知に驚嘆し、場合によっては買い増す。
- 傍観しつづけていた者が後悔の念を抱き、降伏して買いに動く。
- 期待リターンが低く（あるいはマイナスに）なる。
- リスクが高まる。
- こうした状況においては、投資家は機会を逸する可能性へのこだわりを捨て、損失を出すことだけを懸念すべきである。
- そして、この状況では警戒心こそ重要である。

最も留意すべき点は、同じタイミングで心理、信用の利用可能性、価格、リスクのそれぞれのサイクルが頂点に、潜在リターンのサイクルが谷底に達すること、そして、だいたいの場合、最後の買いの激流と同時にこれらが起きることである。

同じように市場サイクルの下降局面における物事の流れをまとめると、以下のようになる。

- 景気が減速しており、後ろ向きなニュースが続いている。
- 企業利益は横ばいか減少となり、予想を下回る。
- メディアが悪いニュースばかりを報じる。
- 証券相場が弱含む。
- 投資家が警戒心を強め、悲観的になる。

●あらゆるところにリスクがあると認識される。
●投資家が、リスクを許容することはすなわち損失を出すことだと考える。
●投資家の心理において恐怖が優勢となる。
●証券に対する需要が供給を下回る。
●資産価格が本質的価値を大幅に下回る水準に下落する。
●資本市場の扉がぴしゃりと閉ざされ、証券の発行や債務の借り換えが困難になる。
●デフォルトが増える。
●懐疑主義の度合いが強まる一方、市場に対する信頼が揺らぎ、取引が安全なものしか（あるいはまったく）行われなくなる。
●状況が改善することがまったく想像できなくなり、どんな悪い出来事が起きてもおかしくないと考えられるようになる。
●誰もが状況が永遠に悪化しつづけると見込む。
●投資家がチャンスを見逃す可能性をないがしろにし、損失を出すことだけを懸念する。
●買う理由がまったく考えられなくなる。
●売り手の数が買い手の数を上回る。
●「一時的に下がったときに買え」ではなく「落下するナイフを摑もうとするな」が合い言葉になる。
●価格が安値を更新する。

●メディアがこうした気の滅入るような話ばかりを報じる。
●投資家が意気消沈し、パニックに陥る。
●証券保有者が愚か者のように思える自分に幻滅し、理由もよくわからないままに投資を行ったことに気づく。
●買うのを控えていた（あるいは売りに動いた）投資家が自分の行為が正当だったと感じ、また周りからその才気を称えられる。
●売らずにいた者が降伏し、すでに下がった価格で売ることで、下方スパイラルに拍車がかかる。
●価格が示唆する期待リターンがきわめて高くなる。
●リスクが低くなる。
●こうした状況においては、投資家は損失を出す危険性へのこだわりを捨て、機会を逸することだけを懸念すべきである。
●そして、この状況では攻撃的になることこそ重要である。

市場サイクルが上方に振れ、頂点に達したときとは逆に、ここでは同じタイミングで心理、信用の利用可能性、価格、リスクのそれぞれのサイクルが谷底に、潜在リターンのサイクルが頂点に達する。そしてこの市場サイクルの底で、最後の楽観主義者が降伏する。

ここに記した流れは単純きわまりなく、失敗への道筋を漫画的に表現したように見えるかもしれない。だがこれは空想の産物でもなければ、誇張されているわけでもない。それぞれの出来事が次の出来事をもたらす、そしてそれが両方向で起きる、という流れは完全に理にかなっている。その流れが理屈では正当化できない極限に到達し、砂上の楼閣が崩れ落ちるまでの話ではあるが。

前述した出来事はいつも同じ順序で起きるとは限らないし、すべての市場サイクルにこれらすべての出来事が必ずついて回るわけでもない。だが、こうした振る舞いは現実に起きるものであり、時代が変わっても韻を踏む市場の要素であることは間違いない。

市場サイクルの上昇局面を初めて体験した経験の浅い投資家の目には、その流れの始まりが理にかなったものと映るかもしれない。強気相場あるいはバブルは、良い出来事が重なって生じるからだ。良いニュースと良好な心理状態が続いた末に損失が発生する場合があることに、驚く者もいるだろう。もちろん、初心者がそのように受け止めるのも無理はない。一連の流れが極限に達する背景には判断ミスがあるのであり、その判断ミスを防ぐことができれば、市場が強気相場の天井に到達して暴落する（あるいは弱気相場の底に到達して反騰する）展開にはならないからである。

本書の三一〜三四ページでは、サイクルにおける今の立ち位置と、それが示唆する期待リタ

図表12-1

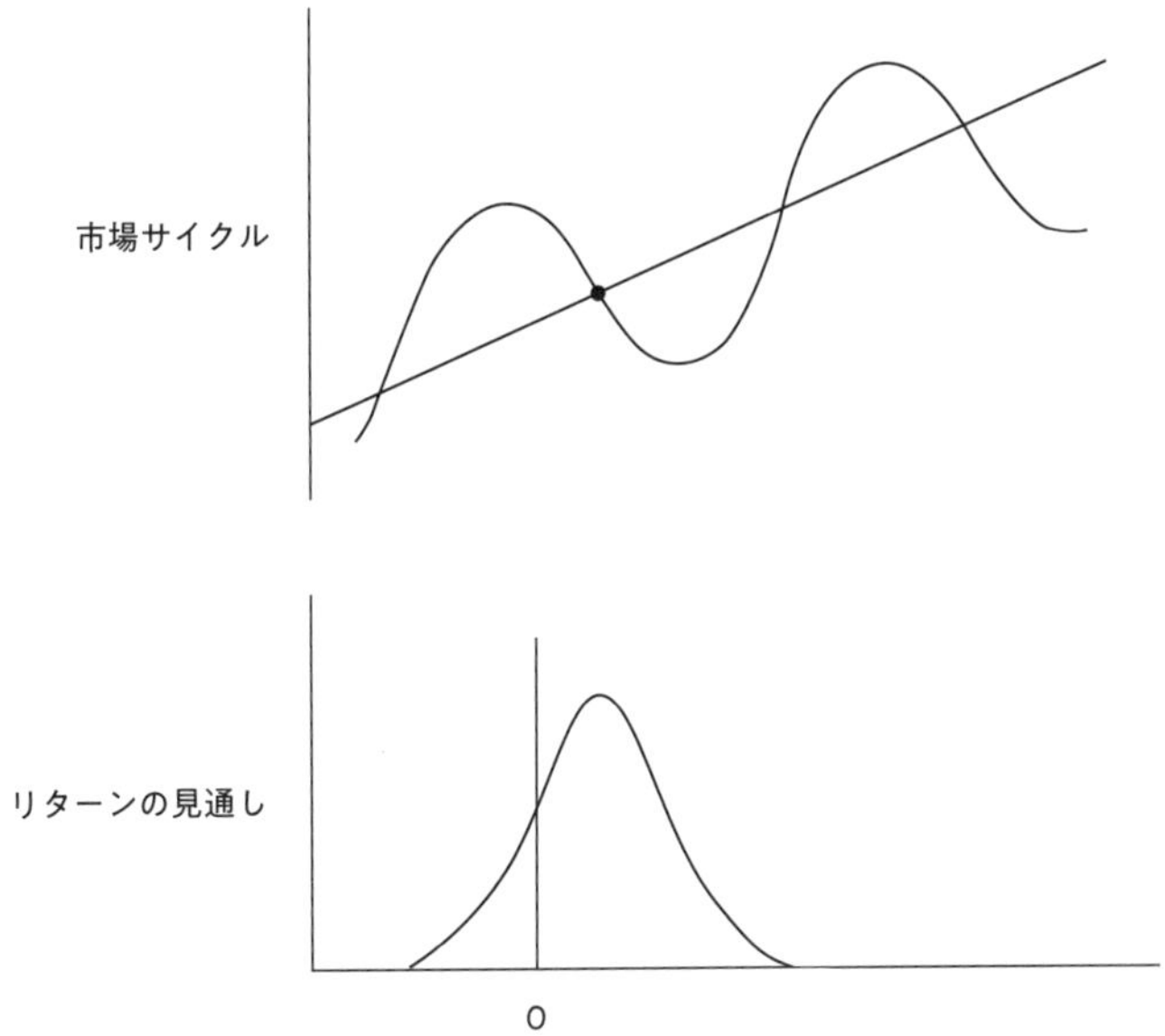

ーンの関係性について論じた。本章を終わらせるにあたり、ここでこの関係性についてもう少し説明したい。

ここ数週間に（本書の最終稿を提出しようとしていたところだったのだが）、私は自分の頭で描いていた関係を図示する方法を思いついた。

まず、市場サイクルの中心点が今の立ち位置だとしよう。この立ち位置は通常、①経済成長率が長期トレンドに沿っている、②企業利益が正常な水準にある、③資産のバリュエーションが歴史的に見て妥当である、④資産価格が本質的価値と同等である、⑤市場参加者の心理が極端な状態にない、といった状況を示唆している。これらをすべて考慮すると、リターンの見通しも「正常」であり、

図表12-2

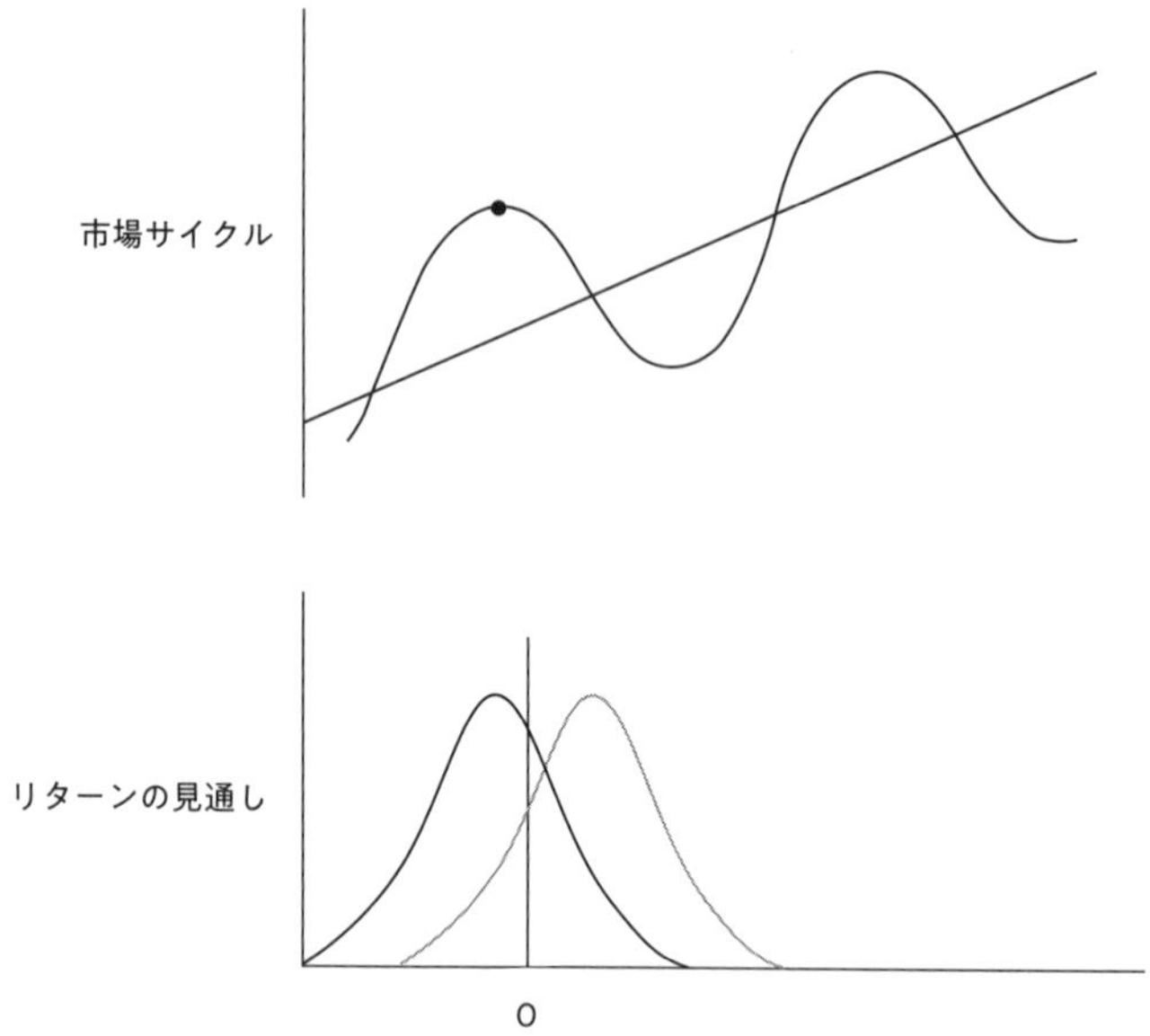

予想される確率分布は三一ページの図のような形になる（図表12－1）。

だが、市場がサイクルの頂点に位置する状態にあるとしたら、どうだろうか。ファンダメンタルズがどうであるかにかかわらず、バリュエーションは高すぎ、価格は本質的価値を大幅に上回り、きわめて楽観的な見方が完全に織り込まれているはずだ。この場合、図表12－2の確率分布の線が示すように、リターンの見通しは標準を下回り、マイナス方向に偏る。

では、市場がサイクルの底に位置する状態にあるとしたら、どうだろうか。投資家心理が冷え込んだ結果、バリュエーションは過去最低水準となり、掘り出し物が存在する、つま

図表12-3

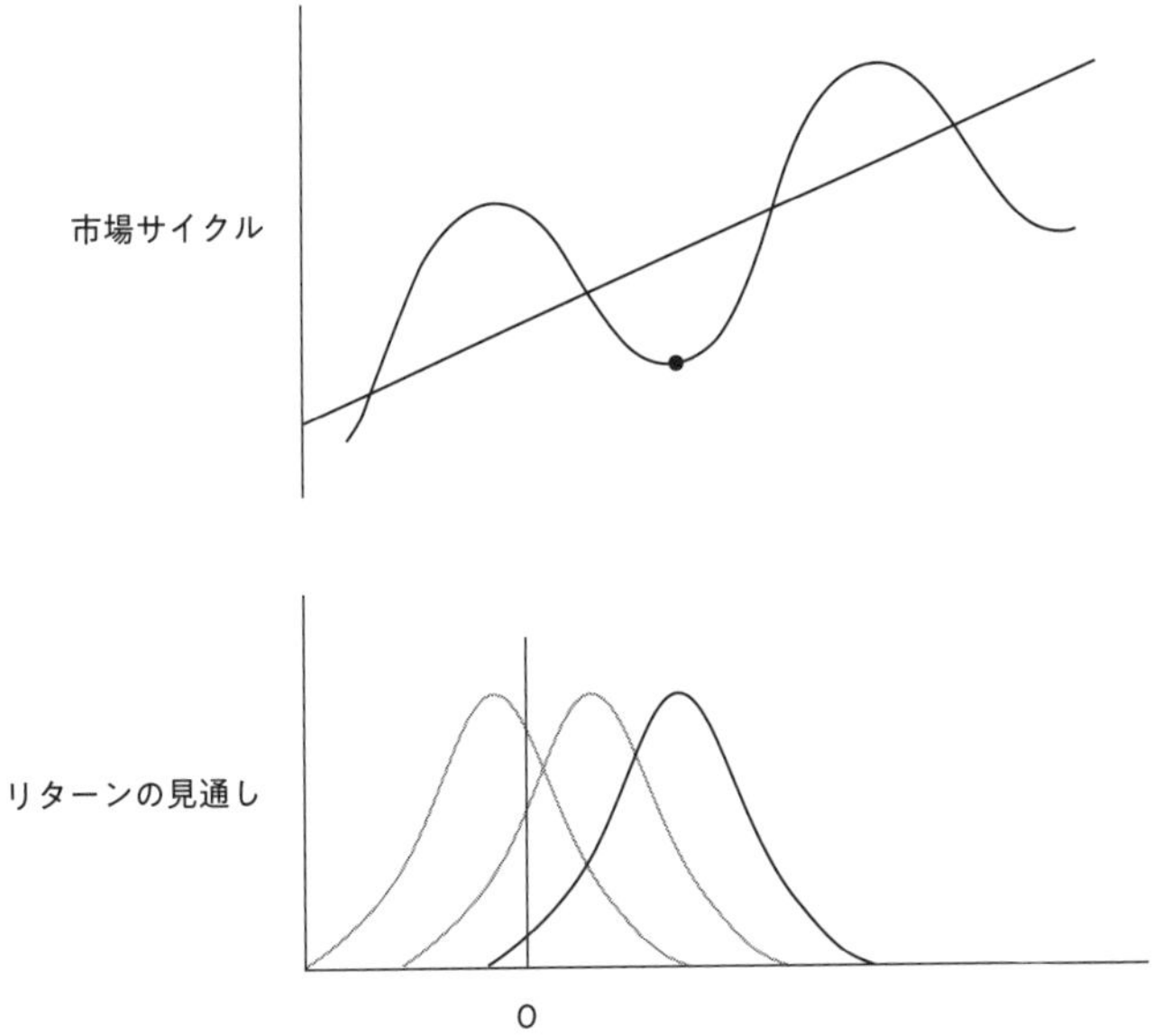

り資産価格が本質的価値を大幅に下回っているはずである。この場合、リターンの見通しは右側にシフトし、潜在リターンが並外れて高くなっていることを示唆する（図表12－3）。

この概念図は、サイクルの中での位置と潜在リターンの関係を示している。科学的とは言いがたいが、私が持っているあらゆる知識は、この図が妥当であると訴えている。

第13章

市場サイクルにどう対処するか

カギとなるのは何か。心理の振り子と、バリュエーションのサイクルが今どの状態にあるのかを知ることだ。そして、過度に楽観的な心理と、高すぎるバリュエーションを積極的に受け入れる姿勢から価格がピークに近い水準まで高騰しているときに、買わないこと（場合によっては売ること）である。さらに、冷え込んだ心理とバリュエーションの低下でパニックに陥った投資家が、全般的に価格が低下しているにもかかわらず売りに走り、掘り出し物を生み出しているときに、買うことだ。

投資家は、将来の動向から利益が得られるように資金を投じることを目標とする。だから、相場が上がっているときには下がっているときよりも多くの資金を投じておきたい、そして値上がり幅が大きい、あるいは値下がり幅が小さい資産を増やし、その他の資産を減らしたいと考える。こうした目標に疑問をはさむ余地はない。問題は、どうやってその目標を達成するかである。

最初にすべきは、未来にどう対処するのか決めることだ。経済や市場に関する予測を信頼し、その予測に見合った行動をとることを信条とする投資家もいる。そのような投資家の投資姿勢は、予測が明るい先行きを示しているときにより積極果敢になり、反対のときには消極的になる。

これまでにも述べてきたように、私は予測を信頼していない。将来に何が起き、どうすればリターンを高めることができるか、わかる投資家はほとんどいない。また、ほとんどの予測家の実績は（他の予測家との相対比較で見た場合の予測の精度と、その予測に基づいて行った投資の相対パフォーマンスの両方において）かなりさえない。ある一期間の予測を的中させて有名になった者もわずかながらいるが、たいていの場合、その後何年も当たらない時期が続くのだ。

将来を見通すことができないのであれば、どうやって将来のためにポートフォリオを組めばよいのだろうか。その答えの大部分は、市場が今、サイクルのどこに位置しているのか、そしてそれが将来の動向にどう影響するのかを理解することで得られると私は考える。『投資で一番大切な20の教え』でも書いたように、「この先どうなるのかは知る由もないかもしれないが、今どこにいるかについては、よく知っておくべきだ」。

そのためには、サイクル全般の基本的な性質を理解する必要がある。何がサイクルの変動をもたらすのか、何が原因でサイクルは頂点や底に向かうのか、何がきっかけでサイクルは頂点や底から反転するのか、といった点である。すでに本書では、我々にかかわる重要な要素について論じてきた。

●基本的なテーマは繰り返される傾向があり、歴史は韻を踏む傾向がある。
●物事、とりわけ人間の本性に左右されるものには、浮き沈みを繰り返す傾向がある。
●サイクルの中の一つひとつの出来事は次の出来事に影響を及ぼす。
●さまざまなサイクルは相互に作用し、影響を及ぼしあう。
●心理は、浮き沈みのある現象を理にかなわないレベルまで増幅させる役割を果たす。
●サイクルには、極限まで振れる傾向がある。
●サイクルには、極限から中心点へと戻る傾向がある。
●サイクルには、極限から中心点へと戻り、そこを通過して反対の極限に向かう規則性がある。

これらは、あらゆるサイクルに影響を及ぼす一般的な要素である。留意すべきは、これらのほかに市場サイクルを左右する特殊な要素があるという点だ。

●景気サイクルと企業利益サイクルが投資環境を形づくる。
●心理は、環境の変化に過剰反応する傾向がある。
●リスクは、まったくない、あるいは良性だとみなされる場合もあれば、膨大で不可避で致命的だとみなされる場合もある。

● 市場価格は、好材料だけを過剰に織り込むときもあれば、好材料は完全に無視して悪材料だけを織り込むときもある。

これらの要素は、我々が認識し、留意し、従わなければならないファンダメンタルズ（サイクル全般にかかわる基本要素と、それが市場で見せる特定の振る舞い）である。我々は積み重ねた見識を生かし、市場が今どこに位置しているのか、それが将来の動向にどう影響するのか、そうしたなかでどう行動すべきかを見極める必要がある。

〜

なすべき点について理解を深めたところで、今、サイクルのどこに位置しているのかを見極める作業へと話を移したい。

カギとなるのは何か。心理の振り子と、バリュエーションのサイクルが今どの状態にあるのかを知ることだ。そして、過度に楽観的な心理と、高すぎるバリュエーションを積極的に受け入れる姿勢から価格がピークに近い水準まで高騰しているときに、買わないこと（場合によっては売ること）である。さらに、冷え込んだ心理とバリュエーションの低下でパニックに陥った投資家が、全般的に価格が低下しているにもかかわらず売りに走り、掘り出し物を生み出しているときに、買うことだ。ジョン・テンプルトン卿が語ったように、「周りが意気消沈して売ろうとしているときに買い、周りが高揚した気分で買おうとしているときに売るには最大限の勇気が必要だが、そうすることで最大限の利益が得られる」のである。

価格が適正水準から離れて著しく上昇しているときには、以下の重要な要素がいくつか組み合わさって存在していることが多い。

- 概して良好なニュース
- ファンダメンタルズに関する満足感
- 足並みのそろった華々しいメディアの報道
- 楽観的な話を無条件で受け入れる姿勢
- 懐疑主義の弱まり
- リスク回避志向の欠乏
- 広く開かれた信用市場の扉
- 全般的に明るいムード

一方、価格が適正水準から離れて格安の水準まで急落しているときには、以下の要素がいくつか、あるいはすべて組み合わさっていることが多い。

●概して思わしくないニュース
●ファンダメンタルズに関して高まる警戒感
●きわめて否定的なメディアの報道
●悲観的な話をすべて受け入れる姿勢
●懐疑主義の急激な高まり
●リスク回避志向の著しい高まり
●ぴしゃりと閉ざされた信用市場の扉
●全般的に沈滞したムード

それでは、どうすれば市場がサイクルのどこに位置しているのか、わかるのだろうか。重要なことに、相場が上昇している場合、その上昇にどんな要素が寄与したのかは、過去の常識的な水準との相対比較で見て高くなっているバリュエーション尺度（株式の場合はPER、債券の場合はイールド・スプレッド、不動産の場合は還元利回り、企業買収の場合は買収価格の対キャッシュフロー倍率）に注目すれば明らかになる。これらの尺度の上昇は、みな期待リターン低下の前触れとなる。逆もまたしかりで、相場が暴落すると資産価格はバリュエーション尺度で見て格安な水準に下がる。こうしたバリュエーションの変化は、察知し、数値化することが可能である。

さらに、投資家がどのように振る舞っているか意識することは、サイクルにおける位置づけを理解するうえで非常に役立つ。市場サイクルに向き合い、そこから発信されるメッセージを読み取るには、ある点を認識することがほかの何よりも重要である。それは、投資におけるリスクは、主として景気や企業や証券や物理的な株券や証券取引所の建物から生じるのではなく、市場参加者の振る舞いから生まれるということだ。並外れたリターンを得る機会も、だいたいは市場参加者の振る舞いから生じる。

投資家が慎重に振る舞い、リスク回避的な姿勢を見せ、懐疑主義を適用し、前向きな感情を表に出さないようにしているとき、証券価格は潜在的な価値に対して割安となっている傾向がある。このような場合、市場は安全かつ健全な状態に保たれる。一方、投資家が気分を高揚させ、行き過ぎた熱情に駆られて買いに動くと、価格は危険な水準まで上昇する。また、意気消沈した投資家がパニック売りに走ると、価格はお買い得と言える水準に低下する。

ウォーレン・バフェットいわく、「他人が慎重さを欠いているときほど、自分たちは慎重に事を運ばねばならない」。他の人たちが気分を高揚させているときには、恐怖心を抱くべきだ。そして、他の人たちが怖気づいているときには、積極果敢になるべきなのだ。

投資成績は何を買うかではなく、いくらで買うかで決まる、そして、いくらで買うか（つまり証券の価格と、それを本質的価値との比較で見た場合の相対的な水準がどの程度のときに買うか）は投資家の心理とその結果としての行動で決まる。市場の状況に見合った行動がとれるようにするには、他者の心理と行動をいかに評価するかが非常に重要である。相場が過熱していて割高になっているのか、それとも冷え込んでいて割安になっているのかを見極める必要があるのだ。

私は二〇〇六年三月二七日付の顧客向けレター「これが現状だ」（そして『投資で一番大切な20の教え』）で、市場評価ガイドと呼んでいるものを紹介したが、ここにもそれ（あるいはそれに代わるもの）を載せるべきだと判断した（図表13-1）。気をつけてほしいのは、この評価方法が科学的でも定量的でもなく（したがって数値化できるものではなく）、滑稽に見えさえする点だ。とはいえ、読者がどこに注意を向けたらよいのかを知るうえで役立つはずである。

この顧客向けレターと前著でこのガイドを紹介したときに書いたことを、ここにも記しておきたい。「それぞれの項目について、現状に近いと思うほうに印をつけてみよう。私の場合のように、印のほとんどが左側の選択肢についているならば、財布のヒモは締めておいたほうがよいだろう」

こうしたチェックリストは、我々が今、サイクルのどこに位置していて、それが将来にどのような影響を及ぼすかを知るのに役立つ。つまり、私流に言えば「市場の温度を測る」手助けとなる。『投資で一番大切な20の教え』では、このプロセスについて以下のように説明した。

図表13-1

景気：	堅調	低迷
見通し：	明るい	暗い
貸し手：	積極的	消極的
資本の需給：	緩和	逼迫
資本：	潤沢	不足
融資条件：	緩やか	厳格
金利：	低い	高い
イールド・スプレッド：	タイト	ワイド
投資家：	楽観的	悲観的
	血気盛ん	意気消沈
	買いに意欲的	買いに無関心
資産保有者：	継続保有で満足	売りに殺到
売り手：	少ない	多い
市場：	活況	閑散
ファンド：	狭き門	誰にでも門戸を開放
	次々に誕生	最良のファンドのみ資金調達可能
	ジェネラルパートナー（GP）が支配	リミテッドパートナー（LP）に交渉力
最近のパフォーマンス：	堅調	軟調
資産価格：	高い	低い
期待リターン：	低い	高い
リスク：	高い	低い
一般的な投資姿勢：	積極果敢	慎重で規律的
	幅広く投資	選別的に投資
妥当な投資姿勢：	慎重で規律的	積極果敢
	選別的に投資	幅広く投資
起こりうる過ち：	買う量が多すぎる	買う量が少なすぎる
	有り金をつぎ込む	まったく買わない
	リスクをとりすぎる	リスクをとらなすぎる

状況に気を配り、洞察力を働かせれば、周りがどのように振る舞っているかを読み取り、それをもとに自分はどうすべきか判断することができる。

ここで欠くことのできない要素が、私のお気に入りの言葉である「推論」だ。誰もがメディアの報道を通じて、日々何が起きているかを知っている。しかし、こうした日々の出来事が市場参加者の心理や投資環境にどのような影響を与えるのか、そして、それに対して自分がどう行動すべきか、理解しようとしている人は何人いるだろうか。

簡単に言えば、我々は周りで起きていることがどんな影響をもたらすのか理解するために、懸命に努力しなければならない。ほかの者が無謀なまでの自信から積極果敢に買っているときは、とても用心深くなるべきだ。そして、ほかの者が恐怖のあまり身動きがとれなくなるか、パニック売りに走っているときは、積極果敢になるべきだ。

だから周りを見渡して、自問するがよい。投資家は楽観的か、悲観的か。メディアに登場するコメンテーターは、果敢に攻めろと言っているか、買うなと言っているか。新手の投資商品はすんなり受け入れられたか、あっという間に見向きもされなくなったか。新株発行やファンドの新設はカネ儲けのチャンスと思われているか、それとも落とし穴の恐れありと見られているか。資金の調達はすこぶる容易か、あるいは不可能に近いか。株価収益率（ＰＥＲ）は歴史的に見て高いか低いか。イールド・スプレッドは小幅か大幅か。

これらすべてが重要な疑問点であり、その答えはどれも未来を予測しなくても導き出せる。将来について推測しなくても、現状に目を凝らせば、卓越した投資判断を下すことも可能なのだ。
大事なのは、こうして現状に目を凝らし、そこから何をすべきか、答えが浮かび上がってくるのを待つことだ。市場は、ふだんから次にとるべき行動を指し示してくれるわけではないが、極端な状況に達すると、きわめて重要なメッセージを発するのである。

どんなときでも、世の中、経済、そして投資の世界では多くのことが起きている。それらすべてについて調べ、分析し、理解し、投資判断に生かすことは誰にもできない。そして、そのようなことを試みる必要もない。どのみち、それぞれのサイクルでは違うことが起き、それぞれ違う経過をたどり、異なる結果をもたらすのだから。

私が伝えたいのは、細かいことは重要ではないという点だ。それよりも大事なのは、①いろいろある中で何が重要なのかを見極め、②それによってどのような展開が生じるのかを推論し、③その推論から、今の投資環境を特徴づける要因を一つか二つ導き出して、そこからどう行動すべきかを割り出すことである。別の言葉で言うと、サイクルの動向とその重要性に敏感になることだ。

ただし、とりわけバリュエーション尺度がそれぞれの常識的な水準から乖離していない状況で、市場サイクルが極限に達することはありえないという点は、把握しておく必要がある。バリュエーションは投資家心理がもたらす結果であり、したがって投資家心理の状態を示していると言える。

これまでに取り上げてきた心理的／感情的な要因は主に、従来のバリュエーションの基準がもはや当てはまらなくなったのであり、今のバリュエーションがそこから乖離してもおかしくない、と投資家に思い込ませるという形で影響を及ぼす。飛ぶ鳥を落とす勢いで利益をあげている投資家は、標準的なバリュエーションという足枷からの解放を正当化する都合のよい理由を、いとも簡単に思いつく。その理由の説明はいつも「今回は違う」という言葉で始まるのだ。この「自発的な不信の一時停止」（ありえないはずの話を進んで受け入れてしまうこと）という不穏な兆候を警戒する必要がある。同様に、資産価格が暴落する背景には、必ずと言ってよいほど、過去の価値観を支えてきた要素はどれも今後においては役に立たなくなる、という仮定がある。

したがって、サイクルのどこに位置しているのか理解するためのカギは、二つの評価方法にある。

●一つ目は完全に定量的な方法で、バリュエーションを算出するというものだ。これは出発点として適切な方法である。バリュエーションが過去の常識的な水準からかけ離れていなければ、どちらの方向であるかにかかわらず、市場サイクルが極端な状態にいたる公算は小さいからだ。

●二つ目は本質的に定性的な方法で、身の回りで起きていることに意識を向けるというものだ。とりわけ投資家の振る舞いに注意する。重要なのは、こうした概して非定量的な現象の観察

図表13-2

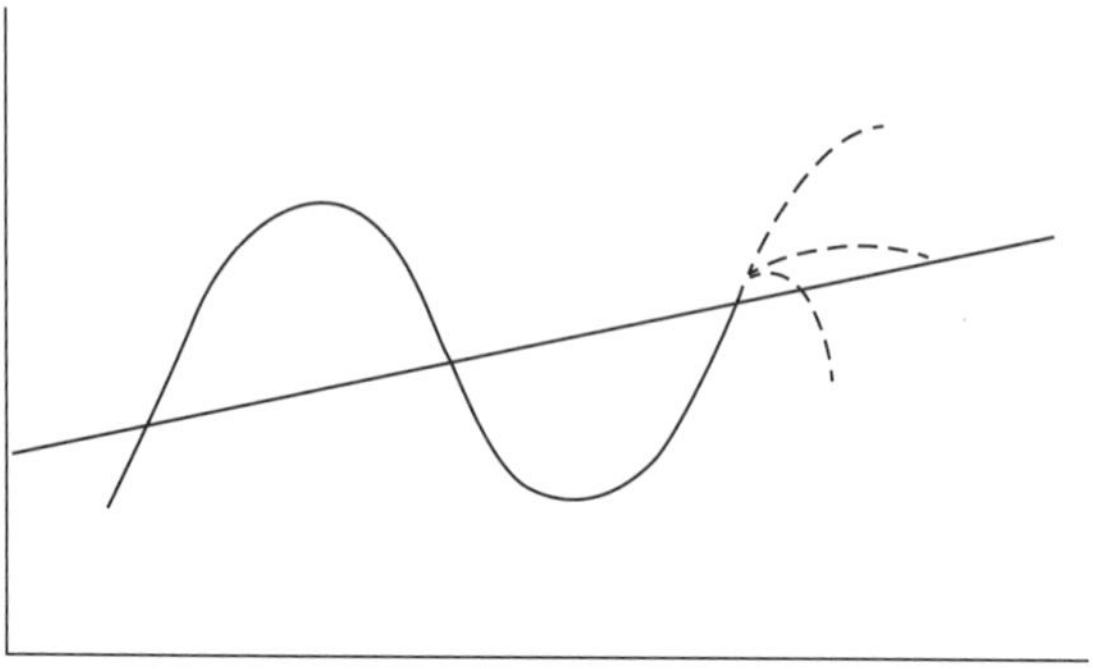

でも規律をもって行うことは可能であるという点だ。

こうして、カギとなる疑問点は二つに絞られた。①投資産の価格はどのような状態にあるのか、②周りの投資家はどのように振る舞っているのか、である。これら二つの要素を（絶えず、そして規律をもって）評価することは、非常に役に立ちうる。そこから、サイクルのどこに位置しているのかを感じ取ることができるだろう。

このテーマに関する話を締めくくるにあたり、これまでしつこく繰り返してきたことをあらためて伝えたい。それは、たとえ市場の温度を完璧に測れたとしても、次に何が起きるかは知りえないということだ。わかるのは、どのような傾向をたどりうるか、ということだけである。

市場サイクルは振れ幅の大きさ、進行のスピード、浮き沈みにかかる時間といった点で毎回異なるため、終わったサイクルの情報に基づいて次にどうなるのかを確実に導き出せるほどの規則性は持たない。したがって、サイクルのある時点から市場が向かう方向は、上、横、下のどれであってもおかしくない（図表13－2）。

ただし、だからといって三つそれぞれの方向に向かう確率は同等ではない。たとえ将来の動向を確実に示すことはなくても、サイクルにおける今の立ち位置は、その後の傾向や可能性を左右する。その他のすべての条件が同じであれば、市場がそのサイクルの高いところに位置している場合、上方に動きつづける可能性よりも、反転して下方へ向かう可能性のほうが高い。逆の場合もまたしかりである。もちろん、そのように結論づけなければいけないわけではないが、可能性が高いほうに賭けたほうがより安全である。今、サイクルのどこに位置しているのかを把握したところで、次に何が起きるかはわからない。ただ何が起きやすくて、何がそうではないか、推察できるだけだ。だが、それでも十分に役立つはずである。

〜

サイクルの行き過ぎた状態を認識する術《すべ》を学ぶ最良の方法は、具体的な例を用い、最も深刻な段階である極限において、どうすればそれが可能になるか考えることだ。このため、これから多くのページを費やして、最近二回のバブルの発生と、直近のバブルの崩壊について、振り返りたい。二つのバブルは別のものだが、これら三つの出来事はどれも市場の温度を測ることの重要性を物語っている。

まず、一九九〇年代後半から二〇〇〇年初頭にかけての華々しい株価上昇、とりわけインターネット・バブルの形成について振り返る。慎重な投資家だったら、当時どのような点に気づいたはずだろうか。

●一九九〇年代のアメリカ経済は、平時としては同国史上で最も長期にわたる景気拡大を謳歌していた。

●一九九六年一二月、スタンダード&プアーズ五〇〇種株価指数（S&P五〇〇）が七二一ポイントを記録すると、当時のFRB議長アラン・グリーンスパンが「根拠なき熱狂によって資産価格が過度に上昇していることに、どうすれば気づけるのか」と問いかけた。だが、二〇〇〇年にS&P五〇〇がその倍以上の一五二七ポイントという高値を記録するなど、その後も株価上昇が続いたにもかかわらず、グリーンスパンがこの件について再び口にすることはなかった。

●一九九四年、ペンシルバニア大学ウォートン・スクール教授のジェレミー・シーゲルが著書『株式投資』を刊行した。その中でシーゲルは、長期的に見ると株式投資が、債券投資やキャッシュの利回りや、インフレ率よりも高いリターンをあげている、と指摘した。

●かつてのシカゴ大学の研究でアメリカ株の標準リターンは年九%程度と分析されていたが、一九九〇年代にはS&P五〇〇の年平均リターンが二〇%に達した。

●株価が上がれば上がるほど、投資家が株式に振り向ける資金の規模も拡大した。この傾向は、紛れもない市場の牽引役であったハイテク株で特に顕著に見られた。

●S&P五〇〇などの株価指数の構成銘柄に組み入れられるハイテク株が増えた（つまりインデックス投資やそれに準じるタイプの投資を行う投資家が買うハイテク株の量が増えた）ことで、ハイテク株の価格が一段と上昇し、さらに多くの資金を呼び込んだ。これは典型的な「好循環」であり、それがいつか終わることは誰にも想像できなかった。

●ほとんどの「ニューエコノミー」企業には利益がなかったため、これらの株式の取引において、PERで見て妥当な水準という要件が課されることはなかった。

●バブルの終盤になると、一部のドットコム企業の株価が新規株式公開（IPO）の公開当日に数百%も上昇する、という現象が起きた。公開後にこれらの株の購入を望んだ投資家は、跳ね上がった価格で積極的に買うことを正当化するために、①発行企業の創業者が、本来の価値を大幅に下回る価格で自社株を売り出すことに納得していた、②創業者は投資家よりも株式の価値に関して無知である、のどちらかだと結論づける必要があった。いずれも正当化の根拠として適切とは言いがたかった。

●この奇跡にあやかるために（そして他人がカネ儲けしている様子を傍観する苦しみを避けるために）、投資家は利益の出ていない（場合によっては売上高すらない）企業のIPOに、その企業の事業モデルについてほとんど、あるいはまったく知らないままで参加した。

●一九九九年には、ジェイムズ・グラスマンとケビン・ハセットの共著『ダウ三万六〇〇〇』が刊行された。二人は、株式のリスクは非常に低いため（前述のジェレミー・シーゲルの主張を参照）、従来のように大きなリスク・プレミアムは必要ではない、と説いた。そして、リスク・プレミアムが現状よりも小さくなれば、企業の将来キャッシュフローを期待リターンで割り引いて算出される現在価値は今の段階で見込まれている水準よりも高くなるのであり、その企業の株価はただちにその水準まで上昇してしかるべきである。したがって、ダウ工業株平均株価指数は当時の一万ドル強から、その三倍を超える水準まで上がる余地がある、と訴えた。

●ハイテク株ブームのピークで、S&P五〇〇構成銘柄のPERは（高成長とハイテク株の上昇に後押しされて）三三倍まで上昇した。これは、戦後の標準レベルのちょうど二倍の水準であり、同指数が誕生してからその時点までの期間において最も高い数字となった。

それでは当時、どのような要素が実際にあったのだろうか。

●良好な経済ニュース
●都合のよい内容の記事や書籍
●無警戒でリスクをないがしろにした投資家の振る舞い
●ほぼ全般的に高い投資リターン
●過去との比較で見て極端に高いバリュエーション
●分析で正当化できない価格でも積極的に株を買う姿勢の広がり

●永久機関であるかのように上昇しつづける株価への信頼

最後の要素はとりわけ重要である。前にも述べたように、すべてのバブルの始まりには一抹の真理がある。だが「不信の一時停止」により、バブルの只中ではその真理の趣旨やそれがもたらす潜在的な利益が誇張される。そして、永遠に上昇が続く可能性があると、広く受け入れられてしまうのだ。

客観的な目で市場の温度を測る人であれば、大きく膨れ上がったバブルが破裂するべくして破裂する可能性に気づけていたはずである。以下は二〇〇〇年一月三日付の顧客向けレター「バブル・ドットコム」で、私が取り上げた現象の一部である。

●一九九九年に創業したオンライン食品小売ウェブバン・グループの同年七 - 九月期の業績は売上高三八〇万ドル、純利益三五万ドルだった。同社の現在の株式時価総額は七三億ドルである。

●IT企業VAリナックスは、一九九九年一二月九日に公募価格三〇ドルでIPOを行った。公開当日に株価は六九八%高の二三九ドルまで上昇し、株式時価総額はアップルの半分に相当する九五億ドルに達した。同社は同年年初から公開日までに一七七〇万ドルの売上高と一四五〇万ドルの純損失を計上している（ちなみにアップルは直近一二カ月で六億ドルの利益を計上している）。

●インターネット企業のＰＥＲは常軌を逸しており（多くの場合はマイナス）、企業によってはバリュエーションについて語る際に株価売上高倍率を使わざるをえなくなっている。たとえばレッドハット株は、一九九九年六－八月期の一株当たり年換算売上高の約一〇〇〇倍の水準で取引されている。

●インターネット関連以外のハイテク株のうち、ヤフーの株式時価総額は一一九〇億ドルと、ゼネラル・モーターズとフォードの両社を上回っている。現在の株価は四三二ドルで、一九九九年の予想利益に基づくＰＥＲは一〇〇〇倍強に達している。

こうした異様な状況のなか、ウォール・ストリート・ジャーナル紙は一九九九年一二月一〇日付の記事で「株価バリュエーションは企業の業績を評価するうえで、かつてないほど重要な要素となっている」と報じた。これは、（ほかに使えるものがないために）企業の業況を示す指標として株価を見るよりほかにない、ということを意味している。だが、これでは順序があべこべではないか。オールドエコノミー時代の投資家は、企業の業況について判断を下し、それを株価に反映させていた。

このように有効なバリュエーション尺度が存在しない状況では、「宝くじ心理」が買うかどうかの意思決定を左右すると見られる。ハイテクおよびインターネット企業に関しては、予想利益とＰＥＲに基づいて年二〇～三〇％のリターンが得られそうかどうかを検討するのではなく、事業コンセプトをもとに一〇〇〇％のリターンが得られそうかどうかを検討することが、投資判断の決め手となっている。証券会社は、「ＩＰＯによる三〇〇〇万ドルの資金調達を計画している企業があるのだが、公開後二年で株式時価総額は二〇億ドルに達する可能性がある」、あるいは「このＩＰＯの公募価格は二〇ドルだが、株価は公開当日に一〇〇ドル、半年後には二〇〇ドルまで上昇する可能性がある」といった文句で宣伝するだろう。

さて、あなたはその誘いに乗るのだろうか。ノーと言って、それが裏目に出るかもしれないリスクに耐えられるだろうか。買いを迫る圧力は並々ならないはずだ。

いつの時代にも、大きな利益を生む構想や株式やＩＰＯは存在してきた。とはいえ、輪に加わることを迫る圧力は今ほど大きくなかった。なぜなら、かつての勝ち組が儲けた額は一〇億ドル規模ではなく一〇〇万ドル規模であったし、それを達成するのに月単位ではなく年単位の時間がかかったからだ。これまでに成功したＩＰＯ案件の株価上昇余地は一〇〇倍に達している（一〇倍あるいは一〇〇〇倍の場合もある）。これほどまでに潜在的な利益が大きいと、①その上昇余地が非常に魅力的に感じられるようになり、②投資を正当化するために、その企業が高い確率で成功するという裏づけをとる必要もなくなる。私はこれまで、市場はだいたいにおいて恐怖と強欲に突き動かされると述べてきたが、場合によってはチャンスを逸することへの恐れが最大の動機となる。今日ほど、それが当てはまるときはないだろう。そしてこの動機は、輪に加わってチャンスを逸するリスクから逃れることを迫る圧力を、一段と強めるのだ。

結論を言うと、このときのように激しいバブルの中では、合理的な投資家が違いをはっきりと見せつける必要はない。狂気じみた行動を自分の目で見分けられるようにしておくだけでよいのだ。当時、このハイテク株投資ゲームに加わらず、離れたところから傍観していた私の目には、ハイテク／インターネット株ブームの中での出来事が、アンデルセン童話の『裸の王様』のように映った。ブームに参加している者たちは、それがずっと続くことを望むあまりに、誰一人として一歩踏み出して「王様は裸だ」と言うことができなかった。これまで述べてきたような事態の展開は、あらゆるバブルにつきものの集団ヒステリーの表れであった。

一九九〇年代の株価上昇、とりわけハイテク／インターネット株の上昇で豊かになった者は、それを新たな繁栄と富の創造の時代の前触れと受け止め、将来のリターンに対する期待を引き上げることで、自らが得た利益を正当化した（チャーリー・マンガーが引用した古代ギリシアの雄弁な政治家デモステネスの名言が示すように、「人はそうあってほしいと願うことを真実だと思い込める」のだ）。だが冷静な頭で考えると、高揚感に駆り立てられた一九九〇年代の買いは、将来のパフォーマンスを先取りする形で過大な代金を支払って行われたのであり、きわめて後ろ向きな性格を帯びていた。その後、株価が妥当と言える水準に落ち着くまでに数年の時間がかかったのである。

続く二〇〇〇～二〇〇二年には、一九二九～一九三一年の時期以来で初めて株価が三年連続で下落した。S&P五〇〇指数（配当の再投資を考慮していない指数）は最高値から底値まで四九％も下げた。とりわけハイテク株が著しく下落し、また多くのインターネット／電子商取引関連株が消えてなくなったのだった。

普通なら、このように（行き過ぎた楽観主義と軽信にあおられた）バブルが激しい痛みをともなって崩壊し、きわめて深刻な教訓として受け止められる結果、その後一〇～二〇年に同じようなバブルが起きることはないだろう、と考えるところだ。だが、現実は違った。金融にかかわる教訓についてジョン・ケネス・ガルブレイスが述べた言葉を、非常に重要だからこそ、ここでもう一度引用したい。

> こうした陶酔的熱病《ユーフォリア》に寄与……するものとして、あと二つの要因が挙げられるが、それらは過去、現在を問わず、ほとんど注目されていない。一つ目は、金融に関する記憶が持続する時間は極端に短いということである。その結果、金融にかかわる大惨事が起きても、あっという間に忘れられてしまう。さらにその結果、同じ、あるいは非常によく似た状況が（時としてわずか数年後に）再び生じると、それは金融業界、そしてより広い経済界における輝かしい革新的発見として、新しい世代に大歓迎されるのだ。

わずか数年後の（以前の章で十分に説明した）サブプライムローン・ブームへとつながることになる以下の出来事は、サイクルの行き過ぎた状態が過ちによって起きることを示す格好の例である。

●一六一ページなどに書いたように、一部のアメリカの政治指導者が、持ち家の普及が必ず同国にとって良い方向に働くと考えた。
●政府系の住宅金融機関がこうしたメッセージを受け止め、より多くの人に住宅ローンを提供できるようにした。
●金利の低下で、多くの人にとって住宅ローンを組むこと（そして家を持つこと）がしだいに容易になった。
●住宅が買いやすく、また住宅ローンが組みやすくなったことで、住宅購入が活発化し、住宅需要が増大した。
●需要の増大によって住宅価格は著しく上昇した。「住宅価格は必ず上昇する」という流言が真実として受け止められるようになり、いっそうの住宅需要の拡大をもたらした。
●「全国規模で住宅ローンのデフォルトが起きることはありえない」という決まり文句も手伝って、とりわけ金融機関が、住宅ローン担保証券（ＭＢＳ）を最も有力な投資先として認知するようになった。
●ウォール街で、平凡で信頼性のある住宅ローン債権をいくつかの階層（トランシェ）に分割したうえで証券化したMBSと、さらにそれを再証券化した債務担保証券（CDO）を新たな高リターン・低リスク商品として売り出す動きが生じた。

● MBSやCDOの組成と販売により、銀行の利益がさらに著しく拡大した。

● 規制緩和でレバレッジ比率を大幅に高めることが可能になった銀行が、MBSを組成するのに必要な住宅ローン債権を取得するための巨額の資金を調達できるようになった。

● MBSへの証券化事業が急激に拡大し、その原資産となる新規住宅ローンに対する需要が急増した。

● 住宅ローンの提供を増やす目的で、貸し手は借り手を引きつけるための斬新な手法を考え出した。たとえば、一定期間は月々の返済額に元本部分が含まれず、利息だけの支払いで済むインタレスト・オンリー・ローンや、短期物の超低金利を利用して初期の利払い額を少なくすることのできる変動金利型ローン、そして最も重要なものとして、収入や職の裏づけがない者でも借りられる「サブプライム」ローン（別名「ウソつき向けローン」）が挙げられる。

● 従来のようにローン債権を手元に保持するのではなく、証券化のために転売するようになったサブプライムローンの貸し手が、借り手の信用力よりも住宅ローンの件数を重視しはじめた。貸し手はローン提供による手数料を獲得したあと、すぐにそれを転売してデフォルト・リスクを免れることができたため、借り手の信用力を気にかける必要はなかった。明らかに、この構図は貸し手に負のインセンティブをもたらした（このように、結果を気にする必要のない参加者がリスクを高める行動をとるのを促す負のインセンティブは、世界金融危機において「モラル・ハザード」を生み出した要因として説明されている。同危機によって広く使われるようになったモラル・ハザードという用語は、このところあまり耳にしなくなっているが、その概念は今も危険な性質を帯びたまま残っている)。

●サブプライムMBSの見かけ上の成功の背景には、「クオンツ」と呼ばれる金融エンジニアや博士号取得者(その多くは就職してまもない若者だった)が押し進めた「金融工学」があった。商品設計時のリスク計算においては、住宅ローンのデフォルトが少なく連鎖もしなかった過去の条件を当てはめた、欠陥のある前提が用いられていた。

●大量のサブプライムMBSが発行されたことで、販売に不可欠な格付けを行う格付機関の仕事も急増した。この仕事の収益性は高かったが、より有利な条件を求める発行体は、最も高い格付けを付与する機関を選ぶ「レーティング・ショッピング」を行った。こうした行為は、広範囲に及ぶ格付けのインフレを促す、また別の負のインセンティブを生んだ。

●こうしたなか、格付機関は何千件ものMBSにトリプルAの格付けを付与した(ちなみに当時、トリプルAの格付けを付与されていたアメリカ企業は四社だけだった)。格付機関が複雑な仕組みのMBSを完全に理解する能力を欠いていたことは明らかであった。

●銀行をはじめとする金融機関は大量にMBSを購入した。こうした動きをあおったのは、短い歴史しかない(そして比較的良好な)実績に著しく依存したバリュー・アット・リスクなどの「リスク管理」手法や、過度に寛容な格付け、そして買い手側の非常に甘いリスク認識であった。

●これらすべてのことが、「リスクはなくなった」というレトリック（一六二ページを参照）を特徴とするリスクに無頓着な姿勢の中で、そしてその姿勢に促される形で起きたのである。

それでは、このバブル発生の根源には何があったのだろうか。二〇〇七年九月一〇日付の顧客向けレター「そして、すべては悪い方向へ？」で、私は次のように書いた。

……以下の要因が一揃いになり、発火装置の役割を完璧に果たしたことは明らかだ。

●生来、人間に備わっている強欲
●サイクルの上昇局面で達成される良好なリターン
●陶酔感と自己満足
●低コストで容易に資金が調達できる信用市場
●新しい商品を作って売り出すウォール街の手腕
●投資家の騙されやすさ

そして、その結果として起き、サイクルの上昇に拍車をかけた物事の流れも明白である。

●リスク回避志向が急激に弱まり、懐疑主義が鳴りをひそめた。
●住宅と住宅ローンに関する都合のよい一般論が受け入れられた。

●金融工学やリスク管理といった新しい手法に過剰な信頼が寄せられた。
●不適切なインセンティブがこうしたプロセスへの参加者に及ぼす影響が、広くないがしろにされた。

長続きしない記憶、行き過ぎた心理状態、論理の欠如に加えて、MBSのブームによるバブルをあおった要因は、あと二つ存在した。

●この新たなバブルは、金融市場の一部であり、ハイテク/インターネット株バブルのときとはまったく違う領域である住宅ローン市場で発生した。したがって、今回のバブルで踊らされた債券投資家や金融機関は、前回のバブルの影響を直接的には受けておらず、そのときの教訓を学んでいなかった。
●ここしばらくの株式の低パフォーマンスによって株式投資家が意気消沈していたほか、ハト派のFRBによる低金利政策の影響で、債券投資家も低い利回りに悩まされていた。このため、株式と債券で高いリターンをあげることをあきらめたこれらの投資家は、リスクなしで高リターンを約束するという新商品のMBSに強くひきつけられた。

ここで、役に立つであろう余談を披露したい。確実なもの、つまりリスクなしでリターンが得られる資産、あるいは「銀の弾丸」(一九五〇年代にテレビ放映された西部劇『ローン・レンジャー』の主人公で、銃を撃ったら百発百中の法律家が使っていた弾丸）と私が呼ぶものにひかれてしまう傾向は、投資家が繰り返し犯す主な過ちの一つである。これは、デモステネスが言う「人がそうあってほしいと願うこと」の典型例だが、何の意味もなさない。もし「銀の弾丸」があるのだとすれば、

●なぜ、その商品の提供者は自分で買い占めずに、ほかの人に勧めるのか。
●そして、誰もがみな買いに走って価格を押し上げたら、最終的にそれは確実なものでなくなってしまうのではないか。

私がこの業界に入ってからの四八年間に、「銀の弾丸」だともてはやされたものは数知れずあった。だが、どれ一つとして本物ではなかった。リスクなしで高リターンをもたらす投資の戦略や戦術などない。買い手が高度な投資スキルの持ち主でなければ、なおさらである。並外れた投資成績は、卓越したスキルがなければ達成できないのだ（ごくまれに、幸運から達成される場合もあるかもしれないが）。

繰り返しになるが、バブルは概して一抹の真理から始まる。だが、その真理はいつも誇張され、やがて訪れるバブルの破裂は投資の世界に並々ならぬ苦痛をもたらす。「銀の弾丸」への信頼は、多くのバブルの土台となってきた。リスクなしでリターンが得られるという約束を投資家が進んで受け入れる事実そのものが、懐疑主義が弱まり、心理が過剰に高揚しており、渦

中の資産が過大評価されていて、おそらくは割高になっていることを示す、紛うことなき指標なのだ。「銀の弾丸」を警戒し、できるならばそれに背を向けることだ。バブルが始まってしまえば、ほとんどの人にとってそれは無理な注文になる。

結論をまとめると、こうなる。サブプライムローンのバブルは、それまで目にしたことがない現象について、それがうまく機能すると広く受け入れられたことから生じた。投資商品の分析は、①懐疑主義と保守的な仮定を適用し、②試練の時代をも含む過去の長い歴史を検証したうえで行うべきだ。このバブルにおいて、これらのことがないがしろにされていたのは明らかである。

実のところ、すべてではないとしても、ほとんどのバブルには、①過去にその真価が証明されたためしのないもの、②過去の常識的な水準から著しく乖離しているバリュエーション、③実績のない投資のテクニックやツール、のどれか、あるいは二つ以上を市場参加者が無条件で受け入れてしまう、という特徴があったのだ。

サブプライムローンのバブルは、私がまだ本書で触れていない、きわめて重要な原理がバブルにおいて働くことを示した。それは、金融、投資環境（そして投資テクニックや投資商品のパフォーマンス）が不変のものではないということだ。サイクルとの関連で繰り返し述べたように、むしろこれらのものは、人間がかかわることによって変化する。

そこに参加する人間から何の影響も受けず、無関係に動く市場など存在しない。市場における人々の振る舞いは、市場を変化させる。人々の姿勢や振る舞いが変化することで、市場も変わるのだ。

基本的な例を挙げよう。

●先ほど述べたように、市場の力は参加者の動機を変化させる。
●動機の変化によって、参加者の振る舞いが変わる。
●振る舞いの変化は、明らかに投資成績を左右する。

サブプライムローン・バブルにおいて、こうした原理が必然的に働いていたことは、以下の流れからわかるだろう。

●過去の実績は、全国規模の住宅ローンのデフォルトが起きえないことを示している、と受け止められた。
●そのような過去に関する都合のよい認識から、MBSに巨額の資金が投じられた。
●巨額の資金の流入が、積極果敢な仕組み債の組成を促した。
●そうしたなかで、格付機関も過去の良好な実績を当てはめた前提に基づき、高い格付けを付与した。

●何よりも重要なことに、ＭＢＳに対する旺盛な需要により、その原資産となる住宅ローンを生み出す必要性が高まった。そして、積極的に住宅ローンを提供する方針は、融資基準の低下につながった。

●こうした一連の流れは、全国規模で住宅ローンのデフォルトが起きることを事実上、決定づけた。

前に述べたように、軽率な融資慣行（当時、その実態はほとんど表面化せず、注目されることもなかった）の影響で、一九九〇年代から二〇〇七年にかけて提供された住宅ローンのデフォルトの実績値は、過去の平均的な水準を著しく超えた。また、派生証券の組成担当者や格付機関が起こりうると考えていた水準や、買い手に関するモデルで前提とされていた水準も超えていた。全国規模でデフォルトが起きる可能性をないがしろにする風潮は、サブプライムローン・バブルの発生に著しく寄与した。そして、そのバブルの発生が、結果的に危機をもたらしたのだ。

重要なのは、投資家の振る舞いが市場に変化を起こし、その結果、投資家自身がその市場で見込むことのできる成績が変わってしまう点を理解することだ。これは、ジョージ・ソロスが再帰性理論と称して唱えていることと同じである。

思考する参加者がいる状況で、その参加者の……歪んだ状況認識は、自身がかかわるその状況に影響を及ぼしうる。歪んだ認識が不適切な行動につながるからだ。

「ソロス：再帰性の一般理論」フィナンシャル・タイムズ紙、二〇〇九年一〇月二六日付より

経済と金融の世界でどのように物事が動くのかを理解しようとするのであれば、この教訓を深く胸に刻み込むべきだ。

〜

前提が覆される、一般原則が機能しなくなる、といった事態が一つ、二つ起きるだけで、永久機関は急停止する。

- 金利は上がる可能性もあれば、下がる可能性もある。
- 決まり文句のとおりに物事が展開しない場合もある。
- 不適切なインセンティブが破壊的な行動につながる可能性がある。
- （とりわけ実績のない新しい金融商品に関して）前もってリスクを計算する試みは、多くの場合、徒労に終わる。
- 現実は「最悪のシナリオ」よりも悪くなりうる。

こうした過ちは、あとになって判明するのがつねである。だが、（しだいに顕在化し、重要視されるようになった）住宅ローンとMBSに関する危険な慣行は、金融の世界の人目につかない一角で行われていた。したがって、最高投資責任者やポートフォリオ戦略家、株式投資家、オルタナティブ投資マネジャー、従来型の債券の投資家には（そして、どうやらMBSの投資家にも）見えていなかったのである。

我々オークツリーは、住宅ローン・バブルが発生し、世界金融危機へとつながっていく時期に、信用サイクルの上方に向かう波が大きくなっており、そのために市場が徐々に不安定化していることを、幸運にも把握していた。そこで我々は、①資産を売却し、②小口のディストレスト・デットから大規模な清算中のディストレスト・デットへの乗り換えを行い、③リスクに対する意識と保守的な姿勢を強め、④これぞというディストレスト・デットの投資機会が生じたときに乗じることができるように、当社史上で最大規模（過去最大のファンドの数倍）の予備ファンドを立ち上げた。

何を根拠に我々はこのように動いたのか。あとから振り返るとその答えは明らかだが、その渦中では、それほど簡単に決断を下せるものではない。二〇〇五～二〇〇七年の時期に一番必要だったのは、以下のように市場全体を観察することであった。

●FRBは、ハイテク・バブル崩壊と二〇〇〇年問題が景気に悪影響を及ぼすのを避けるために、基準金利を引き下げていた。

●米国債と高格付債の低い利回りと、二〇〇〇～二〇〇二年の三年間に下げ続けた株式市場への失望を背景に、投資家は代替的な商品への投資に積極的になっていた。

●投資家は二〇〇〇年のハイテク・バブルの崩壊や、二〇〇〇～二〇〇一年の通信業界危機と企業の不正会計スキャンダルで味わった苦痛を忘れつつあった。

●このため、(とりわけ、相変わらず不人気だった株式を除く分野で) リスク回避志向が薄れており、投資家全般が目新しい仕組み商品や合成金融商品への関心を強めていた。

●これらの要因が組み合わさるなかで、市場では質の低い債券や仕組み商品、実績のない代替商品が特に制約もなしに発行されていた。

これが我々の目に映っていた当時の状況である。そしてこのときほど、我々が進行中の思わしくないトレンドに細心の注意を振り向けたことはない。当時、ブルース・カーシュと私は毎日のようにどちらかのオフィスで顔を合わせ、新たに発行された商品についての不満をこぼし、こう話したものだ。「こんなガラクタみたいな商品が発行されるなんて、本来ならありえない。市場がおかしくなっているとしか思えない」。そうした危険な商品の存在は、恐怖心と懐疑主義とリスク回避志向だけでは不十分であり、強欲と騙されやすさとリスク許容志向に簡単に支配されてしまう、ということを我々に教えてくれた。この強欲と騙されやすさとリスク許容志向が組み合わさると、ろくなことにならないのだ。

図表13-3

S&P500種株価指数	−37.0%
ダウ・ジョーンズ工業株平均株価指数	−31.9%
ナスダック総合株価指数	−40.0%
MSCI ヨーロッパ、オーストラレイジア、極東株価指数	−45.1%
シティグループ・ハイイールド市場指数	−25.9%
メリルリンチ・グローバル・ハイイールド・ヨーロピアン・イシュアー指数（ユーロ建て）	−32.6%
クレディ・スイス・レバレッジド・ローン指数	−28.8%
クレディ・スイス・ウェスタン・ヨーロピアン・ローン指数（ユーロ建て）	−30.2%

ここまで述べたことの要点は明らかであり、議論の余地はないだろう。重要なのは、このように市場を観察して適切な結論を導き出せたかどうか、ただそれだけである。サブプライムローンの何が問題なのかを完全に理解したり、MBSや非常に複雑な仕組みのCDOの中身を分析したりする必要はなかった。**我々もそんなことはまったくしなかった。**

ところで、住宅ローン・バブルが膨らみつつあったこのころ、株式市場は好調とは言えず（PERも低めで）、景気もバラ色ではなかった（かといって不況に向かっているわけでもなかった）。だが、前述したように市場を観察していれば、我々がそうだったように、ポートフォリオ内のリスクの量を減らすべきときだ、という結論に達しただろう。それこそが、当時何よりも大事なことだったのだ。

住宅ローン・バブルとその余波がもたらした結果を見てほしい。図表13－3は、市場がまさに崩壊した二〇〇八年の標準的な投資指数のパフォーマンスを示している。リスクを減らすことがとてつもなく重要な年であったことがよくわかるだろう。

〜

最後に市場サイクルが極端な状態にあることを察知し、これに対処する方法について論じるにあたり、ここでもう一度、二〇〇八年九月のリーマン・ブラザーズの倒産によって市場全体に広がったパニックについて振り返りたい。

サブプライムローン危機は、金融と投資の世界の片隅で始まったが、その影響はすぐに広い範囲で表れた。とりわけ、ＭＢＳのリスクを過小に見積もり、巨額をつぎ込んで投資していた金融機関が大きな打撃を受けた。その結果、大手主要金融機関の存続が危ぶまれるようになると、その影響は世界中の株式・債券市場、さらには世界中の経済へと及び、世界金融危機の様相を呈した。

そうしたなかで、前述したようにアメリカ政府はマネー・マーケット・ファンド（ＭＭＦ）やコマーシャル・ペーパー（ＣＰ）の保証を迫られた。そして、数多くの著名な銀行や金融機関が倒産するか、国や他社に救済される、あるいは他社に吸収される道を余儀なくされた。この地獄図がどこまで広がるのか、誰も知る由はなかった。株式市場と債券市場は暴落し、後ろ向きな一般論が形成され、広がった。終わりのない悪循環のなかで「金融システムが完全に崩壊《メルトダウン》しかねない」と。

否定的な一般論が広がったことで、人間という「間違い製造機」は、それまでとは反対の方向へ動きだした。恐怖が強欲に、悲観主義が楽観主義に、リスク回避志向がリスク許容志向に取って代わった。前向き思考から後ろ向き思考になった人々は、物事をすべて肯定的ではなく否定的に受け止め、良い結果どころか悪い結果ばかりを想像するようになった。こうしたなかで、一七七～一七八ページで紹介した年金基金と私とのやりとりは生まれたのだった。その年金基金の担当者は、当社が示したデフォルトの可能性に関するどんな仮定も、十分に保守的ではないとして受け入れることができなかった（あるいは、受け入れようとしなかった）。

市場を観察するにあたって、必要不可欠な点は何か。以下に、二〇〇八年一〇月一五日付の顧客向けレター「否定主義の限界」で書いたことを引用する。

ほかの人と反対のことをする、言い換えると「風に逆らって動く」逆張りは、投資を成功させるうえで欠かせない要素である。だが先週、信用危機が谷底に達したとき、人々は風に逆らうどころか、吹き飛ばされた。楽観的な者はほとんど見当たらず、程度の差はあれど、ほとんどの人が悲観的になっていた。すっかり意気消沈してしまった者もいる。私の知る何人かの偉大な投資家ですらそうだった。金融崩壊が起きる、という悪い噂が電子メールで広がりつつあった。「そんな悲惨なシナリオは実現しそうにない」と懐疑的になる者は皆無だった。悲観論がさらに悲観論を呼び、人々はきたるべき崩壊を乗り切るために自分のポートフォリオを防御すること、あるいは解約請求に応じるのに十分な資金を調達することしか考えられなくなった。先週、投資家がしなかった行為を一つ挙げるとすれば、積極果敢な買いになるだろう。だからこそ、株価は一度に数ポイントというペースでどんどん下がった（古い相場用語で言うと、「ギャップダウン」が起きた）のだ。

いつも言うように、カギとなるのは「みんなの」言動を懐疑的な目で見ることだ。中には、こう語る者がいるかもしれない。「悲観的なシナリオが現実になる可能性はあるが、価格に織り込み済みなのは明らかだ。したがって、そのシナリオに賭けても旨みはほとんどない。でもそのシナリオが実現しなければ、今の落ち込んだ価格から値上がりして、大きな利益が得られるだろう。だから私は買う！」。悲観的なシナリオには抗しがたい力があるかもしれないが、利益をあげる可能性をより多く秘めているのは（信じる人がほとんどいない）楽観的なシナリオなのだ。

市場サイクルが極限にあったこの当時、あらゆるニュースは本当に悲観的であり、しかも決して空想の産物ではなかった。私の元に寄せられた質問と言えば、「いつまでこれが続くのか？」「どんな影響が出るのか？」といった類いのものばかりだった。こうした（自暴自棄の思考とでも言うべき）絶望的なまでの悲観論しか資産価格に織り込まれていない状況において、利益をあげるためのカギは、たとえ悪いニュースと悲惨な見通ししか視野に入っていなくても、悲観主義もいつかは行き過ぎの状態になり、資産価格も安すぎる水準に達する可能性はあるのだ、と認識することにあった。

信用市場が最悪の状態にあった二〇〇八年一〇月に、私が「否定主義の限界」と題した顧客向けレターを書いたのは、当時、支配的だった悲観論が過剰なレベルに達していたからだ。リスクに対する姿勢について書いた第8章で述べたように、卓越した投資家に必要不可欠な懐疑主義は「楽観主義が行き過ぎると悲観主義をもたらし、悲観主義が行き過ぎると楽観主義を呼び込む」働きをする。だがもちろん、このような懐疑主義の多面性は、市場が闇に包まれている時期にすっかり鳴りをひそめていた。

二〇〇八年九月一五日にリーマン・ブラザーズが倒産してからまもなく、ブルース・カーシュと私は次のような結論に達した。①金融機関のメルトダウンがどこまで続くのかは誰にもわからないが、②明らかに蔓延している否定主義はおそらく行き過ぎた状態にあり、資産はものすごく安くなっている。戦略的に考えた私たちは、こう結論づけた。もし金融の世界が終わるとしたら（その可能性を排除することは誰にもできなかった）、私たちが買っていても買っていなくても、結果は変わらない。だが、もし世界が終わらず、私たちが買っていなければ、私たちは仕事に失敗するのだ、と。

そこで、私たちは債務を積極的に購入した。九月一五日から年末までの一五週間に、オークツリーは毎週五億ドル以上の投資を行った。ペースが速すぎると感じるときもあれば、遅すぎると感じるときもあった。これはおそらく、私たちがそれなりに正しいことをしていたからだと思う。結局、世界は終わらず、リーマン・ブラザーズの倒産で金融機関崩壊の悪循環には歯止めがかかった。資本市場は再開し、金融機関も息を吹き返した。債務はまた借り換えられるようになり、倒産も歴史的に見て非常に少ない水準にとどまった。そして、私たちが買った資産は著しく値上がりした。我々がサイクルに注意を向けていたからこその結果だった。

二〇〇八年終盤の情勢を振り返っているところだが、このあたりで投資家が市場の底へと向かっている時期に、そして市場の底でどう振る舞うのかについて、話しておきたい。

そもそも底とは何か。サイクルの中で最も価格が低くなったところである。つまり底は、パニックに陥った資産保有者の最後の一人が資産を売った日、あるいは買い手よりも売り手が優勢だった最後の日と考えることができる。理由はさておき、価格が下がった最後の日であり、一番下に達した日である（もちろん、このような表現はかなり誇張されている。「底」や「頂点」といった言葉が表すのはたった一日ではなく、ある程度の期間だ。したがって「最後の日」と表現するのは、言葉のあやみたいなものである）。底を起点として価格は上昇する。それは、降伏し、売りに動く資産保有者がもはや存在しないから、あるいは売り手の売りたいという気持ちよりも、買い手の買いたいという気持ちがまさったから、である。

そこで次に出てくる疑問は「いつ買いはじめればよいのか？」である。以前の章で「落下するナイフ」という表現を用いたが、これは非常に重要な概念を表している。相場が滝のような勢いで下落しているとき、投資家はしばしば「落下するナイフを掴もうとはしない」という言葉を耳にするかもしれない。別の言い方をすると、「下落トレンドが続いていて、いつ歯止めがかかるかは知りようがない。底に達したと確信できるまで買わなくてよいのではないか」である。

だが、真意はこうなのではないか。「（とりわけ下げどまる前に買うこと、そして市場の状態が良くないことに）恐怖を感じるから、相場が底に達して混乱が収まり、先行き不透明感がなくなるまで待とう」。だが、これまで述べてきたことから、もうすっかりおわかりではないかと思うのだが、混乱が収まり、投資家の気持ちが落ち着いたころには、バーゲンは終わっているのだ。

オークツリーでは、底に達するまでは買わない、という考え方を徹底的に排除している。

●第一に、いつ底に達したのかを知る方法などない。ネオンサインが光って知らせてくれるわけではないのだ。その時点を過ぎてからでなければ、底に達したと認識することはできない。回復が始まる前の日というのが底の定義だからである。したがって、当然のように事後でなければ認識できない。

●第二に、欲しい資産を最大限に買うことができるのは、だいたいにおいて相場が下落しているときだ。ナイフを掴もうとしない市場参加者が傍観している間に、降伏した売り手から買うのである。だが、ひとたび相場が底に達して下げどまると、当然のように売り手はほとんどいなくなる。そして、その後の反騰の時期には買い手が優勢となる。売り物は枯渇し、買い志望者は競争の激化に直面するのである。

前述したように、我々は二〇〇八年九月半ばにリーマン・ブラザーズが破産保護を申請した直後に、ディストレスト・デットを買いはじめた。そして価格がどんどん下がるなかで、同年末までひたすら買いつづけた。二〇〇九年第1四半期になるころには、ほかの投資家も冷静さを取り戻し、価格が買いやすい水準まで下がっていることに気づくと、投資資金を調達しはじめた。だがそのころには、売り意欲の強かった売り手は売却を終え、買いの動きも始まっていたため、大量に資産を購入するには時すでに遅しだった。

確実性と精度を重視する方針に基づいて実施されるであろう他の多くの投資行動の場合と同じく、底打ちするのを待ってから買いはじめるのは非常に典型的な愚行である。では、底値に狙いを定めるのが間違いだというのなら、一体いつ買えばよいのか。答えは単純明快だ。価格が本質的価値を下回ったときである。価格が下がりつづけている場合はどうなのか。さらにお買い得になっているであろうから、買い増せばよい。したがって、最終的に成功を収めるために必要なのは、①本質的価値を推計すること、②初志貫徹するための精神的な強さを身につけること、③結果的に本質的価値の推計が正しかったと判明すること、の三つに尽きる。

図表13-4

S&P500種株価指数	26.5%
ダウ・ジョーンズ工業株平均株価指数	22.7%
ナスダック総合株価指数	45.4%
MSCI ヨーロッパ、オーストラレイジア、極東株価指数（ドル建て）	27.8%
シティグループ・ハイイールド市場指数	55.2%
BofA メリルリンチ・グローバル・ハイイールド・ヨーロピアン・イシュアー指数	83.0%
クレディ・スイス・レバレッジド・ローン指数	44.9%
クレディ・スイス・ウェスタン・ヨーロピアン・ローン指数（ユーロ建て）	47.2%

図表13－4は、主要な投資指数の二〇〇九年のパフォーマンスを示したものだ。これらの数字は、サイクルが極端に悪い状態にあると認識し、混乱する状況のなかで買いに動く（あるいは、少なくとも保有しつづける）ことの重要性を示している。

ここでもう一つ、余談といきたい。二〇〇八年の急落を示した図表13－3と、二〇〇九年の急騰を示した図表13－4とを見比べてみてほしい。両方を合わせると、この二年間に何も起きなかったかのような結果になることに、すぐ気づくだろう。たとえば、二〇〇八年の年初に一〇〇ドルをクレディ・スイス・レバレッジド・ローン指数に投資していたとすると、その年の間に二九％の損失が発生し、年末時点では七一ドルに減ってしまっていることになる。ところが二〇〇九年に四五％値上がりした結果、二年の期間の終わりには一〇三ドルまで上昇し、三ドルの純利益を計上したことになる。表に示したアセットクラスの二年間でのパフォーマンスは、比較的小幅なマイナスから比較的小幅なプラスの範囲の中に入っている。

ただし、中途半端な行動をしていた場合、状況は大きく変わる。もちろん、ずっと保有していた場合は、最初の年に被った損失の大半あるいは全部を二年目に取り返し、前述したようにまずまずの成績を収められただろう。だが、もし怖気づいて底の価格で売ってしまった場合、あるいは借りたカネで投資し、マージンコールを受けたが支払うことができずに結局、資産を処分することになってしまった場合、損失だけを被り、反騰の恩恵にはあずかれなかったことになる。そして、「何も起きなかったかのような」二年間のパフォーマンスは悲惨な数字に終わるのだ。

こうした理由から、覚えておいてほしいことがある。下落しはじめたあとで市場から撤退すること（したがって、反騰後の市場に参加できなくなること）は、まさしく投資における大罪なのである。サイクルが下降局面にあるときに評価損を計上すること自体は、恩恵が生じる上昇局面に転じてからも保持しつづけるかぎり、致命的ではない。本当に悲惨なのは、底値で売り、下降局面での下げを損失として確定させてしまうことである。

このように、サイクルを理解し、その変動を乗り切るために必要な精神的、金銭的強さを身につけることが、投資を成功に導くうえで欠かせない要素なのである。

〜

世界金融危機で勝利を収めたと宣言し、次のテーマへと話を移す前に、きちんと伝えておきたいことがある。我々オークツリーがこのサイクルから利益をあげることができたのは、決して必然ではなかった。なぜなら、（エルロイ・ディムソン風に言うと）我々が達成した良い結果は、現実になる可能性のあった唯一の結果だったわけではないからだ。政策当局のヘンリー・ポールソンやティモシー・ガイトナー、ベン・バーナンキが行動を起こしていなければ、あるいは別の形で動いていたなら、もしくはその行動が功を奏していなかったなら、ほぼ間違いなく金融メルトダウンと大恐慌の再来が起きていた、と私は確信している。その場合、我々がとった行動は決して称賛の対象にはならなかっただろう。

私が懸念しているのは、人々が二〇〇八年の下落とその後の回復を振り返り、下落しても、必ずその後の回復で速やかかつ簡単に取り返すことができるのだから、サイクルの下降局面について気にする必要はない、と考えてしまいかねない点だ。それでは、金融危機から誤った教訓を学んでしまうことになる。というのも、この危機においては、実際に起きた結果が（ナシーム・ニコラス・タレブが言うところの）「違った歴史」、つまり代わりに起きていたかもしれない結果のいくつかよりも、はるかにましだったのである。もし、こうした誤った教訓が胸に刻まれてしまった場合（もうすでにそうなっているかもしれないのだが）、それが、いつか起きる別の激しいバブルと崩壊のサイクルを増幅させるような行動につながる可能性が高い。そうなれば、そのサイクルが投資家や社会全般に、より深刻で長期にわたる影響を及ぼすことになりかねない。

とはいえ危機からの回復期に、物事の流れは私たち、そしてすべての「ロング」投資家に味方してくれた。たしかに、我々が顧客のポートフォリオを組む際にとった方針は、実現した結果に沿うものであった。うまくいったのは、心理と市場のサイクルがどのような動きをたどるかという点に関する我々の感覚によるところが大きかった。未来を予測することはできないのだから、これが誰にとっても実践できる方法の中で最良なのである。

〜

バブルとその崩壊には独自のパターンがある。一つのバブルから次のバブルへと韻を踏むように引き継がれる論理性（あるいは理不尽さ）のようなものである。本章ではバブルに関する三つのエピソードを紹介し、最も極端な場合におけるサイクルの振れ方を示した。そこからサイクルを認識し、これに対処する方法を感じ取ってもらえたなら幸いである。

最後にもう少しだけ、重要な点を指摘しておきたい。

●第一に、物事の流れの中での一つひとつの要素は、投資家が冷静さを保ち、歪んだ認識を受け入れずにいたならば、はっきりと見てとることができたはずである。

●第二に、推論を導き出し、それに従って適切な行動をとるうえで、予測はまったく必要ではない。実際に起きた物事の流れに関する記述には説得力があり、将来に関する推測を必要としない。出来事とそれがもたらすサイクルの極端な状態が、利益を得るための行動を指し示すのである。

●最後に、出来事は自明であり、その含意も明らかなのだと伝える一方で、バブルの渦中にあっては何事も簡単にはいかないと断言しておきたい。当社の中でとりわけ有能で感情に左右されにくい者でも、ほかの人々と同じ情報や刺激に揺さぶりをかけられた。何をするにも確信は持てなかったが、それでも我々は正しいことを行えた。また、世界金融危機へとつながる過ちは簡単に認識することができたが、その過ちがいつ正されるのかは完全に予測の範囲を超えていた。すぐれた投資家にできるのは、環境を視野に入れて行動することである。だが、そのような投資家もジョン・メイナード・ケインズが言ったとされる言葉を胸にとどめておく必要がある。「市場は、あなたが支払い能力を保てる期間よりも長く、不合理な状態を続けることができる」

～

サイクルに対処するというテーマに関する話を終わらせる前に、もう一つ、一九九一年の例を紹介したい。一九八〇年代には、企業買収者が巨額の資金を負債によって調達できるようになったことで、レバレッジド・バイアウトのブームが訪れた。買収者が総買収価格の九五％までを借り入れで調達するケースも多く見られた。この結果、買収対象となった企業の多くは巨額の負債を抱え込み、その後の景気後退で返済することができなくなった。デフォルトと倒産が多発し、ハイイールド債の最初の危機を招いた。こうした流れは、我々がディストレスト・デットのファンドのⅡ号とⅡb号を立ち上げた直後に起きた。一九九一年一月二三日、私はファンドの投資家に向けた手紙を書き、投資環境に関する自分の見方を示した。以下はその手紙からの引用である。

ディストレスト・デットの市場価格は一九九〇年に総じて下落した。その原因の一部はファンダメンタルズにある。不況の中であらゆる資産の市場価格が下落している。また、「テクニカル要因」も原因の一つだ。この種の債務が膨張するなかで、買い手が意気消沈し、資金を引き揚げた。

経済、心理状態の悪化は、大量で格安の投資対象候補の中から投資先を選別できる機会をもたらしている。市場は買った先から価格が下がるような陰鬱な状況にあり、まったく人気がない。

これが我々が投資を行おうとしている市場のありのままの現状だ。買い手が投資を楽しんでいるとき、また買った資産がことごとく翌日に値上がりするため、自分が賢くなったように感じてハイタッチを交わしているとき、「疼痛指数」は非常に低く、買い手は血気盛んになっている。

現在の状況は、このように投資家が楽しんでいるときよりも、掘り出し物を手に入れやすくなっていることを示している。我々が望む資産の価格を吊り上げる競争相手はほとんど存在しない。どの資産も、思っていたより「高く」ではなく「安く」買える可能性が高い。要するに、我々が手がけてきたような逆張り投資の分野に資金を投じるのに、今がもってこいのときなのだ。

景気や市場が底を打ったその日に投資を始めることは想定できない。我々の最大の望みは、積極的にファンドに投資している間に相場が底を打つこと、そして、それまでも、そのときも、そのあとも買いつづけることである。

これは、リアルタイムで市場の温度を測っている様子を示すのに格好の例である。好例と言えるのは、これを行ったのが私だったからでも、そしてこの判断が正しかったと判明したから（このとき投資したディストレスト・デット・ファンドは、これまで我々が手がけた中でも指折りの高リターンを記録した）でもない。ほかの投資家を買いから遠ざける要因となっていた感情の影響を察知し、それに抵抗したからである。この手紙は、①市場が、含み損が発生しているような「陰鬱な」状況にあり、そのために買い手が寄りつかずにいることが、その後のリターンに悪い影響ではなく良い影響を与える、②価格下落が買い手にとって悪いことではなく良いことである、といった点に我々が気づいていたことを示している。

物事が（投資家の心理にどう影響するのかではなく）実際に何を意味しているのかを理解することは、そのタイミングにふさわしい行動を起こすための第一歩になるのだ。

長々と書いてきたこの章を終わらせるにあたり、サイクルに従って市場が動くなかでポートフォリオをどう組むべきかという点について、おおまかに記しておきたい。

私見だが、私が「双子のリスク」と呼ぶ系統だったアプローチを採用することが役に立つだろう。ここで伝えたいのは、投資家が二つの考えられうる過ちの源に日々、対処しなければならない、ということだ。一つ目は説明するまでもない。損失を出すリスクである。二つ目はもう少しわかりにくい、機会を逸するリスクである。投資家はどちらか片方を排除できるが、そうすると、もう一つのリスクに正面から向き合うことになる。したがって、ほとんどの人はこの二つの間でバランスをとろうとする。

この二つのリスクに関する投資家の標準的なスタンスはどのようなものだろうか。半々なのか、どちらかをより警戒するのか。答えは当人の目標や置かれた状況、性格、リスクに対する耐性によって（そして、もしいるのであれば、その顧客の同様の要素によっても）変わるだろう。

また時と場合によっては、標準のスタンスから離れ、バランスを変化させるべきなのだろうか。もしそうなのであれば、どのようにすべきなのか。投資家が、①必要条件である洞察力が自分にあると感じているのなら、そして②労力を費やして、間違うかもしれないリスクを冒すことを厭わないのなら、状況に応じてスタンスを修正してみるべきだと私は思う。その場合は、サイクルの中での市場の立ち位置に基づいて行うべきだ。つまり、市場がサイクルの高いところに位置しているときには、損失を出す危険性を限定することを重視し、その反対に位置しているときには機会を逸するリスクを減らすことを重視すべきである。

では、どのようにすればよいのか。未来にタイムスリップして過去を振り返っている自分を想像するのだ。二〇二三年の自分は、「二〇一八年のあのときに、もっと攻撃的《アグレッシブ》になっておくべきだった」と思うだろうか。それとも「二〇一八年のあのときに、もっと防御的《ディフェンシブ》になっておくべきだった」と思うのか。また、「二〇一八年に、〇〇を買う人生最大のチャンスを逃がしてしまった」と振り返ってしまいそうなものの心当たりはないだろうか。数年後の自分が言ってそうなことは、今日やっておくべきことを見出す手助けになりうるのだ。

こうしたスタンスに関する決断は、攻撃的に行くのか、防御的に行くのかという選択に直接かかわっている。損失を出すリスクを小さくしたいときは、より防御的に投資すべきである。機会を逸するリスクのほうが気になるのなら、攻撃性を強めるべきだ。繰り返しになるが、スタンスの変更はサイクルの中での市場の立ち位置に応じて行うべきである。そして、そのアプローチとして、①市場のバリュエーションはどうなっているか、②ほかの投資家はどのように振る舞っているか、という前述した市場の評価方法を用いることができる。

ほとんどの投資家が攻撃的に振る舞っている場合、それは市場でリスクが高まっていることを的確に示すシグナルと受け止められる。リスク回避志向がほとんど見られないことを意味しているからだ。そして、投資家の攻撃的な姿勢は、そのまま資産価格の高騰につながる可能性が高い。二八二ページで述べたように、ほかの投資家の攻撃的な姿勢は、こうした二つの側面から市場のリスクを高めるのである。

攻撃的か、防御的かという決断に際しては、現在の市場環境においてどちらのスタンスが適切なのか考えるのが良策である。二〇〇八年末から二〇〇九年初頭にかけての時期に、巨額の利益をあげるために必要なものは、たった二つしかなかった。投資するためのカネと、それを投じる度胸だ。その二つさえあれば、その後数年間で大儲けできただろう。あとから振り返ってみると、そのときに不要だったものがたくさんあったことがわかる。警戒心、保守主義、リスク・コントロール、規律、選別眼、そして忍耐力である。これらの中で身につけていたものが多ければ多いほど、利益は小さくなったのである。

それでは、「カネと度胸」はどんなときでも投資を確実に成功へと導く方程式なのだろうか。それは絶対に違う。二〇〇七年初頭にカネと度胸を持ち合わせていた投資家は、世界金融危機の打撃をまともに食らっただろう。それは警戒心、保守主義、規律、リスク・コントロール、規律、選別眼、忍耐力を身につけておくべき時期だった。また、二〇〇八年末から二〇〇九年初頭にかけての時期においても、賢明な投資家は警戒心と規律を完全に捨て去ることができなかった。世界金融危機からの回復がそれほど早く起きることも、投資家が受けた打撃が比較的軽微で済むことも、知る由がなかったからである。我々オークツリーは大規模な投資を行ったが、弱小企業のジュニア債よりも、質の高い企業のシニア債を重視した。あとから振り返ると、前者を重視していればもっと利益が大きくなっていたのだが。

数多く存在する要因の中でも投資をおもしろくしているのは、どんなときもうまくいく戦術やアプローチはない、という事実である。サイクルが変動するなかで適切なポジションをとろうとするのなら、方法は一つしかない。考え抜いた末に判断を下し、採用するスタンスを状況に応じて変えるのだ。だが、これは簡単なことではない。

このところ、目の前の課題に対応するにあたって、人々が「今、我々は［野球の試合で言うと］何回にいるのか？」と問いかける傾向が見られる。二〇〇八年末の金融危機以来、事あるごとに私はこの言い回しを耳にするようになった。「今、我々はサイクルのどこに位置しているのか？」がその真意であろう。二〇〇八年第4四半期に人々が抱いていた疑問は、「どれだけの痛みをすでに味わったのか。そして、あとどれだけの痛みが待っているのか」であった。最近では、主に信用サイクルについて聞かれるようになった。上昇局面（資金が借りやすい状態）はあとどれだけ続くのか、そして、信用の利用可能性はいつ縮小しはじめるのか、と。

こうした質問を受けると、私はどれだけ事態が進展したか、という自分の感覚に従って、質問者が望む比喩的な表現で答えている。二回（はじまったばかり）、五回（ゲームの半ば）、八回（あと少しで終わる）というように。だが最近になって、このアプローチの限界をより強く意識するようになった。通常の野球の試合と違って、特定のサイクルがどれだけ長く続くのか知ることはできない。ルールで決められた期間で終わるわけではないのだ。通常の野球の試合は九回まで続く。だが景気サイクルや市場サイクルは、七回あるいは九回で終わるかもしれないし、一二回や一四回に突入する可能性もある。どれだけの長さになるのかは、誰も知りえないのだ。

こうしたアプローチはどれも、ポートフォリオをどう組むか決めるための確実なテクニックを提示するものではない。簡単に答えが得られないものについて、体系的に考えるための手段を示すにすぎないのだ。だが、うまくいけば、感情や当て推量や群衆への同調に基づいて決断を下すよりも、すぐれた道筋を示唆してくれるだろう。

サイクルにいかに対処するかは、投資においてとりわけ重要な要素の一つである。サイクルは我々の身に降りかかってくる。それにどう対応するのかが、カギとなるのだ。

第14章 サイクル・ポジショニング

将来の市場動向に適したポートフォリオをうまく組むには、どう動くか（攻撃的《アグレッシブ》に転じるか、防御的《ディフェンシブ》に転じるか）、そして（サイクルの位置づけから将来の市場動向を巧みに読み取ったうえで）いつそれを実行に移すかがカギとなる。

かつての私の知り合いに、生まれながらにして楽天的で積極果敢《アグレッシブ》な男がいた。おそらくは裕福な家に生まれ、恵まれた生活を送ってきたからなのだろう。自信喪失という言葉とは無縁で、自分の予測の精度や自分の戦略が成功する可能性を疑ったことなど一度もなさそうだった。私が知るかぎり、あとからアグレッシブに行ってしかるべきだったとわかったときに、いつも彼はアグレッシブだった。その姿に触発されて、私は成功の原動力に関する以下のフレーズを思いついた。

成功の要素は三つある。積極果敢《アグレッシブ》さとタイミングとスキルだ。そして、しかるべきタイミングでアグレッシブさを十分に発揮できれば、スキルはたいして必要ではない。

〜

二〇一七年二月、私は休暇先のインドで本書の最終章の原稿を執筆していた。ある日、世界でも指折りの名所であるアンベール城を訪ね、その美しい姿の一端をカメラに収めようとした。宿に戻って撮影した写真に目を通していたところ、その数カ月前に訪れた別の異国、中国で撮った写真がたまたま出てきた。

この中国出張では、北京に本拠を置く顧客が挑発的な質問をいくつも浴びせてきた。それに答えるため、私はいつもどおりにホワイトボードに走り書きをした。すると、それまで頭をかすめたことすらなかった考えが、答えとして浮かび上がってきたのだ。そのことに気づいた私は、退出する前に自分のｉＰｈｏｎｅでホワイトボードごと撮影したのだった（二〇年前だったらプレゼンテーション会場にカメラを携帯することはなかっただろう。イノベーション万歳、である！）。三カ月後、アンベール城で撮った写真を見返していたところ、あのとき中国で撮った写真も出てきたというわけだ。そして、ホワイトボードに書き出したアイデアをそこで初めて振り返ったのだった。本章の内容の大半は、そのアイデアを発展させたものである。

さて、インド滞在中のある夜のことだ。ニューヨークとの一〇時間半の時差のせいで目が覚めてしまった私は、ベッドにそのまま横たわっていた。するとどういうわけか、前述した成功に関する言葉と、北京で撮った写真、そしていかにサイクルに対処するかという疑問が、頭の中で結びついた。私はいつの間にか、投資スキルの主要要素を説明する方法について考えていたのである。

（ここで「［私が］頭の中で結びつけた」ではなく、「頭の中で結びついた」と書いている点に留意してほしい。能動的ではない表現を使ったのは意識してのことである。なぜなら私は、自分で頭を振り絞って考える意図的なプロセスの中でアイデアを発展させるよりも、アイデアが「降りてくる」という受け身の感覚を味わうことが多いからだ。私の見解の多くは、このようにして出てきたアイデアが、だいたいは中国のときのように図や絵を用いて整理した結果、まとまったものである。私の頭の中はこんなふうに動いている）

冒頭の成功に関するフレーズを思いついたとき、私は「タイミング」という単語を「幸運なタイミング」という意味で使った。結局のところ、積極果敢さと思いがけない幸運の組み合わせが成功への一番の近道なのだと思っていた。だがインドでベッドに横たわりながら、良いタイミングとは必ずしも幸運によるものではないのではないかと考えたのだ。むしろ、投資における良いタイミングとは、今、自分たちがサイクルのどこに位置しているのかをしっかりと見極め、それに基づいて的確に行動することで訪れるのではないだろうか。サイクルの研究とは、実質的に、将来起こりうる結果に合うようにポートフォリオを組む方法について考えることである。そして、これこそが（一文でまとめた）本書の目的である。

ここでは、前述の成功の要素に関するシンプルなフレーズを、成功する投資の方程式という観点から考え直してみたいと思う。結論を言うと、成功の要素は六つ（対となる組み合わせを一つと考えると三つ）あると考えられる。

●サイクル・ポジショニング：基本となるサイクルに関する判断に基づいて、ポートフォリオを組むにあたり、リスクに対してどのような姿勢をとるのかを決めるプロセス。

●資産の選別：どの市場やセクター、個別の証券や資産をオーバーウェイトしたり、アンダーウェイトしたりするのかを決めるプロセス。

ポジショニングと選別はポートフォリオ管理における二つの重要なツールである。簡略化しすぎかもしれないが、投資家のやることはすべて、この二つのうちのどちらかに分類されると私は思う。

●攻撃性：資金の多くをリスクの高い資産に投じる、質が高くない資産を保有する、良好なマクロ環境をあてにして投資を行う、財務レバレッジやベータ（市場に対する感応度）の高い資産や戦略を用いる、といった形でリスクが高くなることを想定する。

●防御性：投資に振り向ける資金を減らし、その分をキャッシュで保有する、より安全な資産を重視する、景気が良好でなくても比較的良好なパフォーマンスが見込まれる資産を買う、レバレッジやベータという概念を避ける、といった形でリスクを減らす。

攻撃的《アグレッシブ》に行くか、防御的《ディフェンシブ》に行くかという選択は、投資家が今、サイクルのどの位置にいて、将来の市場の動向にそれがどう影響するのか、という点に関する自身の考えに基づきポートフォリオを組むうえで、最も重視すべき側面である。

●スキル：反復可能な知的プロセスを通じ、また将来に関する妥当な仮定に基づいて、こうした決断を（一つひとつのケースについてではなく）全体として的確に下す能力。近年では、「アルファ」という学術用語で知られるようになっている。

●運：スキルや妥当な仮定が役に立たない、つまり合理的なプロセスよりもランダム性が出来事に大きな影響を及ぼす数多くの状況において生じるもので、結果的に「幸運」とみなされる場合もあれば、「不運」とみなされる場合もある。

スキルと運は、ポートフォリオ管理における決断の成否を決める重要な要素である。投資家にスキルがなければ、その決断が成功をもたらすとは考えにくい。実のところ、マイナスのスキルと呼ばれるものも存在し、このスキルの持ち主の場合はコイントスをする、あるいは決断を下さずにいるほうが良い結果が得られる。そして運はワイルドカードである。正しい決断を失敗に終わらせたり、誤った決断を成功に導いたりする可能性があるが、ほとんどの場合、短期的にしか影響力を発揮しない。長期的には運よりもスキルが結果を左右すると考えるのが妥当である。

インドで（中国滞在時の熟考をもとに）私がひらめきを得たのは、選別かポジショニングかという二分法、そしてスキルがこの二つにどのような影響を及ぼすかという点に関することであった。

市場は動くようにしか動かない。景気の動向や企業の業績を反映する場合もあれば、投資家の心理とそれにともなう行動に左右される場合もある。ランダム性や運が影響することもある。投資家は将来の市場パフォーマンスについて、自分なりの考えを持っているだろう。それは理にかなった推論に基づいているのかもしれないし、欠陥のある推論に基づいているのかもしれない。そして当たる場合もあれば、外れる場合もある。だがここで、将来の市場パフォーマンスを（それがどうなるのか、あるいは知りうるのかどうか、という問題は脇に置いておいて）議論の出発点としてみたい。まずは、市場の動きに関する一般的な見通しを確率分布図で示しておく（図表14－1）。

これを、ある投資家の行動の出発点あるいは基準線（たとえて言えば、舞台の背景）とする。問題は、この投資家に積極的な意思決定によって市場を上回るパフォーマンスをあげるのに必

図表14-1

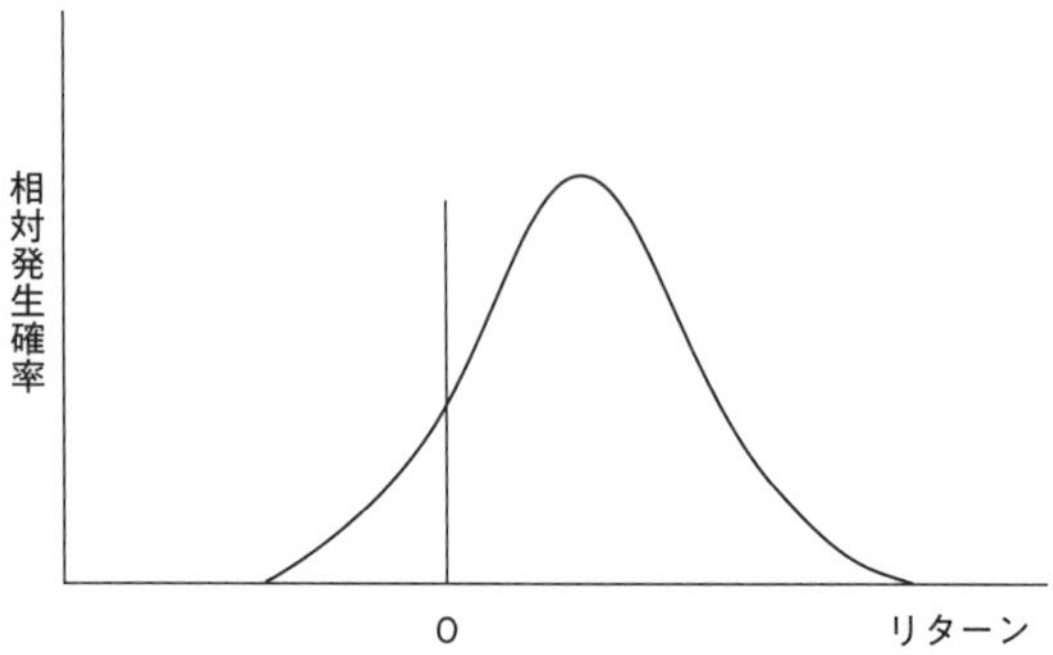

要なスキルがあるのか、それとも積極的な意思決定はせずに受動的に投資し、市場と同等のパフォーマンスを追求すべきなのか、という点だ。

前述したように、リターンを高めるために投資家がとる方法は二つある。サイクル・ポジショニングと資産の選別だ。ここではまず、前者について詳しく論じたい。

やはり前述したように、サイクル・ポジショニングは基本として、アグレッシブに行くか、ディフェンシブに行くか、つまり市場との相対比較で見てリスクを高くするか、低くするか、という選択によって決まる。

さて、投資家A氏が、市場が良好な環境にあると判断したとしよう。

●①景気サイクルと企業利益サイクルが拡大局面にある、②景気と企業利益が人々の期待どおりとなる、あるいは期待を上回る見込みである、のどち

図表14-2

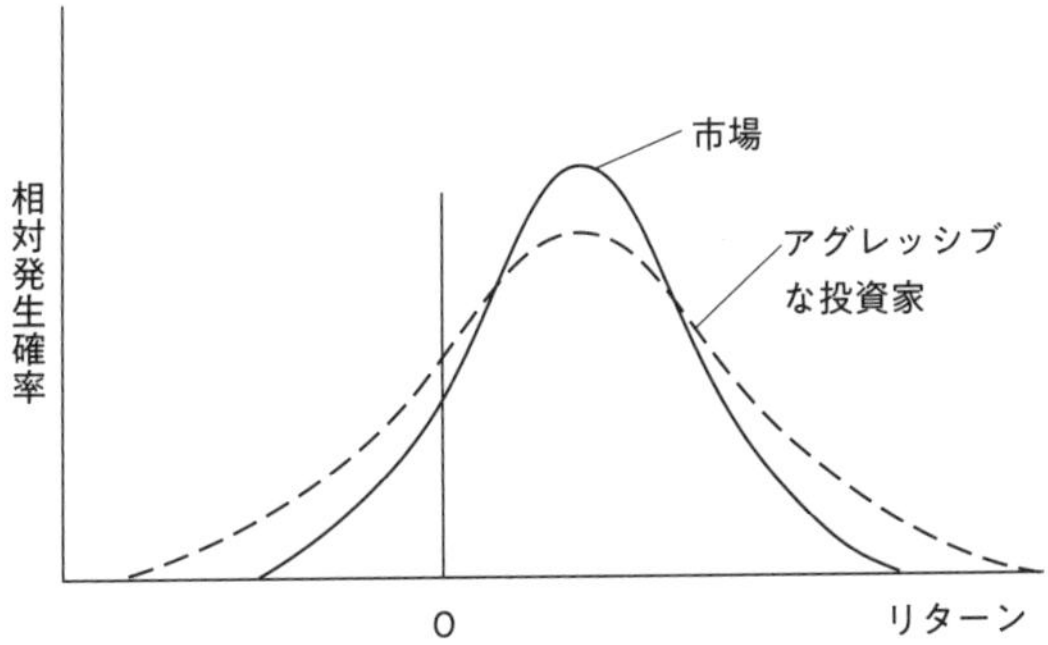

らか、または両方が当てはまる。

●投資家の心理とリスクに対する姿勢が、熱狂的というよりも沈滞気味（あるいは少なくとも冷静）である。

●資産価格が本質的価値との相対比較で見て、落ち着いている、あるいは低い。

この場合、アグレッシブな姿勢をとるのがふさわしい。したがって、A氏は投資意欲を強め、ポートフォリオにおけるリスク許容度とベータ（市場感応度）を高める（図表14－2）。図の中の破線は、A氏のポートフォリオのパフォーマンスを示している。市場が好パフォーマンスを演じた場合の潜在利益と、市場のパフォーマンスがさえなかった場合の損失の両方が大きくなっている。

市場が上昇し、A氏の判断が正しかったことが裏づけられた場合、そのアグレッシブなポートフォリオは、市場感応度を高めていた効果もあって、市場

図表14-3

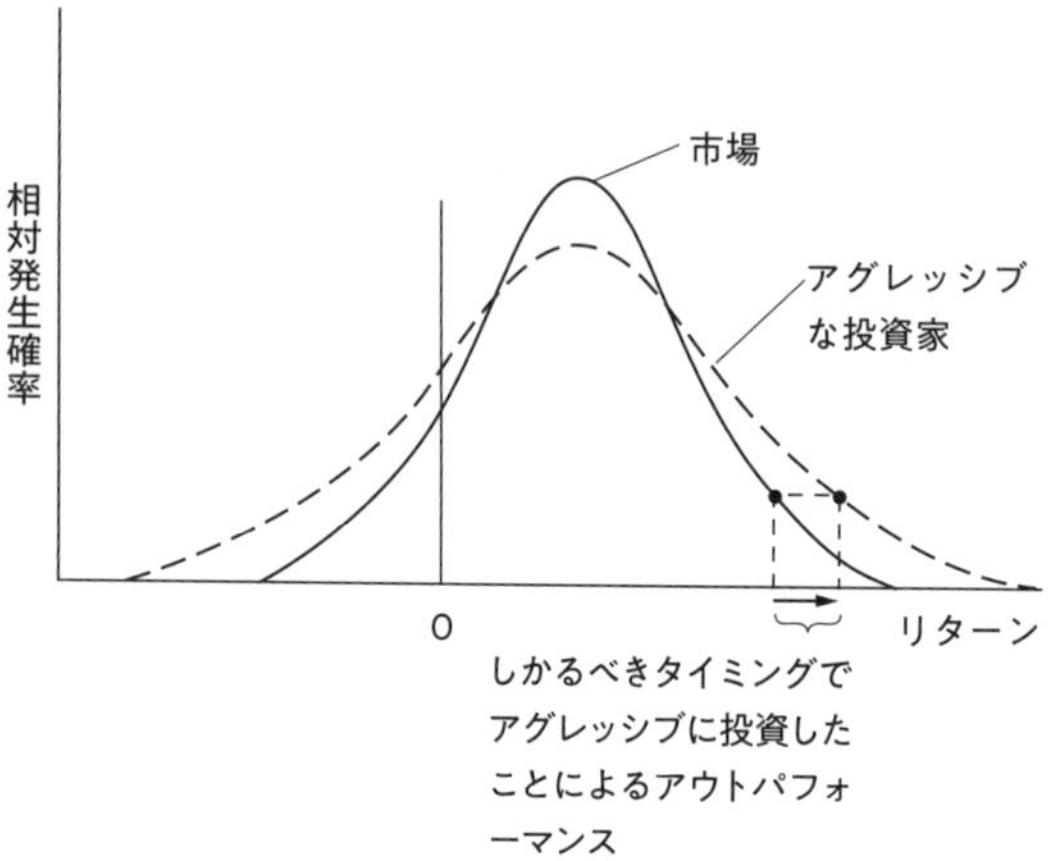

より高い上昇率を達成する。つまり図表14－3が示すように、市場をアウトパフォームするのだ。

この場合、成功のカギとなるのは、①市場がサイクルのどこに位置しているか、周到に分析すること、②その分析に基づいて攻撃性を高めること、③その分析が正しいと判明することである。これらの要素はサイクル・ポジショニングにおける「スキル」あるいは「アルファ」としてまとめることができる。もちろん③の要素は、特にランダム性に影響される可能性を考慮すれば、個人でコントロールできるものではない。したがって、論理的思考に秀でた熟練投資家の場合でも、③の要素がつねに実現することはない。

一方、分析の結果、サイクルの位置づけが思わしくない（景気は縮小傾向にあり、心理は過度に楽観的で資産価格も割高）と判断した場合、防御性を強めるべきである。この場合、A氏は一部の資金を引き揚げるなどの方法で、図表14－4が示すようにポ

図表14-4

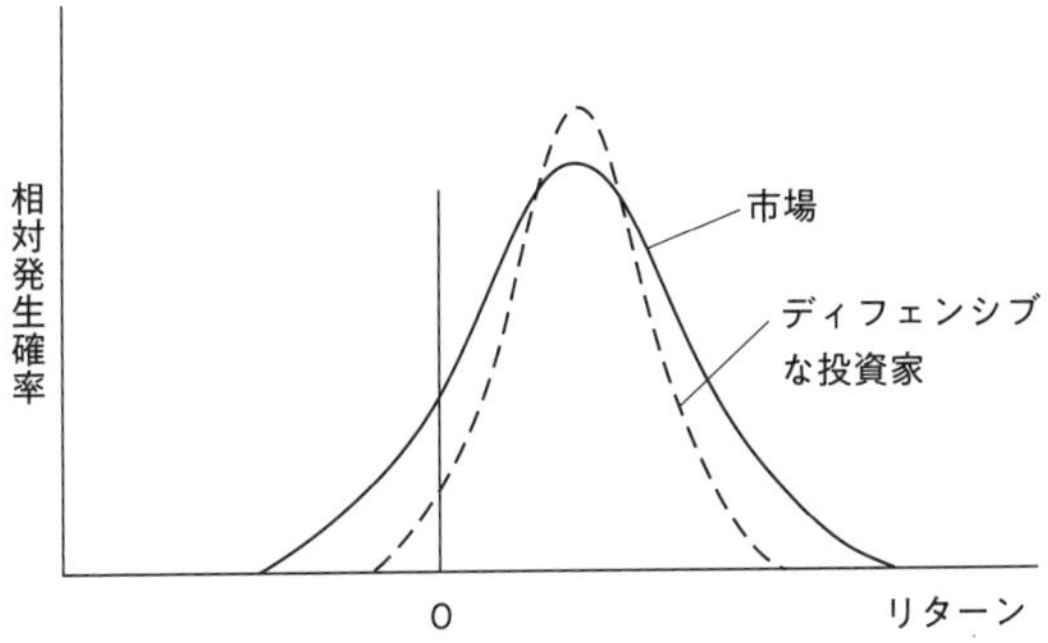
相対発生確率
市場
ディフェンシブ
な投資家
0
リターン

図表14-5

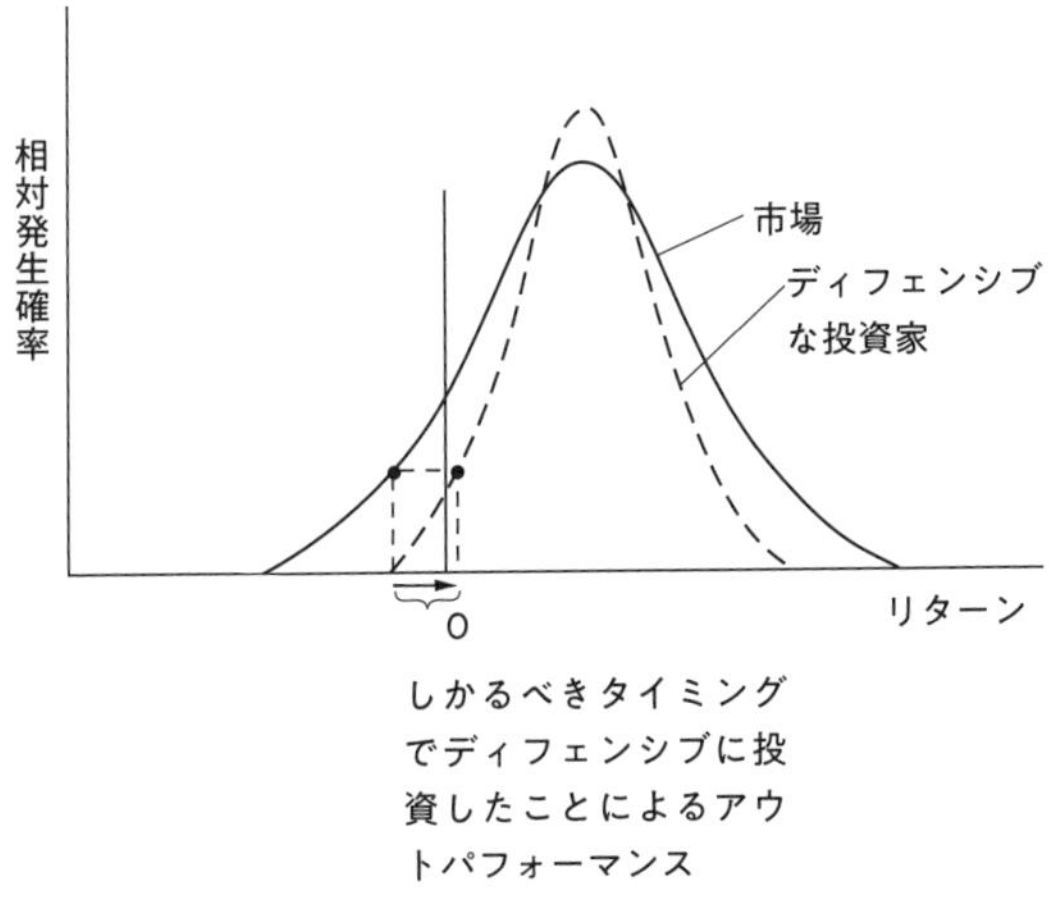
相対発生確率
市場
ディフェンシブ
な投資家
0
リターン
しかるべきタイミング
でディフェンシブに投
資したことによるアウ
トパフォーマンス

図表14-6

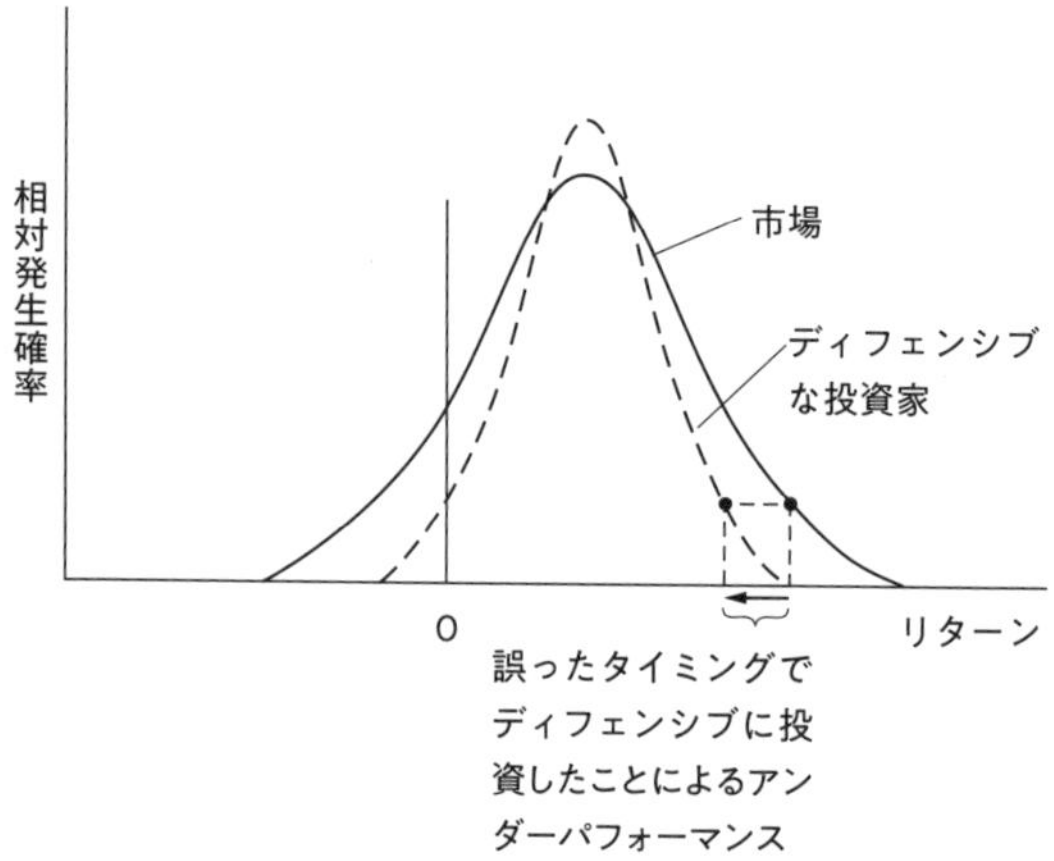

ートフォリオのリスクを低くする。

A氏はベータを低くし、思わしくない情勢に備える。サイクルに関する分析が当たっていれば、市場のパフォーマンスは確率分布図の左側の領域になる。ポートフォリオの防御性を強めたA氏は損失を少なく抑えることができ、図表14-5の破線が示すように、市場をアウトパフォームする。市場の動きに左右されにくくしたディフェンシブなポートフォリオは、相場が軟調なときに適しているのだ。

もちろん、誰もがサイクルについて正しく理解できるわけではない。したがって、ポジショニングの努力がすべて報われるわけではない。ポジショニングのスキルを欠く投資家B氏が投資スタンスをディフェンシブに変え、市場に対する感応度を図表14-6のように小さくしたとする。もし、相場が予想外に上昇したら、B氏は判断を誤ったことになり、そのポートフォリオは市場をアンダーパフォームする。

本書の第1章で、私は「趨勢《すうせい》」について説明した。

市場の見通しは確率分布で考えるべきであり、その分布図から（正しく描かれていればの話だが）市場がどのような趨勢をたどりそうか、感覚を摑むことができる。サイクルに従って市場が動くと、確率分布の位置が変わり、二七三〜二七五ページに示したように、市場がたどりそうな趨勢にも変化が生じる。

市場がサイクルの低いところに位置しているとき、利益が得られる可能性は通常より高く、損失が出る可能性は通常より低い。市場がサイクルの高いところに位置している場合は、その反対になる。サイクルの中での市場の位置づけに関する考えに基づいてポジショニングを変えるということは、要するに、将来の出来事になるべくうまく対応できるようにポートフォリオを組もうとすることである。論理上、起こるべきことと実際に起きることの関係については、つねに不運がつきまとう可能性があるが、ポジショニングにおいて正しい判断を下せば、市場の趨勢（そして好パフォーマンスの可能性）が自分に有利に働く確率を高めることができるのだ。

一九七七年、ニューヨーク市では、「サムの息子」と名乗る連続殺人犯によるカップルなどを狙った通り魔事件が相次いだ。二〇一四年、私はこの犯人を捕まえたティモシー・ダウド刑事の死亡記事を目にし、その中のある言葉にひかれた。ダウドは自分の仕事を「幸運になるための準備をすること」と表現していたのだという。つねづね、未来は予測できず、ランダム性に大きく左右されると考えている私は、これをすばらしい未来への対処の仕方だと思った。受け身になって運に身をまかせることを推奨しているかのように感じるだろうか。だが、現実を見てほしい。すぐれた投資家は結果の確率分布をうまい具合に非対称な形に変えているが、それでも一〇割の打率は達成できず、より好ましい結果を求めている。すぐれた投資家であっても、箱の中から当たりくじを引き当てる必要があるのだ。

すぐれた投資家のように、結果の確率分布をうまく非対称な形にするための良策の一つは、市場の趨勢を味方につけることである。結果をコントロールすることは絶対にできないが、市場の趨勢が好ましい方向に向かっているときに投資すれば、自分にとっての追い風が吹く。そして市場の趨勢が好ましくない方向に向かっているときには、逆のことが言える。サイクルの分析に秀でれば、市場がたどりそうな趨勢を人並み以上に理解できるようになり、将来の動向に適したポートフォリオが組める確率を上げることが可能になるのだ。

ここから先は、サイクルというテーマとまったく無関係の話をする。サイクルのテーマにしか興味がない読者は、読まずに飛ばしてもらって構わない。ただし、資産の選別というもう一つの要素について触れ、投資家がパフォーマンスを高めるためにとることのできる行動に関する話を締めくくるつもりである。

資産の選別とは、ほかのものより良いあるいは悪いパフォーマンスをあげる市場や、市場の中のセクターや、個別の資産を特定し、それらをポートフォリオの中でオーバーウェイトしたり、アンダーウェイトしたりすることを意味する。ある資産の価格が本質的価値との相対比較で見て高くなっている場合、（他のすべての条件が同じであれば）その資産のパフォーマンスにはあまり期待できない。逆もまたしかりである。したがって、すぐれたパフォーマンスに必要とされる主な条件とは、本質的価値と、将来それに起こりうる変化、そして本質的価値と現在の市場価格との関係について、平均を上回る洞察力を発揮することだ。

ある特定の資産の動向を追っている投資家はみな、その資産の本質的価値について見解を持っている（あるいは、持っているべきだ）。その資産の市場価格は、そうした見解のコンセンサスを反映している。つまり、投資家が一まとまりになって価格を決めている。市場価格とは、買い手と売り手が取引する際に合意にいたる価格だ。買い手は現在の価格ならまだ上がる余地があると見込んで買うのであり、売り手はすでに価格が適正あるいは割高な水準にあるとみなして売るのである。だが、そうした見方が的確なのかどうかは、どうすればわかるのだろうか。

●**理論に基づくアプローチ**：効率的市場仮説は、すべての利用可能な情報は価格に「効率的に」織り込まれているため、資産の価格は適正であり、投資家がその資産を選ぶことによって「市場に勝つ」ことはできない、と説く。

●**論理的アプローチ**：ここで論じているのは、平均的な投資家を上回る判断を下し、そして平均を超えるパフォーマンスを達成する能力についてである。だが一つ確実に言えるのは、すべての投資家が総じて平均的だということだ。したがって、論理的に考えると、誰もが平均を上回る判断を下すことはできない。

●経験主義的アプローチ：パフォーマンスに関する研究は、つねにほかの人よりも正しい判断を下せる人がほとんどいないことを示している。大半の投資家のパフォーマンス、とりわけ取引コストや管理手数料や管理費用を差し引いた後のパフォーマンスは、市場を下回っている。パッシブ運用のインデックス投資の人気が高まっているのはそのためだ。

だからといって、誰も市場に勝てないわけではない。多くの投資家が毎年、市場に勝っているが、だいたいの場合、そのパフォーマンスはランダム性の仮定から導き出されるものと変わらない。ごく一握りの投資家が、ランダム性が示唆するレベルをつねに上回るパフォーマンスを達成しており、中には有名になった者もいる。それを可能にしているのは、本質的価値に関する並外れた洞察力、という必要不可欠な要素である。私はそれを「二次的思考」と呼んでいる。コンセンサスとは異なる、よりすぐれた思考の能力である。

本質的価値や、それと価格の関係、そして二次的思考について、ここで詳しく書くつもりはない。どれも『投資で一番大切な20の教え』で多くのページを費やして論じているからだ。ただし、(二次的思考ができる)すぐれた投資家は、アンダーパフォームする資産よりもアウトパフォームする資産を多く選別し、後者に多く、前者に少なく投資する能力を身につけている、という点は伝えておきたい。このように、並外れた資産選別のカギは単純明快である。

それでは、すぐれた資産選別の特徴とは何か。非対称なパフォーマンスである。資産選別の

図表14-7

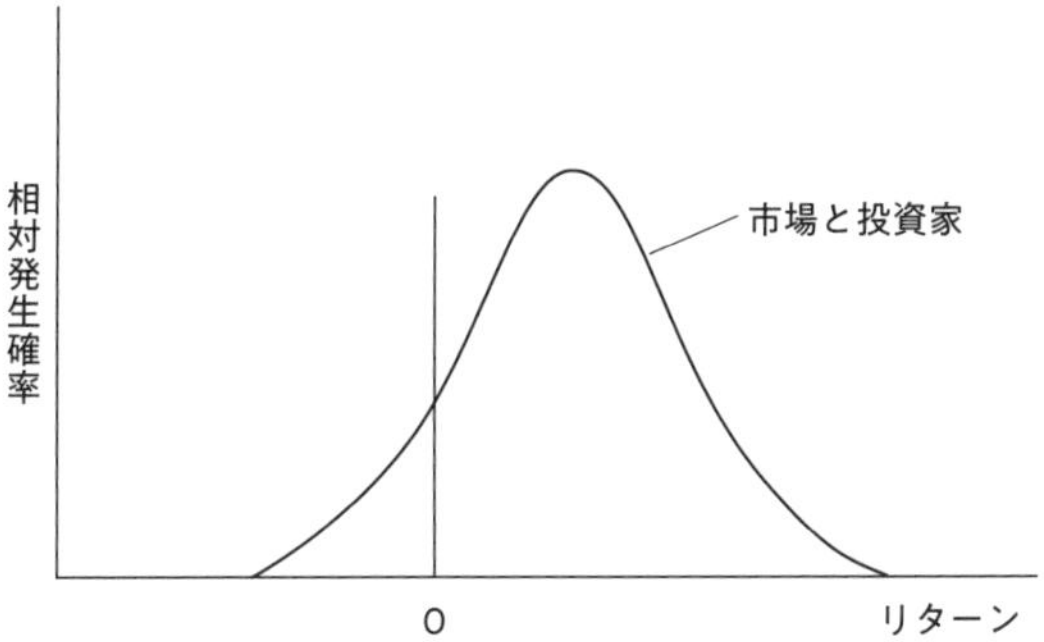

スキルを持たない投資家は、値下がり銘柄数に対する値上がり銘柄数の比率が市場と同じである。つまり、市場が好調なときは個人のパフォーマンスも好調であり、市場が低調なときは個人のパフォーマンスも低調になるのだ（図表14－7）。

資産選別に関してマイナスのスキルを持った投資家は、図表14－8が示すように、価格が上がる場合でも下がる場合でも、値上がり銘柄数よりも値下がり銘柄数のほうが多くなり、市場をアンダーパフォームする。別の言い方をすると、マイナスのスキルを持った投資家の確率分布は市場の左側に移動する。

一方、資産選別のスキルに秀でた投資家は、値下がり銘柄数に対する値上がり銘柄数の比率が市場よりも高くなる。値下がり銘柄よりも値上がり銘柄により多く投資することができるのだ。そして、値上がり銘柄の上げ幅は、値下がり銘柄の下げ幅よりも大きくなる。

図表14-8

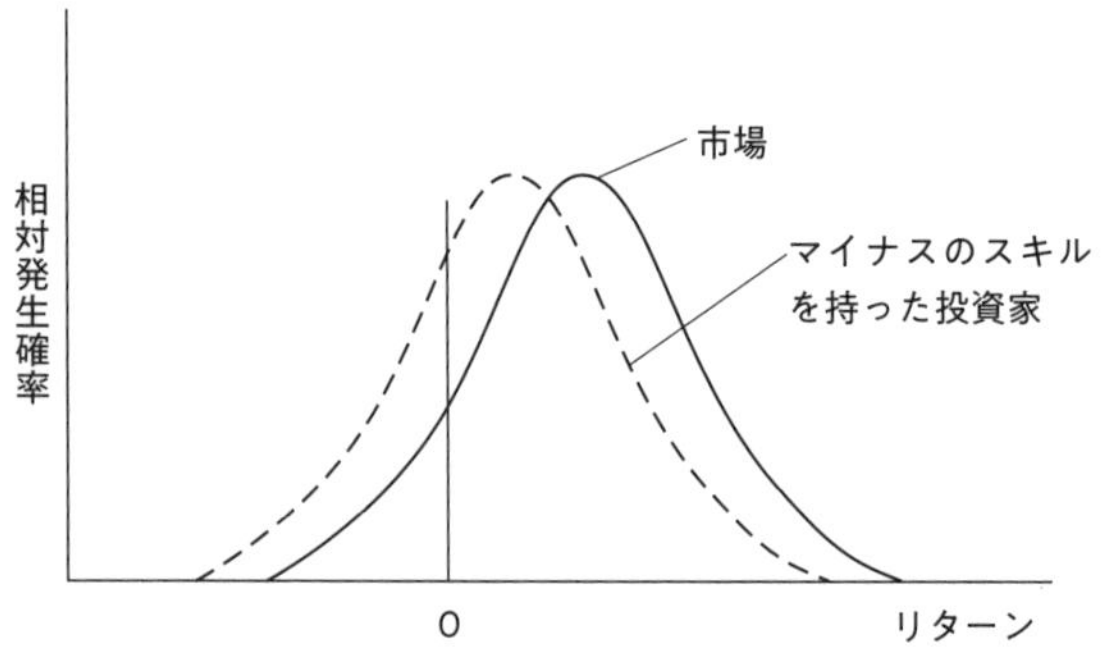

●つねにアグレッシブで資産選別に秀でた投資家C氏のポートフォリオは、市場の上昇時には市場よりも高い上昇率を達成し、市場の下落時には市場よりも大幅に下落する可能性がある。だが、その上昇時のアウトパフォーマンスの余地は下落時のアンダーパフォーマンスの余地を超える。そこに、同等の下方リスクをともなわずに上値余地を生み出せるような資産選択の能力が表れるのだ。したがって、C氏のポートフォリオは市場の上昇時に市場を上回る上げ幅を記録し、市場の下落時にはそのアグレッシブさのわりには下げ幅を大きくせずに抑えることができる（図表14-9）。これが、すぐれた投資家の特徴である非対称性の一例である。

●同様に、つねにディフェンシブで資産選別に秀でた投資家D氏のポートフォリオは、市場の下落時に市場よりも良いパフォーマンスを演じ、また市場の上昇時には、そのディフェンシブさのわりに

図表14-9

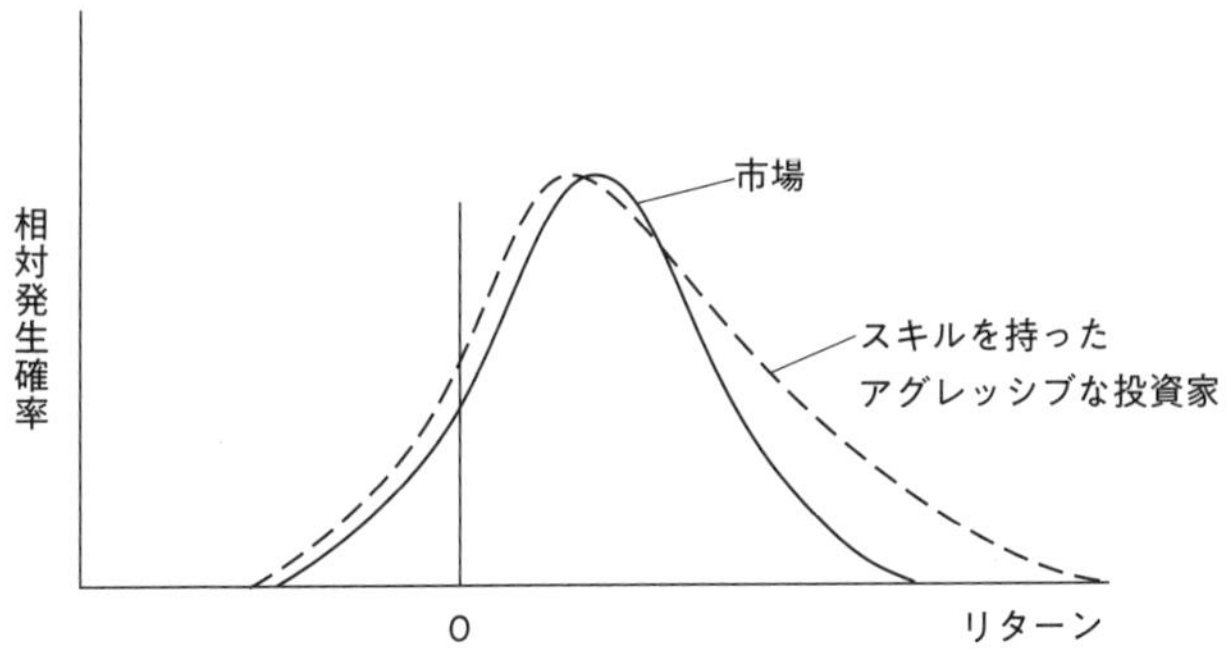

は大幅なアンダーパフォーマンスを免れることができる（図表14－10）。D氏は資産選別の能力によって、下方リスクよりも大きな上昇余地を持ったディフェンシブなポートフォリオを組むことができるのだ。この場合も確率分布は非対称になる。

資産選別に秀でたどちらのタイプの投資家も（アグレッシブなC氏も、ディフェンシブなD氏も）、市場に対する非対称性を発揮する。つまり、どちらのポートフォリオでも確率分布はパフォーマンスが高くなる方向に偏っている。どちらのポートフォリオにも（その表れ方は違うが）下方リスクよりも大きな上昇余地があるのだ。これが、資産選別におけるアルファの表れである。

最後に、つねにアグレッシブなわけでもディフェンシブなわけでもないが、サイクル・ポジショニングと資産選別の両方のスキルを持っている投資家E氏は、しかるべきときに市場に対する感応度を適切

図表14-10

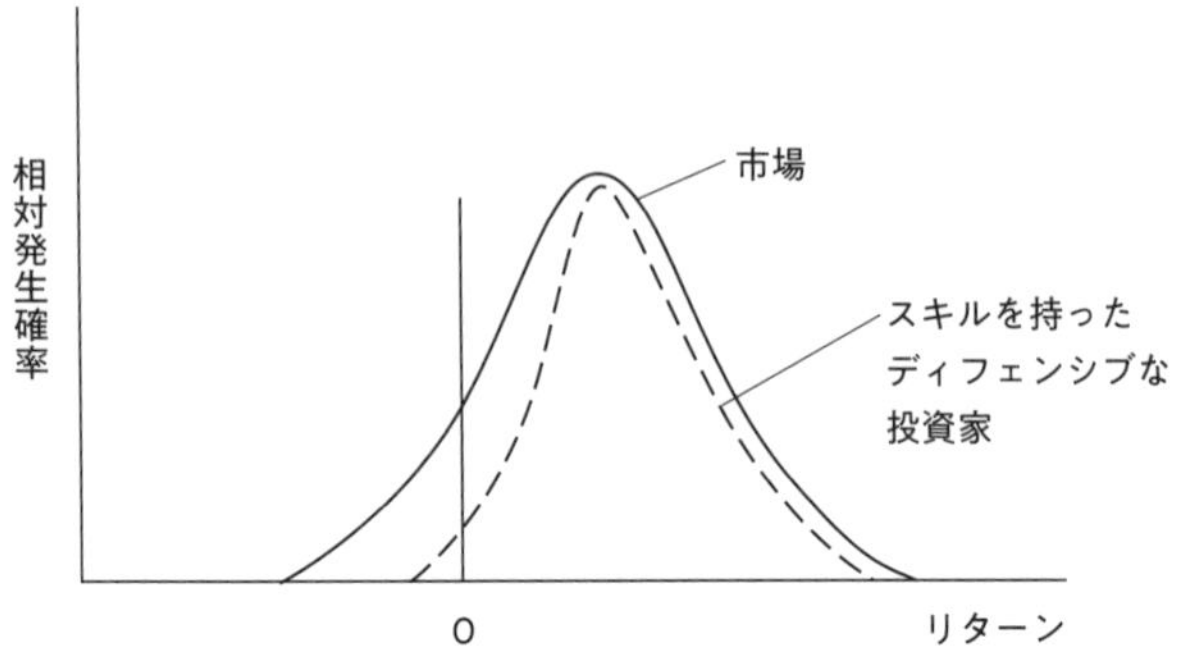

に調整できるだけでなく、値下がり銘柄数に対する値上がり銘柄数の比率で平均を上回る非対称なパフォーマンスも実現できる（図表14－11）。このタイプの投資家こそ、世界最強である。

ほとんどの投資家は市場が上昇しているときに利益をあげ、市場が下落しているときに損失を出す。そして、ほとんどの投資家は、値下がり銘柄数に対する値上がり銘柄数の比率の面でも市場と同等となりうる。サイクル・ポジショニングと資産選別の精度を高め、すぐれた投資家の特徴である非対称性を生み出すには、並外れたスキルが必要となる。

留意してほしいのは、本章でサイクル・ポジショニングのスキルと資産選別のスキルを人為的に分けて論じてきた点である。パフォーマンスを左右する二つの要素を説明するためにあえてそうしたのだが、多くの偉大な投資家がこの両方のスキルを持ち合わせているのに対して、そのほかの大半の投資家はどちらのスキルも有していない。どちらのスキルもある投資家

図表14-11

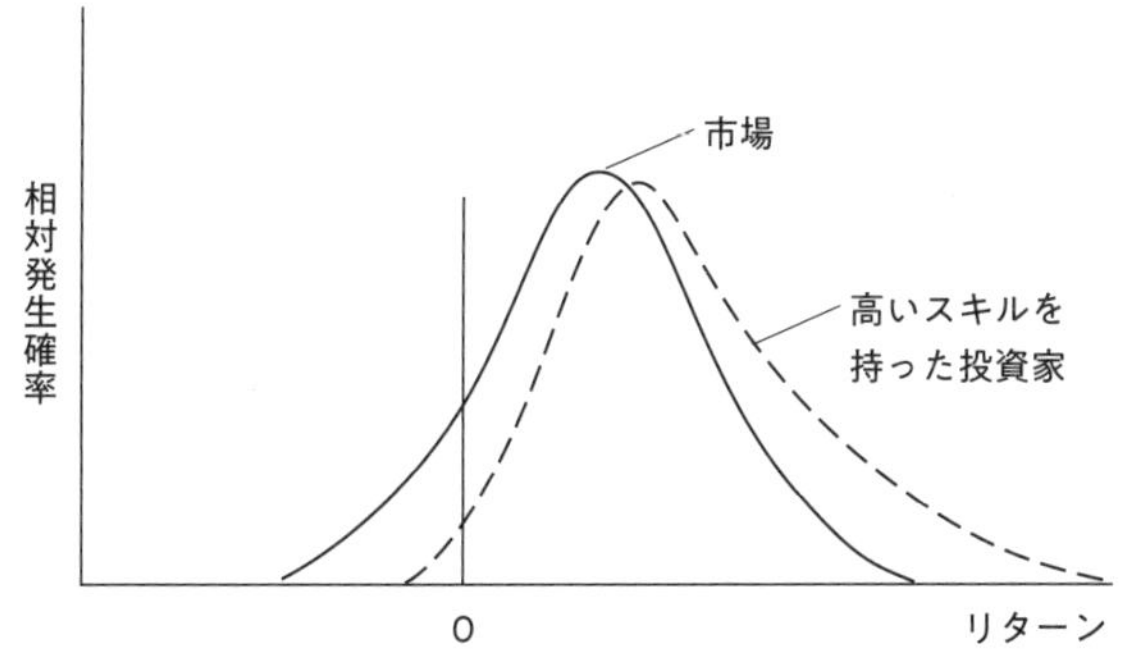

は、市場がどのような趨勢をたどりそうか、という感覚を掴むのに秀でているだけでなく、値下がり銘柄数に対する値上がり銘柄数の比率の面でも、市場環境の起こりそうな変化に適する形でポートフォリオを組むことができるのだ。だからこそ、そのような投資家は偉大であり、また稀有な存在なのである。

インドで私が得たひらめきは、将来の市場動向に適したポートフォリオをうまく組むには、どう動くか（アグレッシブに転じるか、ディフェンシブに転じるか）、そして（サイクルの位置づけから将来の市場動向を巧みに読み取ったうえで）いつそれを実行に移すかがカギとなることを教えてくれた。そうした判断の手助けをすることが本書の目的なのである。

第15章

対処できることの限界

私の考えでは、市場サイクルに関する理解に基づいてポジションを変えることで、長期的な投資パフォーマンスを改善しようとするのは、完全に理にかなっている。だが、そのために必要なスキルや、それを実行することの難しさとともに、その限界について理解しておくことは非常に大事である。

本書の執筆を引き受けたのは、サイクルについて自分が知っていることを書きとめる機会が得られたからであり、書くのが楽しかったからでもあるが、一番の理由は、(前述したように)市場の浮き沈みに対処する読者の手助けをしたかったからである。

ここまでは、サイクルを理解するためのプロセスに関する多くの留意事項や、理解する能力に対する投資家の自信を抑え込む予測のつかない変化について、論じてきた。本章は、そうした留意事項にあらためて触れ、まとめることを目的としている。

すでに述べたように、投資とは将来の出来事から利益が得られるように資金を振り向けることである。そして、将来に何が起きるか、自分たちがどうなるのかは誰にもわからない、とも伝えた。だが、今、自分がどこに位置しているのかを知るために、可能なかぎりの努力をするべきだ。サイクルの中での今の立ち位置は、将来起こりうることに対処する方法を探るうえで、強力なヒントを示してくれるからである。

サイクルの中での今の立ち位置は、何が(場合によっては、いつ)起こりそうか、という将来の趨勢《すうせい》に大きな影響を及ぼす。第1章と第14章で説明したように、サイクルの中での位置づけによって、将来の出来事に関する確率分布は変わるのだ。

起こりうることはたくさんある。我々は不確実性とリスクに直面していることを知っている。将来に関して知りうるのは、せいぜいどんな確率で出来事が起こるか、ということだ。確率を知ることは、ほかの人全般よりも適切に行動するうえでの手助けとなりうる。だが、確率を知ることと、何が起きるのか正確に知ることはまったく違うという点は、絶対に忘れてはならない。

基本的には、確率を知ることで満足するよりほかに我々に選択肢はない。ただし、(毎年のGDP成長率や、個別の株式の今後一年の上昇率といった)一つひとつの結果の実例は、多くの場合、一つの観測(あるいは一つの実績)に限定される。つまり、起こりうることはたくさんあるが、実際に実現するのはたった一つなのだ。将来に実現するのは、最も起きる確率が高そうだった出来事だと想定するのに十分な判断材料は存在しない。そして、その最も起こりやすそうな出来事がすぐには起きないことも確かなのだ。

たとえば、高揚感から膨らんだバブルの崩壊について考えてみよう。理論の上では、バブルが崩壊する必然性はない。だがサイクルの現実は、①いつかはバブルの崩壊が起きること、②起きない期間が長くなればなるほど、そしてサイクルの上方への動きが長く続けば続くほど、崩壊が起きる可能性は高まる（そしてたいていの場合、切迫感も強まる）ことを示している。

もちろん、バブルの崩壊が起きるまでの時間が長くなればなるほど（そして、サイクルの上方への動きが長く続けば続くほど）、サイクルのルールがどういうわけか当てはまらなくなり、見込まれている崩壊は決して起きない、と考える人の数も増える。こうした風潮は、二〇〇〇年のバブル時のような積極的な買いを後押しし、やがては激しい痛みのともなう結果をもたらす可能性がある。

我々は、（サイクルを理解することで導き出せる）最も起こりやすそうな出来事が、起こりそうな気配を見せたあとも長期間にわたって起きない可能性がある、という事実から、自分たちのポートフォリオ（と投資運用事業）を守らなければならない。そして、熟考の末に導き出した結果が現実となるまでには長い時間がかかるかもしれず、その長い時間を耐えられるよう、覚悟を決める必要もあるのだ。

ここで少し、歴史を振り返ってみよう。一九九〇年代半ば、株式市場、とりわけハイテク株の急騰を受けて、保守的な投資家は株価が著しく割高になっていると結論づけた。関連するデータの有用な分析から、その根拠は盤石と言えたし、警告を強く支持する声も聞かれた。だが、そうした投資家が正しかったと証明されるまでにはさらに数年の時間がかかり、「急ぎすぎは失敗も同然」という非常に重要な投資の格言のとおりになったのだった。保守的な投資家たちが出した結論に十分な根拠があったという事実は、当人たちにとってもあまり得にはならなかった。株価の調整は二〇〇〇年にようやく起き、二〇〇二年まで続いたが、保守的な投資家たちは、それよりも前に顧客による大規模な資金の引き揚げに直面したのだった。

とはいえ、そうした結論を導き出した鋭敏な知力と十分な確信に基づいて、保守的な投資家たちは自らの信念を貫きとおしたはずである。降伏して高値での買いに動くのではなく、警戒心を保っていたのなら、数年後に自分たちの正しさを証明し、名誉と資産を取り戻したことだろう。だが、それまでの間、苦痛に満ちた日々を過ごしていたことは疑いない。

時間を早送りして二〇一〇年代に話を移そう。ここでも同じような機運が生じている。慎重な投資家たちは、アメリカの株式市場が過熱していると結論づけ、株式の保有を減らした結果、その後のさらに力強い株価上昇に乗じる機会を逸した。そして、また顧客による資金の引き揚げに直面したであろうし、慎重な運用会社は（相場が上がるなかで）運用資産を減らしたと考えられる。

今回もこの慎重さは適切だったと言えるのだろうか。将来の出来事によってそのスタンスは正当化されるのか。まもなく調整が起こり、慎重な投資家が正しい判断をしたことによる恩恵を得る日はくるのか。幸いにも下げ相場になるたびに正当性を認められる「万年弱気論者《パーマベア》」とみなされるのか。それとも、原理に忠実な才気あふれる戦術家だが、これまでのところは投資の世界における因果関係の不確実性のせいで報われずにいる、と評価されるのか。これらの質問には概して答えを出すことができない。ただ、読者にとって一番大切なのは、ここから得られる重要な教訓を胸に刻むことである。それは、サイクルの中での立ち位置を見極めるのは簡単ではない、ということだ。

　私の考えでは、市場サイクルに関する理解に基づいてポジションを変えることで、長期的な投資パフォーマンスを改善しようとするのは、完全に理にかなっている。だが、そのために必要なスキルや、それを実行することの難しさとともに、その限界について理解しておくことは非常に大事である。

　ここで重要な点として、市場の日々の浮き沈みではなく、ある明白な事実に注目しておきたい。それは、第12章で紹介したわかりやすい実例が、どれも「一生に一度の」サイクルの極端な状態（最近では、一〇年に一度のペースで起きているように感じられるが）にかかわるものだということだ。第一に、バブルとその崩壊という極端な状態と、とりわけそれらが起きる過

図表15-1

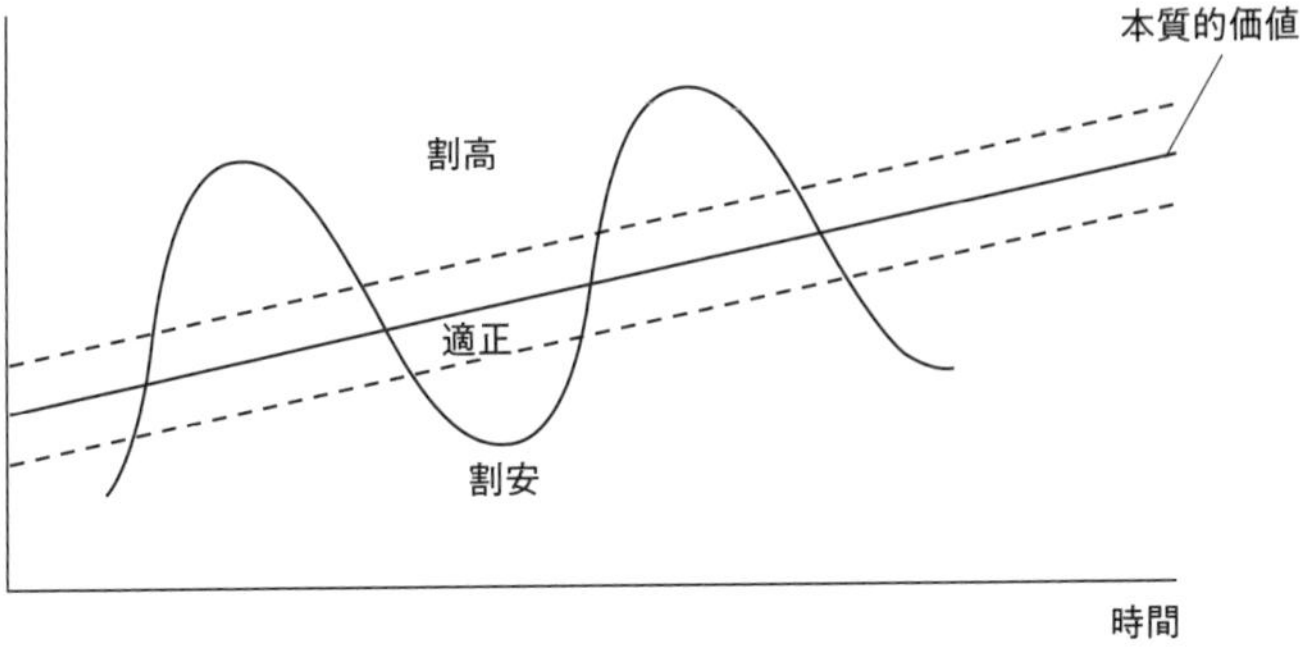

程は、非常に明快な形でサイクルの動きと、いかにそれに対応すべきかを示している。そして第二に、最も高い確率で成功が見込めるのは、顕著な極限の状態に対処するときである。

ここで、市場の変動が我々を取り巻く投資環境に及ぼす影響について、私が考えていることを図を使って説明したい（図表15－1）。正直に言えば、かなり簡略化した図であり、認識可能で現実よりもはるかに規則的な世界を示している。それでも、これは私が数十年にわたって全体的な枠組みを示すものとして用いてきた図であり、世界を不規則でランダムなジグザグの連続としてとらえる考え方を真っ向から否定している。

サイクルが「割高」と「割安」の二つの極限の中間にある「適正」の領域に位置しているとき、価格と本質的価値の関係は、当然のように両極に位置している場合ほど明確ではない。このため、

●価格と本質的価値の関係を事細かに、それも正確に割り出すことは難しい。
●したがって、中間領域で価格と本質的価値の関係を追求しても、極限における場合ほどの潜在的な利益は見込めないし、それを信頼しうるものとみなすこともできない。

極端な状態にあることを察知し、それに乗じるのが、我々が望みうる最良の策である。そして、分析力と洞察力と経験（あるいは歴史への造詣）を持ち合わせ、感情に左右されない投資家なら、それを信頼性をともなう形で行うことができると思う。ただしそれは、毎日、毎月、あるいは毎年のように利益をともなう結論を導き出せるわけではないことを示している。サイクルを理解することによって、市場の頃合いを計る格好の機会が得られるわけではない。むしろ、市場がその頃合いを決めるのである。覚えておいてほしいのは、とるべき賢明な策がないときには、賢明であろうとすることが過ちになる、ということだ。

サイクルのタイミングを計ろうとすることの妥当性は、純粋に何を期待しているかによって変わる。「明日は何が起きるのか」「来月には何が待ち受けているのか」といった感覚で、サイクルの中での今の立ち位置を頻繁に知ろうとするのなら、成功を収めるのは難しいだろう。私はそのような行為を「気が利く人ぶった振る舞い」と呼ぶ。投資成績を著しく向上させる要素のうち、頻度を高めることが重要なものと、つねに正しく見極めることが重要なものを見分けることは誰にもできない。そして、サイクル・ポジショニングの取り組みによって「起こりそう」だとみなされた市場の動きがいつ現実になるのかは、誰にもわからないのだ。

一方で、長期的な視野からサイクルのタイミングを見計らってポートフォリオを組むやり方は、オークツリーの成功の大きな原動力となってきた。我々は一九九〇〜一九九三年、二〇〇二年、二〇〇八年にアグレッシブなスタンスをとり、一九九四〜一九九五年、二〇〇三〜二〇〇六年には慎重なスタンスに切り替えた。ここ数年も、やや慎重なスタンスを採用している。我々はサイクルにうまく乗じることで優位性を築き、顧客に付加価値を提供するよう努力してきた。そして、これらの時期にとったスタンスはおおむね合っていたと言えるだろう。さらに、サイクルに乗じるべきほかの大きな機会を見逃したこともなかったと思う。

これまでのところ、大きなサイクルの中でとった我々のポジショニングはすべて正しかったと判明している。「すべて」という言葉から、これがつねに勝つことが可能な戦闘のように思うかもしれない。だが、私がここで「すべて」と言っているのは、四八年のキャリアの中でのわずか四、五回のことだ。大きなサイクルの波の中での極限に狙いを絞ることで、当たる確率を最大化してきたのである。恒常的に、それもおそらく極限以外のタイミングで成功を収めることは、誰にも（もちろん私にも）できない。

だから、（いつも私が呼びかけているように）投資で成功するのは簡単ではないと、肝に銘じるべきだ。成功するのは簡単であり、うまくいかないのは嘆かわしいことだ、という印象を抱いてほしくはない。以下は二〇一六年一月一四日付の顧客向けレター「カウチソファーの上で」からの引用である。

ここで、はっきりと伝えておきたいことがある。私は二〇〇六～二〇〇七年に警戒を、二〇〇八年に積極的な買いを、二〇一二年に再び警戒を、そして二〇一六年初頭にややアグレッシブなスタンスを呼びかけてきたが、どれも強い不透明感を抱えたままでのことだった。そうした判断は、自分が積み重ねてきた経験（とオークツリーの同僚たちとの協力）に基づく推論から導き出したものだが、一〇〇％（いや、八〇％でも）正しいと感じたことは一度もない。もちろん正しいと思って推奨するのだが、いつだって不安はぬぐいきれないのだ。

私は他の人たちと同じ新聞を読み、同じ経済データを見ている。同じように市場の動きに翻弄され、同じ要因に感情を揺さぶられる。ほかの人より多少は自分の推論に自信があるのだろうし、経験に関して言えば明らかに大半の人より積んでいる。だが、一番の違いは、理由のいかんにかかわらず、感情を排して自分が達した結論に従うことができる点だ。私の結論が何らかの形で実証されることはない。実証できるようなものなら、たくさんの頭のいい人たちが、同じような確信を持って同じ結論に達しているだろう。こんな話を書いたのは、自分が出す結論に確信が持てないから投資に向いていないのではないか、と不安にならなくてもよい、とただ伝えたかったからだ。確実なものなど、ありはしないのである。

この件については、ピーター・バーンスタインがありがたい知恵を授けてくれている。本章をその言葉で締めくくりたい。

今の仕事に就いてからの二八年間と、資産運用に携わっていたそれまでの二二年間のキャリアの中で、私が育んできた知恵のようなものを紹介しよう。投資の秘訣は注目株を選ぶことでも、予測の精度を高めることでも、すばらしいモデルを開発することでもない。それらはしょせん一時的にしか役に立たない。それよりも、とにかく生き残ることだ！ そのためには、ミスをしてもへこたれない気持ちの強さが必要である。なぜなら、人は自分で思っているよりも多くのミスをしでかすからだ。未来を知ることはできない。だが、ミスは避けることのできない当たり前のもの、と知っておいて損はない。ほとんどの場合、ミスはむごたらしい悲劇でもなければ、とんでもない考え違いによるものでもないし、悪運のせいですらない。知りようのない将来に結果を左右される活動に、ミスはつきものなのである。

ジェフ・ソート「ミスをしながら利益をあげる」
seekingalpha.com、二〇一七年三月一三日付より

第16章

成功のサイクル

ここで得られる重要な教訓は、（とりわけ相互につながり合い、情報も行き届いている世界においては）類いまれな収益性を生み出すものはみな、追加的な資金流入をもたらし、やがて人気過多になって定番化すると、リスク調整後リターンの期待値が平均へと近づいていく（あるいは平均を下回る）、ということだ。

また、それに対してパフォーマンスがさえない資産は、しばらくすると（相対的な価格低下と投資家の関心不足によって）超割安になり、アウトパフォームする立場に変わる。

投資で成功を収めるうえでカギとなるのは、（誰もが空に向かって伸びつづけると見込んでいる木ではなく）こうしたサイクルなのだ。

さて、ここまで読んだ読者はサイクルを認識し、評価し、そしてそれに対処する術《すべ》を身につけてくれたのではないかと思う。その術は投資を成功に導くうえで大きな力になりうるだろう。

だが、ピーター・バーンスタインが言ったように、どんなにすぐれた投資家でもつねに成功するわけではない。そう理解しておくことは、この世界で生きていくための重要な要素である。本書で取り上げた他の多くのことと同じく、成功にもサイクルがあり、近づいてきたり、遠ざかっていったりするのだ。

実際に、私は自身のキャリアを通じて、成功のサイクルを察知してきた。成功のサイクルも、これまでに説明してきたさまざまなサイクルと同様に、大部分は人間の本性がなすわざから生まれる。そしてやはり、サイクルの中のそれぞれの出来事は次の出来事へとつながっている。五一ページに記した「成功の中に失敗の種があり、失敗の中に成功の種がある」という言葉は、私が長年にわたり抱いてきた、そして二九年にわたってディストレスト・デットや経営再建中の企業にかかわるなかで一段と思い入れを強くした信念である。

チャーリー・マンガーの伝記作家で航空関連部品製造会社グレンエアの最高経営責任者（CEO）であるピーター・カウフマンは、弁証法的唯物論の働きについて、次のように述べている。「効率が最大になるところに向けてシステムが大きくなるにつれて、その内包する矛盾と脆弱性が大きくなり、それがやがてシステムの腐敗と崩壊をもたらす」（カウフマンのエッセイ#四八「果てしなきシーソー」より）。ここには、成功にも波があることを裏づけるプロセスが示されている。

人間の本性が果たす役割

別の言い方をすると、「成功はほとんどの人にとっては良いことではない」。つまり、成功は人を変えることができるが、たいていの場合、それは良い方向にではない。成功によって、人は自分が賢いと考えるようになる。その程度ならまだよいのだが、成功は予期せぬ悪い影響をもたらしうる。成功によって、人は自分が豊かになったと思うようになる傾向があり、その結果、意欲を低下させてしまうことがある。

投資においては、謙虚さと自信は複雑な関係にある。一番お買い得な掘り出し物は、たいていの場合、発見されていない、あるいは見下されているものの中から見つかる。したがって、投資家として成功を収めるには、イェール大学年金基金の最高投資責任者（CIO）で、同基金のすばらしい投資成績をもたらしたデイビッド・スウェンセンが言うところの「多くの場合、常識に照らし合わせれば無分別としか言いようのない居心地の悪さ」（『勝者のポートフォリオ運用』、二〇〇〇年）を受け入れられるほどの自信を持たなければならない。当然のように、著しい安値は常識が拒絶するようなもの、つまりほとんどの投資家が居心地の悪さを感じるものにつく可能性が高く、それに投資することのメリットは理解されにくい。そのようなものに投資するには、相当の気持ちの強さが必要となる。

そうした資産に投資して、最初のうちに期待していたほどの値上がりが起きなかった（あるいは値下がりしてしまった）場合、その投資家はその資産を保有しつづける、あるいは買い増しさえするほどに十分な自信を持たなければならない。値下がりを確かな「売り」のサインととらえてはならないのだ。別の言い方をすると、市場が投資家よりも多くのことを知っているのは、投資家の落ち度のせいではないのである。

一方で、投資家は自分の限界を知っていなければならず、自分が絶対に間違いを犯さないなどと思ってはならない。将来のマクロ情勢がどうなるのかは誰にもわからない、ということを理解していなければならない。経済、市場、金利の先行きに関する自分なりの見解は持っているだろうが、それが必ずしも当たるわけではないことを認める必要がある。そして、これまで述べたことと矛盾するのだが、つねに正しいのは自分で、市場が間違っているなどと思い込み、際限もなく、また事実と根拠を見直すことのないままに保有しつづけたり、買い増したりしてはならない。そのように振る舞うのは、思い上がりである。

成功を収めて、自分は賢いと思ってしまうことはよくある話だ。そして、相場が力強く上昇するなかで大金を稼ぐと、投資を極めたと思い込み、自分の見解と本能に対する自信を深めてしまう。そして、自己不信とは無縁に投資するようになる。つまり、自分が間違っている可能性を考えなくなり、損失を出すリスクをあまり気にしなくなる。すると、前の成功をもたらした安全域を十分に確保しようとしなくなる可能性がある。「強気相場と自分の知能を混同してはならない」という、古くから伝わる非常に重要な投資の格言の根拠はここにある。

はっきり言ってしまうと、成功から得られるものにほとんど価値はない。成功した人は、自分が幸運だった、あるいはほかの人の力添えがあった、という事実を見過ごす恐れがある。投資で成功すると、人はカネ儲けが簡単であり、リスクを気にする必要はないと思い込んでしまう。この二つは成功がもたらすとりわけ危険な教訓である。

成功した人は、自分に大きな勝利をもたらした小さなチャンスが無限に広がるかのように考えてしまう可能性があるが、もちろんそんなことはない。そして（たった一回の成功で有名になった投資家を含む）多くの人が、ほかのどんな領域にも手を伸ばすことができる、最初の大成功をもたらした自分の知能がもっと広い分野でも生かせるに違いない、と思い上がってしまうのだ。

このような要因から、投資において成功を重ねることは難しい。つまり、成功は連続して起きるものではなく、周期的に起きるものだと言うことができる。実のところ、一つの成功は次の成功をもたらすというよりも、それ自体が次の成功を起こりにくくする可能性があるのだ。かつてソロモン・ブラザースのチーフ・エコノミストを務めていたヘンリー・カウフマンの言葉を引用しよう。「損をする人は二種類いる。何も知らない人と、何もかも知っている人だ」（「ウォール街のアルキメデス」フォーブス誌、一九九八年一〇月一九日付より）。

スポーツ・イラストレイテッド誌やフォーブス誌の表紙を飾ると良くないことが起きるといった有名なジンクスにも、根拠がないわけではない。表紙を飾るということはそれ自体が、幸運や二度とは訪れない特別な機会を摑んだ結果、あるいは無分別なリスクをとった結果、達成された並外れた成果とも言える。また、（たとえばフォーブス誌で成功した投資家と称えられるなど）雑誌の表紙を飾る機会をもたらしたすばらしい成果から、当人が自信を深めて思い上がり、規律と勤勉さを軽視するようになったなら、その道のりは成功の方程式とは言いがたい。

人気が果たす役割

投資の成功が失敗の種となる、よくあるパターンの一つは、人気の上昇によるものだ。少し前に、掘り出し物はたいてい、価値がわかりにくく、居心地の悪さを感じさせるような、そして大衆にすぐ見向きもされなくなってしまう資産の中から見つかると書いた。短期的な投資パフォーマンスは人気投票のようなものであり、大半の掘り出し物は、まだ大衆に受け入れられておらず人気がない、というただそれだけの理由で存在する。これに対して、良いパフォーマンスをあげている資産は、だいたいの場合、良さがわかりやすいために人気が上昇し、それにともなって価格も高くなった資産である。

投資戦略について考えてみよう。永遠に機能する戦略などないと理解しておくことは非常に重要である。どんなアプローチやルールやプロセスも、それを用いればつねにアウトパフォーマンスを達成できるということはありえない。第一に、ほとんどの証券やアプローチは、特定の状況やサイクルの位置においてアウトパフォーマンスをもたらすのであって、ほかの場合では役に立たない。第二に、過去の成功はそれ自体が将来の成功を起こりにくくする役割を果たす。

アメリカで初めて株式投資の人気が高まった一九六〇年代に注目を集めたのは、「ブルーチップ」銘柄と呼ばれる業界を主導する企業の株式だった。時価総額の小さい、いわゆる小型株は当初ほぼ見過ごされていたが、やがて認知度が高まるにつれて買われるようになった。その結果、小型株が大型株をアウトパフォームしはじめた。この「追い上げ」期に小型株が大型株よりも高いリターンをあげていることに気づいた人々は、小型株を買い増し、さらにリターンを増やした。こうした流れは小型株の価格が大型株との相対比較で見て適正な水準に達するまで続いた。そして、そのころには人々の関心はまた大型株に移り、大型株が再び相場を主導するようになった。

同じように一九九〇年代後半には、グロース株（成長株）やハイテク株が、より新鮮味に欠けるバリュー株（割安株）を著しくアウトパフォームした。その格差が最大になったのは一九九九年で、その年のグロース株の上昇率はバリュー株を二五%ポイントも上回った。だが、劇的なアウトパフォーマンスによってグロース株は割高になり、二〇〇〇〜二〇〇二年の株価調整期には、それまで著しく割安になっていたバリュー株を大幅に超える下落率を記録した。

要するに「アウトパフォーマンス」とは、ただ単に、あるものがほかのものよりも高くなっていることを示す言葉である。そして、その状態が永遠に続くはずがないのは明らかだ。どれだけの魅力があろうとも、Aの価値がBの価値よりも高い状態が無限に続くとは考えにくい。つまり、AがBとの相対比較で見て上昇しつづければ、やがてはBとの相対比較で見てAが割高になるときが必ず来る。そして、あまりにもパフォーマンスが悪いからという理由で最後の一人がBに見切りをつけてAに乗り換えれば、そこからB（いまやAとの相対比較で見て、抗しがたいほど割安になっている）がアウトパフォームする時期が始まるのだ。

こうした市場の強い力を見せつけられると、ストラテジストや投資家や資産運用会社はしばらくその流れに従ってしまい、すぐにはその動きをやめない傾向を示す。少し前に、ほとんどのアイデアは無限に広がりつづけはしないと書いた。投資に関する本質的な真理の一つに、一般に良いパフォーマンスは「人気」の運用マネジャーやストラテジストへの資金の集中をもたらすが、その運用額がとめどなく増大すれば、パフォーマンスの低い資産で運用される資金の規模も拡大する、というものがある。

二〇〇〇年代半ばには、転換社債裁定取引（ある株式に転換可能な社債を買う一方で、現物株を空売り《ショート》して利鞘を稼ぐ取引）の人気が急速に高まった。投資家は現物株を適切な「ヘッジ比率」で空売りすることが可能であるかぎり、その銘柄の見通しを気にかけることなく、転換社債を積極的に購入した（詳しくは二〇〇五年六月六日付の顧客向けレター「典型例」を参照）。裁定業者は、どんな市場環境でもずばぬけたリスク調整後リターンを達成していると報告していたが、それも時間の問題だった。この戦略にひきつけられて多くの資金が流入し、また多くの競合業者が参入すると、誰も以前ほどに魅力的な利鞘を稼ぐことができなくなった。

ここで得られる重要な教訓は、（とりわけ相互につながり合い、情報も行き届いている世界においては）類いまれな収益性を生み出すものはみな、追加的な資金流入をもたらし、やがて人気過多になって定番化すると、リスク調整後リターンの期待値が平均へと近づいていく（あるいは平均を下回る）、ということだ。

また、それに対してパフォーマンスがさえない資産は、しばらくすると（相対的な価格低下と投資家の関心不足によって）超割安になり、アウトパフォームする立場に変わる。投資で成功を収めるうえでカギとなるのは、（誰もが空に向かって伸びつづけると見込んでいる木ではなく）こうしたサイクルなのだ。

すべては浮き沈みの問題である。投資においては、物事はそれが機能しなくなるところまで機能する。あるいは、バークシャー・ハサウェイのアジット・ジェインが先日、私に投資について語ってくれたように、「簡単でなくなるまでは、簡単なのだ」。

●割安な小型株は、もはや割安ではなくなる水準に達するまでアウトパフォームする。
●値上がり銘柄を買うトレンド・フォロー投資あるいはモメンタム投資は、しばらくはうまくいく。だがやがて、銘柄間のローテーションや出遅れ銘柄を買う動きによって、必勝法の座を奪われる。
●「押し目買い」は投資家が一時的な価格低迷に乗じることを可能にするが、やがて何らかの大きな問題が表面化する（あるいは純粋に相場の回復に歯止めがかかる）と、価格下落がさらに下落に呼ぶ展開になり、すばやい回復は見込めなくなる。
●リスクの高い資産は（リスクの高さが過剰に織り込まれた価格水準を出発点として）アウトパフォームするが、それも安全な資産と同等の水準に達すると終わる。その後は、再び適正なリスク・プレミアムを織り込んだ水準になるまでアンダーパフォームする。

結論は明快だ。永遠に機能する手法など存在しない。ただし、誰もが何かが永遠に機能しつづけると確信するようになったら、まさしくそれが絶対に実現しないことが明らかになったときである、ということを認識しておく必要がある。私に言わせれば、「投資においては、重要なことはすべて直感に反しているのであり、明白なことはすべて間違っている」のだ。

人気の（逆の意味での）影響を最もよく表す例は、一九七九年の出来事だろう。当時からこの業界にいる一握りの投資家も忘れてしまっている話かもしれない。同年八月一三日、株価低迷が一〇年近く続いたところで、ビジネスウィーク誌が「株式の死」と題した特集記事を発表した。この記事が株式について下した結論は、本書で勧めていることすべてに真っ向から反するものだった。

記事では、株価の低迷がずっと続く理由として、うんざりするほどたくさんの要因が挙げられていた。

●七〇〇万人もの人が株式投資から手を引いた。
●ほかの投資商品のほうが良いパフォーマンスを記録している。
●年金基金は金《きん》などの実物資産への投資に乗り換えている。
●インフレが企業から利益成長力を奪っている。

そして、次のような文章が続いた。

まだ金融市場にとどまっている金融機関でさえも、不動産担保証券や外国証券、ベンチャーキャピタル、リース、元本・利回り保証契約型保険商品、インデックス債、株式オプション、先物などの「代替商品」への投資に資金を投じつつある。

そして、こう締めくくっていた。

今日では、日々の貯蓄と退職後の生活の拠り所として、堅実な株式を買うという旧来の姿勢が消えつつある。あるアメリカの若い企業幹部はこう言う。「最近のアメリカ企業の株主総会に行ったことはあるだろうか。そこにいるのは時代遅れな人ばかりだ。株式市場は活況を呈していたころとは、もはや別物になっている」

要するに、「株式の死」というこの記事は、株式はすっかり不人気になってしまったため、相場が上がることは二度とないだろう、と伝えたのである。過去のさえないパフォーマンスが今日の不人気をもたらし、それが明日のさえないパフォーマンスにつながるだろう、というのはあまりにも単純すぎる一次的思考である。むしろ、二次的思考をする洞察力に富んだ人なら、過去のさえないパフォーマンスが今日の不人気につながり、それが今日の低価格に反映されているが、そのことは明日のすばらしいパフォーマンスを示唆している、と言うだろう。「株式の死」という記事は、一九八二年に史上最大の強気相場が始まるほんの数年前に発表された（そして実質的に、その強気相場の土台となった）。発表された当時、一〇七ポイントだったS&P五〇〇種株価指数は、二〇〇〇年三月には一五二七ポイントに達した。一四倍超に上昇したのであり、二一年近くの間に年平均で一三・七％の上昇率を記録したことになる（しかも、配当の再投資を考慮したトータルリターンの指数で見ると、それぞれの数字は二八倍超、一七・六％となっている）。ここで得られる教訓は単純明快だ。投資家は人気の高い資産を警戒すべきである。むしろ、不人気こそが買い手の友なのだ。

企業が果たす役割

企業も、やはり因果関係でつながった数多くの出来事の影響によって、成功したり、うまくいかなかったりする。私が知るなかで、そうした浮き沈みのプロセスを最も顕著に示してきた企業はゼロックスである。

オフィス用印刷機器製造大手のゼロックスは、現像液を用いずに写真を複製することを最初に実現した企業である（それまでは写真を複製するのに暗室で作業する必要があった）。そして、一九六〇年代後半に駆け出しのオフィス機器アナリストだった私が、初めて訪問した企業の一つであった。当時、ゼロックスは「乾式」の印刷技術を独占しており、自社の命運を自らの手でしっかり握っているかのようだった。先輩アナリストと私が同社の「アナリスト連絡担当者」に話を聞きに行くと、担当者は同社のコピー機のモデルごとに、翌年に何台が出回るか、機械一台当たりの年間レンタル収入はいくらになるか、といった会社の見通しを語ってくれた。

ゼロックスはコピー機市場を支配していたため、会社見通しを実現することはおおむね可能だった。独占価格を設定し、レンタルに出す機械の規模を微調整したり、高い利益マージンを確保したりすることもできた。また、同社はコピー機の販売や長期リースを否定し、比較的短い期間のレンタルに固執した。価格決定権を失いたくなかったのだ。何という永久機関であろうか！

だが、ゼロックスの経営者はそうした高いマージンが持続可能でなくなる可能性をないがしろにしていたのかもしれない。一九七五年、同社はコピー機市場の支配をめぐる反トラスト訴訟で和解し、同社の強力な特許群のライセンス供与を求める判決に従った。この結果、競合会社は独自のコピー機の製造・販売に着手した。また、ゼロックスが設定したレンタル価格を切り崩し、レンタル機市場でシェアを奪うことも可能になった。こうしてアメリカ市場におけるゼロックスのシェアはほぼ一〇〇%から一五%以下へと縮小し、利益も大幅に減少した。既存メーカーだったゼロックスは、自社の既存事業の収入をも減らしてしまうことを恐れ、価格競争にうまく対応することができなかった。競合他社は価格競争を展開し、今で言うディスラプトの先駆者となった。

一九六八年の時点では、その独占的な地位と高成長と高い収益率のおかげで、ゼロックスは前述した「ニフティ・フィフティ」銘柄を主導する存在だった。「ニフティ・フィフティ」の企業はきわめて盤石で成長も速いため、「何も悪いことは起こりえず」「どんな株価でも高すぎることはない」とみなされていた。だが、空に届くまで伸びる木などまずない。そして、終わりの来ない成功もほとんどないのである。

ゼロックスの振る舞いが、対応する準備のできていない競争を呼び込んだ（そして、さらにほかの理由が重なった）結果、二一世紀初頭になると同社は深刻な経営難に直面した。

企業も人々と同じく、成功した際に、その成功そのものを終わりへと導く以下のような反応をしてしまう可能性がある。

- 悦に入って「幸せ太り」する。
- 官僚的になり、動きが鈍くなる。
- 自分の立場を守るための行動をとり損なう。
- 革新的で迎合しない姿勢を捨て、凡庸な大衆の輪に加わる。
- 何でもできると思い込み、自社の能力の及ばない領域に足を踏み入れる。

このような形で（ほかにもいろいろあるが）、成功はまさしく失敗の種を内包する。ただし、良いこともある。前述したように、失敗もまた成功の種を内包するのだ。

●ひとたび攻撃にさらされると、企業は意欲と目的意識を取り戻す。
●官僚的な無駄をそぎ落とし、競争に立ち向かい、カネを稼ぐ方法を真剣に考えることができるようになる。
●そして、失敗の最終的な形として、倒産する、規模を縮小する、赤字の事業や採算のとれない設備や店舗、厄介な契約、重荷となっている債務を切り捨てる、といったプロセスをたどる可能性がある（ただし当然のように、倒産した企業の所有者は通常、自分の地位をすべて失う）。

ベイハン・ジャンジジアンは二〇〇二年にゼロックスについて、次のように書いた。

［二〇〇〇年に］新しい経営陣は、同社の収益性を取り戻すことを目的として、大胆なコスト削減や一万三六〇〇人の人員削減を含む数多くの再建策を実施した。また、中国と香港の事業、そして富士ゼロックスの持ち株の五〇％を富士写真フイルムに売却した。さらに、受取債権を担保にGEキャピタルから資金を調達することを決定し、すでに二七億ドルを受け取った。また、不振のSOHO（小規模事業者・家庭）向け事業から撤退した。
今年四月、ゼロックスは二年間にわたる調査を行っていた証券取引委員会（SEC）と和解し、一〇〇〇万ドルの制裁金の支払いに応じた。同社はのちに、SECとの合意に基づく要求に応じて、過去の決算報告を再申告した。さらに債権者との再交渉で、より対処

しやすい形での債務返済について合意にいたった。そして、おそらく最も重要なことに、同社の製品は価格と品質の面で競争力を取り戻した。
これらの取り組みが奏功し、ゼロックスは予想されていたよりも早く黒字に転換した。……業務の著しい改善を考慮すると、現在の価格水準であれば同社株は魅力的な買い銘柄と言えるだろう。

「崖っぷちから立ち直ったゼロックス」
フォーブス・グロース・インベスター、二〇〇二年一〇月号より

企業の存続期間は経済や市場ほど長くないため、企業の成功の長期的サイクルもさほど長くはならないかもしれない。だが、その存続期間の中で、利益がその後の赤字につながり、赤字がその後の利益の土台になるということが繰り返される可能性がある。このように企業の成功にもサイクルがあるのだ。

タイミングが果たす役割

個人や企業の成功に最も大きく寄与する可能性がある要因はタイミングである。タイミングは、ほかの要因よりも頻繁に、個人や企業が物事にかかわるきっかけをもたらす働きをする。一九六〇年代にゼロックスが有名企業になったのも、タイミングに恵まれたからである。私自

身も、キャリアを築くうえでタイミングの後押しを受けてきた。

一九七八年八月、シティバンクの株式調査部から債券ポートフォリオを運用する部門へ異動してまもないころに、私の人生を変える電話が上司からかかってきた。上司はこう言った。「カリフォルニアにミルケンという男がいて、ハイイールド債と呼ばれるものにかかわっている。ある顧客がその債券をポートフォリオに組み入れることを望んでいる。どういう商品か、探ってくれないか」

機関投資家によるハイイールド債投資が始まったのは一九七七年から一九七八年にかけてのことだった。このころマイケル・ミルケンが、非投資適格企業でもリスクを埋め合わせるのに十分な利回りを付与すれば、債券を発行できると投資家を説得し、最初の成功を手にしていた。ハイイールド債市場の規模は、私が初めてかかわった時点で三〇億ドルを下回っていた。大多数の機関投資家は、一般に「ジャンク債」と呼ばれていた非投資適格債の購入を禁じる規則に縛られていた。そして格付機関のムーディーズは、「望ましい投資対象としての特徴を欠いている」として、シングルB格の債券の格付けを断固として拒否していた。

この不人気な債券が、過小評価された掘り出し物にならないわけがなかった。そして早い時期にこの分野に参入したことが、得にならないはずもなかった。

それから一〇年後、ブルース・カーシュが法的知識と戦略的洞察力を私のチームに持ち込み、さらにそこに信用市場に関するシェルドン・ストーンの専門知識が加わったのを受けて、我々は大手金融機関の中でも草分け的存在であるディストレスト・デット・ファンドを創設した。

倒産した、あるいは倒産寸前とみなされている企業の債務に投資すること以上に、リスクが大きく好ましくないことがあっただろうか。これ以上に、人々が嫌がりそうなことがあっただろうか。言い換えると、これほどまでに安全にカネ儲けできるものがあっただろうか。

これら二回の機会において（ほかにももっとあったが）、私は幸運にもまだ発見されておらず、人気がなく、したがってお買い得価格のアセットクラスに出会うことができた。自分しか参加者がいないような市場で投資を行うほど、楽なことはない。誰もが発見し、理解し、気に入り、押し寄せる市場で、それなりのリターンを絞り出すようなことをしなくてもよいのだ。今、述べたような市場は成功の方程式からは程遠い。人気が出てしまった市場に後から参入するのは「最初の賢明な人」の行為ではない。むしろ「最後の愚か者」の行為に近いだろう。幸運にも、あとのほうではなく最初のほうの人になれた者は、その成功が自分の手柄によるものではないと知っている（あるいは絶対に知っておくべきである）。

こうした点で、私はヘンリー・フィップスの言葉から大きな気づきを得た。フィップスはアンドリュー・カーネギーとヘンリー・クレイ・フリックほど有名ではないが、この一九世紀を代表する二人の実業家とともにカーネギー・スティールを大企業に育てた人物である。一八九九年にフィップスは手紙で次のように記している。

今のような良い時期は、悪い時期へとつながる。振り子の振動と同じぐらい確かな法則だ。我々は経験から、こうした基本的な真理を知っている。では、それをうまく生かす才覚を

持っているだろうか。

ジョージ・ハービー著『ヘンリー・クレイ・フリック』(二〇〇二年)より

成功というのは、まれに訪れるものであり、当人が常日頃からそれを信じているからこそ実現するというものではないだろう。また、成功をもたらすきっかけとなったタイミングは、その後の成功の持続をも後押しするわけではない。良い時期は、成功するためにそのような時期が永遠に続くことをあてにした投資判断を下すのを促す。だがそうした良い時期はむしろ悪い時期へとつながり、逆らいようのない形でその投資判断を試すのだ。

良い時期のあとには遅かれ早かれ悪い時期がやってくるが、それだけではない。他の多くのサイクルの例と同様に、良い時期は往々にして悪い時期を生み出す。良い時期は、(ディストレスト・デットのサイクルの章で論じたように)軽率な債券発行や、(不動産サイクルの章で論じたように)建築物の建て過ぎにつながりかねないのだ。

また、モルガン・スタンレー・インベストメント・マネジメントのチーフ・グローバル・ストラテジスト、ルチル・シャルマが著書『シャルマの未来予測』で新参の改革者の影響力について述べているように、「改革は良い時期に成長をもたらすが、良い時期は新たな危機へとつながる傲慢さと自己満足を促す」。

ヘンリー・フィップスは、歴史がこうした傾向を明らかに示している点を指摘した。ここで重要な疑問は、良い時期がさらに良いことをもたらすとは限らない、つまり成功は実は周期的にしか訪れない可能性がある、ということに気づけるほどに、我々は明敏かつ冷静でいられるだろうか、というものだ。

最後に、チャーリー・マンガーが引用したデモステネスの言葉をあらためて伝えたい。「人はそうあってほしいと願うことを真実だと思い込める」。言い換えると、希望的観測は往々にして深く根を下ろす。だから投資家は、良い時期のあとにさらに良い時期が続くのだと思い込みかねない。だがそれは物事、とりわけ成功に周期的な性質があることをないがしろにした考えである。

第17章 サイクルの未来

極端な行動をとる人間の性向がなくなることはないだろう。そして、そうした極端な状態はいずれ必然的に修正されるため、サイクルがなくなることもないだろう。経済も市場も過去において一本のまっすぐな線に沿って動いたことはなく、未来においてもそれは変わらないだろう。それはつまり、サイクルを理解する能力のある投資家が利益を得る機会を見出すということである。

ここまで、過去にかかわる多くの話に加えて、現在にかかわる話もいくらかしてきた。本書の終わりが近づいてきたところで、ここからは未来へ目を向けてみたいと思う。

私はこれまでのキャリアの中で、何かしらのサイクルについて、波がなくなったと識者が話す場面を幾度となく目にしてきた。経済の活力、金融イノベーション、巧みな企業経営、中央銀行や財務当局が持つとされる全知全能性など、理由はさまざまだが、景気サイクルあるいは企業利益サイクルは、もはや上下動しないだろう、というのである。

私はこの件に関して、一九九六年一一月二五日付の顧客向けレター「今回は違うのか？」で言及している。このレターでは、まず発行日の一〇日前に目にした新聞記事について説明している。

その記事は、現在も継続中である、後退とは無縁の景気拡大について論じていた。最初の段落は次の言葉で始まっている。

企業の役員室から家庭のリビングルーム、官庁から証券取引所のトレーディングフロアにいたるあらゆる場所で、新たなコンセンサスが生まれつつある。振れが大きく、たちの悪い景気サイクルがなくなった、というものだ。

六七カ月に及ぶ現在の景気拡大は、すでに戦後平均を超える長さに達している。にもかかわらず、ブルーチップ・エコノミック・インディケーターズの調査（私のお気に入りの専門家情報であり、一九九六年八月二二日付の顧客向けレター「続・予測の価値」のテーマとなっている）によると、「トップ・エコノミスト」五三人のうち五一人が来年の経済成長率を一・五％以上と予測している。またミシガン大学の調査によると、むこう五年間に好況が続くと見込む消費者の数は、不況になると見込む消費者の数を上回っている。

シアーズ・ローバックの会長は「景気後退が起きなければならないという自然の法則は存在しない」と語る。アモコの会長は「今世紀の終わりまで景気拡大が続かない、と考える理由はまったく思いつかない」と言い、サラ・リーのCEOも「どうなったら景気が下向くのか、考えもつかない」と話す。

「景気サイクルはなくなったとの見方強まる、だが警戒の声も」
ウォール・ストリート・ジャーナル紙、一九九六年一一月一五日付より

一九九六年に報じられたこれらの見解が、実際にサイクルの終わりを告げるものではなかったことは明らかだ。それどころか、二〇〇一年には緩やかな景気後退が起き、そしてその数年後には二〇〇八～二〇〇九年の大不況という、今生きている人々の大半が経験した中で最も強烈なサイクル上の出来事が生じたのである。

この顧客向けレターで、私はほかの偉大なリーダーたちによる似たような発言も取り上げている。

●現在の繁栄が終わりを告げることはないだろう。
●近い将来、この国の繁栄が必ず色あせ、遠のいていくという言い分に、異議を唱えずにはいられない。
●今はまだ、黄金期として歴史に残る時代の始まりにすぎない。

●この国の基幹産業は基調として底堅く、繁栄している。

これらの発言の妥当性を評価するにあたり、留意すべきことがある。それは、発言したのが右から順番にピアース・アロウ・モーターカー・カンパニー社長、ニューヨーク証券取引所社長、ブッシュ・ターミナル・カンパニー社長、そしてアメリカ大統領だったという点だ。四人目の大統領がハーバート・フーバーだということを知らなくても、一人目と三人目の肩書きを見れば、これらの発言が遠い昔になされたものだと見当がつくだろう。実は一九二八年から一九二九年にかけて、つまり一〇年以上にわたって世界中を苦しめることになった大恐慌の直前というタイミングでの発言だったことは、とても縁起の良い話とは言えない。景気減速なき繁栄、そしてサイクルはなくなったという考えは、もう願い下げだと私は思っていた。

だが、やがて二〇〇〇年代になると、「永遠に続く繁栄」への期待感が再び顕在化した。サイクルがなくなったという議論こそ特に生じなかったが、多くの投資家、銀行、そしてメディアが、「リスクはなくなった」という実質的に前と同じ考えを明らかに受け入れたのだった。元アメリカ財務長官のティモシー・ガイトナーは『ガイトナー回顧録』で、二〇〇三年にニューヨーク連邦準備銀行総裁に就任した際の組織内の雰囲気について、以下のように記している。

エコノミストたちは、アメリカ経済の長期にわたる安定は「大いなる安定《グレート・モデレーション》」という新たな常態であり、ショックを受けても立ち直れる時代がほぼ永遠に続くのだと論じはじめていた。リスクをヘッジし、分散するように設計されたデリバティブなどの金融イノベーションと、景況悪化に対応するすぐれた金融政策や、在庫循環を平準化するすぐれたテクノロジーが組み合わさることで、破滅的な危機は過去の遺物になった、という自信が深まっていた。

この永遠に続く繁栄とされるものに「大いなる安定」という名前がつけられていたという事実そのものが、一般大衆の意識にそうした概念が入り込んでいたことを示している。そしてこれは私が思い描く、考えられうる中で最も危険な状況の基準を満たしていた。リスクはなくなった、という思い込みが広く浸透した状況である。本書の一六二ページでは、リスクがなくなるのを後押ししたとしてメディアが並べたてた要因について説明した。FRBの全知全能性、国外からアメリカの資産への絶え間ない過剰流動性の流入、そしてウォール街における最新のイノベーションである。

この手の「サイクルはなくなった」という思い込みには、間違っているという以外にも非常に重要な点がある。それは、いつも頂点へ向かうサイクルの動きと時期を同じくして生じており、間違いなくそのサイクルの動きを後押ししている、ということ、そしてサイクルが頂点に達したあとには、とてつもない痛みをともなう出来事が起きる、ということである。一九二九～一九三九年の大恐慌、二〇〇〇～二〇〇二年の三年間にわたる株価下落（一九二九年以来では初めての大幅な下落）、二〇〇七～二〇〇八年の世界金融危機がその実例である。

「今回は違うのか？」と題した顧客向けレターで、私は前述した超楽観的な見解を紹介したあと、このテーマに関して非常に重要だと思われる点について説明した。

もちろん、こうした観測が真に伝えるのは、サイクルが繰り返されることはないという見通しではなく、傍観者が自信過剰になってしまっているという警告だ。景気や企業利益や市場のサイクルは、人々がそこにかかわって重要な意思決定を行うかぎり、つまり私の考えでは永遠に、なくならない。

……事態が好転すると判断するのにふさわしいタイミングがある。相場が低迷し、周りの誰もがタダ同然の価格で資産を売りたたいているときがそうだ。相場が過去最高の水準にあるときに、過去に一度も実現していない都合のよい理屈に飛びつこうとするのは危険である。だが、人はこうした過ちを犯してきたのであり、それはまた繰り返されるのだ。

「今回は違う」はビジネス界で最も危険な五文字だ。とりわけ危険なのは、よくあることだが、過去において極限と呼ばれていたところに何かが到達した際に使われる場合である。

人々が「違う」と言うとき、それは往々にして過去のサイクルをもたらしてきたルールやプロセスが通用しなくなったという意味合いを持つ。だが、金融の世界における過去のサイクルの変動は、物理的あるいは科学的な法則から生じたわけではない。科学の世界では、信頼性が高く、何度も繰り返されうる因果関係が確立されており、「もしAならば、Bである」と自信を持って言うことができる。しかし、金融やビジネスの世界で何らかの原理が働いているとしても、そこから生まれる真理は科学の世界の場合とは著しく異なる。

その理由は、すでにくどいほどに繰り返してきたが、人間がかかわっていることにある。人々の決断は経済、ビジネス、市場のサイクルに多大な影響を及ぼす。実際に、経済、ビジネス、市場は人と人との間でのやりとりなしには成り立たない。そして人が科学的に意思決定を行うことはない。

決断を下すにあたって、歴史や事実やデータを考慮に入れる者や、「経済人《エコノミック・マン》」としてのアプローチをとる者もいるだろう。だが、どれほど冷静で感情に左右されにくい人でも、ほかの人からの影響や客観性の喪失と無縁ではいられないのだ。

かつて著名な物理学者のリチャード・ファインマンは、「もし電子に感情があったなら、物理学はどれだけ難しくなっていただろうか」と述べた。電子に感情があった場合、科学で予測されるような動きをつねにとることはありえず、物理法則は時々しか機能しなくなっているだろう、という意味である。

大事なのは、人間が間違いなく感情を持っており、したがって侵すべからざる法則に縛られることはない、という点だ。人が経済や投資に関して下す決断には、必ず感情や弱みが反映される。だからこそ、人はふさわしくないときに気分を高揚させたり、意気消沈したりする。何もかもが順調なときには上昇余地を、うまくいっていないときには下方リスクを過大に見積もり、サイクルを過剰な状態へと導くのだ。
以下の『投資で一番大切な20の教え』からの引用は、サイクルの持続性に関する要点をまとめる際の土台となるだろう。

我々が生きている世界にサイクルが存在する根本的な原因は、人がかかわっていることにある。機械に任せれば、物事は一直線に前進しうる。そして、時間は絶え間なく進む。機械も適切な動力を与えられれば、進みつづけることができる。しかし、歴史や経済学といった分野では、その過程に人がかかわっており、人がかかわれば、結果は変化と浮き沈みに富んだものとなる。それは主に、人が落ち着きのある冷静な生き物ではなく、感情的で一貫性のない生き物だからなのだと思う。

もちろん、定量的な相関関係や世界的な出来事、環境変動、技術発展、企業の意思決定など、客観的な要因もサイクルにおいて大きな役割を果たす。しかし、これらに心理要因が加わると、投資家は過剰、あるいは過小な反応を示し、これがサイクルの波の大きさを決定づけるのだ。

物事が順調で将来の見通しも明るく、気分が良くなっているとき、人の行動は大きく変化する。出費が増えて貯蓄が減る。娯楽やカネ儲けの機会を増やすために借金をする、という具合にである。そうすることで、懐具合は前より心許なくなるにもかかわらずだ（もちろん、楽観的な時期に「心許ない」などという概念は忘れ去られている）。そして人は

現在の価値、言い換えると未来の断片に、進んで高い値段をつけるようになる。

投資家は、進行中のプロセスに目を向け、そこに機械的な信頼性があるとみなし、その信頼性を頼りにしてプロセスの先行きを推定する。だが、そこで見落とされているのが感情の役割だ。上昇局面における強欲と、下降局面における恐怖である。

感情は二つの形でサイクルに作用する。感情は極限へ向かう力を増幅させ、最終的にサイクルを反転へと導く。また、行き過ぎた状態にあると認識することがきわめて重要で、非常に大きな潜在収益性をもたらす、まさにそのとき（二五六ページと二五九ページに示した強気相場と弱気相場の三段階のプロセスにおける第三段階）に、市場参加者は感情に流されて、サイクルの周期性を見失ってしまうのだ。

次の『投資で一番大切な20の教え』からの引用は、サイクルが繰り返されるかどうかという点に関する考えをまとめるうえで役に立つだろう。

> サイクルの波がなくなることは決してない。もし完全に効率的な市場というものがあるのなら、そしてもし人々が感情を排し、冷徹な計算に基づいて判断を下すのなら、サイクル（あるいは、少なくともサイクルの極端な波）は消滅するかもしれない。だが、そんなことはありえないのだ。
>
> 消費者が経済要因や外生的な事象、地政学的あるいは自然発生的な要因に対して感情的

に反応し、支出を増やしたり減らしたりすることから、景気は拡大と後退を繰り返す。企業は景気拡大期にバラ色の未来を思い描き、設備や在庫を極端に増やす。やがて景況が軟化すると、この過剰な設備や在庫が重くのしかかる。資金の提供者は好況期に融資姿勢を大幅に緩め、低利の融資を過度に拡大する。そして、景気に暗雲が漂いはじめると、融資姿勢を急激に厳格化する。投資家は好調時の企業を過大評価し、状況が悪化すると過小評価する。……

サイクルの存在を無視し、これまでのトレンドをそのまま未来に当てはめようとすることは、投資家が冒しうる重大な危険の一つである。人々は往々にして、好調の企業がずっとその調子を維持する、あるいはアウトパフォームしている投資が永遠にアウトパフォームしつづけるかのように振る舞う（逆方向のトレンドの場合も同様である）。だがトレンドが反転するほうが、現実となる公算が大きいのだ。

感情とそれがもたらす行き過ぎた状態について理解を深めることは、本書の重要な目的の一つである。サイクルがトレンドラインから離れて上下動するのは、概してこうした行き過ぎた状態とその結果としての調整によるものだ。この傾向は、利益をあげることを望む（しばしば群集して動く）人々の意思決定の集合体そのものである証券市場で、とりわけ顕著だ。だが、これは経済や企業にも当てはまる。経済や企業は十分に油の回った独立した機械に見えるかもしれないが、やはり意思決定を行う人々が集合したものにほかならず、その集合体としての特徴を備えているのである。

初心者の投資家が、トレンドが長期化する現象に初めて出くわしたのであれば、サイクルが止まるというかつてない状況が生じうる、と考えるのも当然かもしれない。だが二回目、三回目と経験を積んだ者なら、サイクルがなくなることはありえないと気づき、その認識を自らの強みとすべきだ。

今後、サイクルがなくなったという触れ込みで投資の勧誘を受けたなら、それが間違いなく失敗する賭けであることを思い出してほしい。

『投資で一番大切な20の教え』より

一九六八年、二二歳で投資の世界に足を踏み入れた私が最初にかかわりを持ったのは「ニフティ・フィフティ」だった。当時、私よりもはるかに経験豊かな人々が、該当企業の偉大さや無限の成長性を熱く語り、それらの企業には何も悪いことは起きるはずがなく、どんな株価でも高すぎることはない、と説いていた。私はこうしたストーリーを鵜呑みにしたが、やがて(いつだったかは覚えていないものの)その極端なストーリーの非論理性に気づいた。このように早い段階で、間違った概念にあまり引きずられることもなく、サイクルの特性や資産価値やリスクについて最初の教訓を学ぶことができた私は幸運だった。

一九七三年、シティバンクでアラブ産油国による原油禁輸措置に対処する立場にあった私は、新人のころほどうぶではなくなっていた。当時、原油価格は一バレル当たり二〇ドルから六〇ドルに跳ね上がり、エネルギー業界アナリストが一層の価格上昇を妨げる要因はほとんどない、と分析していた。一九八〇年代には、コンピュータ産業への期待感から、のちに必要だったと判明した水準をはるかに超えるディスクドライブ・メーカーが誕生した。
その後数十年におよぶ経験を積んだ私は、一九九〇年代後半のハイテク／インターネット／電子商取引関連株バブルの行き過ぎた状態や、最終的に二〇〇七〜二〇〇八年の世界金融危機へとつながった過信に基づく資本市場の振る舞いに気づくことができた。こうした市場の行き過ぎた状態（とそれがサイクルに及ぼす影響）に関する学びのプロセスは、すべての投資家の教育に不可欠な要素である。

極端な行動をとる人間の性向がなくなることはないだろう。そして、そうした極端な状態はいずれ必然的に修正されるため、サイクルがなくなることもないだろう。経済も市場も過去において一本のまっすぐな線に沿って動いたことはなく、未来においてもそれは変わらないだろう。それはつまり、サイクルを理解する能力のある投資家が利益を得る機会を見出すということである。

第18章 サイクルの本質

ここでは、これまでの章からサイクルとその起源や対処方法を理解するためのカギを握っていると私が思う文章を抜き出して並べ、本書の締めくくりとする。部分的に抜き出したせいで文脈が不明瞭になる場合を除き、加筆修正はしていない。本章は本書の要約というよりは、おさらい用に主要箇所をまとめたものと言える（また太字で強調された文章だけを読めば、概要がわかるようになっている）。

ハワード・マークス

投資で成功することは、くじ引きで当たりを引くのに似ている。どちらも、箱（起こりうる結果すべて）からくじ（実際に起きた結果）を引くことで決まる。どちらの場合でも、数多くの可能性の中からたった一つの結果が選ばれるのだ。

すぐれた投資家とは、箱の中にどのようなくじがあるのか、ひいては、そのくじ引きに参加

する価値があるのかどうかを感知することに秀でた人である。言い換えると、すぐれた投資家は（その他の人々と同じく）将来、何が起きるのかを正確に知っているわけではないが、将来の趨勢《すうせい》を人並み以上に理解しているのだ（二一五〜二一六ページ）。

〜

サイクルの中での立ち位置が変わると、勝ち目も変わる。情勢が変化しても投資スタンスを変えないのであれば、サイクルに関して受け身の姿勢をとっていることになる。言い換えると、自分に有利な勝ち目を引き寄せるチャンスを見逃しているのだ。だが、サイクルに関する何らかの見識を生かせば、勝ち目が大きくなったときには投資額を増やしてより積極果敢な投資を行い、勝ち目が乏しくなったときには投資額を減らしてより防御性を高めることができるのだ（二三二ページ）。

〜

私の考えでは、ポートフォリオをある時点において最適な形で組むには、攻撃性と防御性のバランスをどのようにとるか決めることが最良の方法である。そして、そのバランスは、その時々の投資環境の変化や、さまざまな要素がサイクルの中で位置している場所に応じて、調整すべきである。

キーワードは「調整する」だ。超攻撃的《アグレッシブ》なスタンスから超防御的《ディフェンシブ》なスタンスまで、幅広く連続性を持った範囲の中で投資家の姿勢は変化する。投資額や、さまざまな選択肢の間での資金配分、保有資産のリスクの度合いは、どれもこうしたスタンスの変化に応じて調整しなければならない。価格が割安になっていれば積極果敢に攻めるべきだし、割高になっていれば手を引くべきなのだ。ポートフォリオ構成の調整は、本書の大部分のページを費やして論じているテーマである（二一一～二二一ページ）。

〜

投資の世界では、サイクルが浮き沈みを繰り返し、振り子が行きつ戻りつしているのだ。サイクルの波と振り子の振動はさまざまな形で表れ、多種多様な現象と関係しているが、根本にある原因、そして動きのパターンには共通する部分が多く、時代が変わってもある程度、一貫している傾向がある。マーク・トウェインが言ったと伝えられているように（本人の発言だという確証はないのだが）、「歴史は繰り返さないが、韻を踏む」のである。

トウェインがそう言ったかどうかにかかわらず、この言葉には本書で伝えたいことの多くが凝縮されている。それぞれのサイクルは、その原因や細部、タイミングや振れ幅の面でさまざまに異なるが、浮き沈み（そして、その原因となるもの）はいつまでも生じつづけ、投資環境の変化、そしてその結果、必要となる投資家の行動の変化をもたらすのだ。

現実には、これらのものの動きは短期的に、何よりも人間が関与することによって大きく左右される。そして、人間は一貫性があるとは言いがたい生き物である。それどころか、多くの場合、大雑把に「心理」という言葉でまとめられるもののせいで、何かと揺れ動く。つまり、人の行動はさまざまに変化する。それはもちろん環境が多様に変化するからだが、場合によっては環境が変わらなくても人の行動は揺れ動く（三七～三八ページ）。

～

サイクルは中心点の周りを行ったり来たりする。サイクルの中心点は一般的に長期トレンド、基準点、中間、平均、あるいは「幸せな中心点」とみなされ、ある意味、「妥当で適切な」場所と言える。これに対してサイクルの両極は、元へ戻るべき、逸脱した、あるいは行き過ぎた状態と考えられており、実際に概してそのとおりである。循環する物事は中心点より上か下に位置する時間が長くなる傾向があるが、最終的には中心点のほうへ戻っていくのが常道だ。上限あるいは下限から中心点に戻っていく動きは、よく「中心への回帰」と表現される。これは、ほとんどの状況で非常によく当てはまる力強い傾向だ。だがサイクルのパターンを見ると、妥当な中心点から常軌を逸したとも言える極限に向かう動きには、極限から中心点に戻る動きの場合と同じくらいの幅がある。

妥当な中心点は一般に、ある種の磁力を発揮し、物事を極限から「標準」へと向かわせる。だが通常、標準にとどまっている時間は長くない。中心点への揺り戻しを起こす勢いはそのまま衰えず、物事を極限から中心点に戻すだけでなく、その先さらに反対の極限に向けて動かすからである。

大事なのは、こうしたパターンの確実性を認識し、受け入れることだ。細かい点はさまざまに異なっているが、基本的な動態はたいてい同様である（四一～四二ページ）。

〜

あらゆるブームと暴落が発する警告のシグナルには、行き過ぎた楽観主義は危険である、市場の安全性を保つにはリスク回避の姿勢が必要不可欠だ、過度に寛容な資本市場はやがて無謀な金融取引を生み出し、ひいては参加者を危険にさらす、といった普遍的なテーマが潜んでいる。つまり、細部は重要ではなく、気に留めなくても構わない。だが、テーマは絶対におろそかにできないものであり、繰り返される傾向がきわめて強い。こうした傾向を理解すること、そして繰り返された場合に気づけることが、サイクルに耳を傾けるうえで、きわめて重要な要素となるのだ（五四ページ）。

〜

中心点から先に進む幅が大きければ大きいほど、つまり逸脱あるいは行き過ぎの程度が激しくなればなるほど、サイクルはより大きな混乱を引き起こす可能性がある。一方の極限に向かう揺れが大きくなれば、より激しい揺り戻しが起き、より大きな打撃をもたらす公算が大きい。サイクルが極限に達したときに誘発された行動は、その後、サイクルの別の局面に移行した際に不相応なものとなるからだ。

要するに、景気や企業が「好調すぎる」、株価が「高すぎる」という具合に、サイクルの中心点から離れる動きが大きくなると、大混乱が起きる可能性は高まる。**上昇のあとにはちょっとした調整が起き、強気相場のあとには弱気相場が来るものだ。だがブームやバブルのあとには、はるかに大きな損害をもたらす崩壊、暴落、パニックが訪れるのである**（四二ページ）。

多くの人は、前述した諸局面の観点からサイクルをとらえ、出来事の連続として認識している。そして、それぞれの出来事が決まった順序に従って規則的に起きると理解している。上昇期のあとには下降期が訪れ、やがてまた新たな上昇期が始まるというように。だが、サイクルを完全に理解するにはそれだけでは不十分だ。**一つのサイクルの中の出来事は、ただ単に次の出来事へ続くという流れでとらえるべきではない。むしろ、はるかにもっと重要なことに、そ**

れぞれの出来事が次の出来事を引き起こすととらえるべきである（四五〜四六ページ）。

〜

私がサイクルと呼ぶものは完全に機械的、科学的、あるいは物理的なプロセスから生じるわけではない（まったく無関係な場合もある）。もしそうしたプロセスから生じるのだとすれば、サイクルははるかに確実で予測しやすいものとなるが、そこから利益をあげられる可能性はかなり低下するだろう（というのも、最大の利益は、ほかの人よりもすぐれた洞察力を発揮することで得られるのであり、もしサイクルが本当に確実で予測可能であれば、洞察面での優位性はなくなるからだ）。**基本原理が存在する場合もあるが（そして存在しない場合もある）、変動の大半はサイクルが形成される際に人間が果たす役割に起因する。**サイクルの形成プロセスに人間がかかわることで、人間の感情や心理がもたらす趨勢が周期的な現象に影響を及ぼすようになるのだ。偶然あるいはランダム性と呼ばれるものがサイクルの中で大きな役割を果たすこともあるが、人間の行動はそうした要素を生む一因にもなっている。人間はサイクルを生み出す主因であり、（ランダム性とともに）その一貫性、ひいては確実性を欠く性質の原因でもあるのだ。

パターンを認識することで生活に説明をつける（そして、そこから勝利の方程式を導き出す）、という取り組みは一筋縄ではいかない。それは主に、我々がランダム性に惑わされる世

界、そして誰もが（たとえ意図していたとしても）毎回同じようには行動しない世界で暮らしているからである。過去の出来事はランダム性に大きく左右されていたのであり、したがって未来の出来事も完全には予測できない、と認めるのは愉快なことではない。期待やルールづくりや安全の確保も、さほど人生の役には立たないと感じさせられるからだ。**だから人は、出来事が理解可能になる（往々にして妥当とは言いがたい）説明を探し求める。**これは人生のほかの局面の場合と同じく、投資の世界にも当てはまる話だ（六〇～六二ページ）。

なぜ振り子が重要なのか。**つきつめると、本書で取り上げているサイクルの激しすぎる変動は、概して行き過ぎた心理状態によって起きる（そして、そうした心理状態を象徴している）。**企業、金融、市場のサイクルにおける上方への行き過ぎた動き（と、やはり行き過ぎる傾向のある、その後の不可避な下方への反動）は、ほとんどの場合、心理の振り子の過剰な揺れによって起きる。**したがって、その過剰な揺れを理解し、警戒しておくことは、サイクルの極端な変動の悪影響が及ぶのを避け、あわよくばそこから利益を得ようとするうえで、まず必要となる手順である。**

成長や価格上昇に関しては、ある意味「正常さ」と「健全さ」が規範となる。そして、主体が（折に触れて高望みの期待を膨らませ、結果的に下方調整のお膳立てをしてしまうのではなく）そうした規範に基づいて行動すれば、世界はより安定的、より穏やかで、間違いがより起きにくい場所になるはずだ。だが、物事はそのようにはいかないのである（一一五〜一一六ページ）。

〜

客観性と理性を持ち合わせ、中立的で安定した姿勢を保てる投資家がほとんどいないのは明白だろう。まず投資家が楽観主義、強欲、リスク許容、軽信の度合いを強めると、それに続く行動によって資産価格が上昇し、潜在的なリターンが低下し、リスクが増大する。だがその後、何らかの理由で（おそらくは転換点が到来することで）投資家の心理は悲観主義、恐怖、リスク回避、懐疑主義に傾き、資産価格の下落、潜在リターンの上昇、リスクの低減をもたらす。しかも、それぞれの組み合わせの現象は一斉に起きるのであり、軌道の一端からもう一端に向かう振り子の動きは、多くの場合、理にかなっているであろう水準をはるかに超えて続くのだ。

これは、投資の世界における異常さの一つだ。一般社会では、物事はたいてい「すばらしい」状態と「それほどでもない」状態の間を行き来する。ところが投資の世界では、投資家の認識が往々にして「非の打ちどころのない」状態と「絶望的な」状態の間で揺れ動く。振り子は一方の極限からもう一方の極限に向かって猛スピードで動くのであり、「幸せな中心点」に位置する時間はないに等しく、また穏当と言える範囲を通っている時間もかなり短い。はじめは市場の流れに乗ることを拒否していた者も、あっという間に降伏してしまうのである（一三〇～一三二ページ）。

～

心理の振り子の極限では、好循環あるいは悪循環に見えるプロセスが起こりうる。プラス材料が優勢で、投資家心理がバラ色の状態にあると、マイナス材料は見過ごされがちになり、何もかもが都合よく解釈され、多くの場合、物事が悪い流れに転じることなどありえないと思えるようになる。だが一方、過去数カ月あるいは数年にわたって状況が悪化しつづけており、投資家心理が著しく後ろ向きになっている場合、改善の余地などまったく考えられなくなる可能性がある。

すぐれた投資家（周りに左右されずに感情のバランスを保ち、理性に従って行動する投資家）は、良い出来事も悪い出来事も認知し、客観的に評価し、冷静に分析する。だが実際には大半の投資家が、陶酔感と楽観主義から物事を過度に肯定的にとらえたり、沈滞感と悲観主義のせいで悪材料にしか目を向けず、出来事を否定的に解釈したりしている。このような行動を断固として避けることが、成功する投資の一つのカギとなる。

振り子のどちらかの極限の要素が優勢になれば、通常、その変化は容易に察知することができる。つまり、投資家のなすべきことは明白だ。客観的な目で物事を見るのである。だが言うまでもなく、一方の極限からもう一方の極限へと向かう市場の振り子の振動は、大半の市場参加者の心理が家畜の群れのように同じ方向へ動いている、という単純な理由によって起きている（一三四〜一三六ページ）。

リスクは投資にかかわる要素の中で最も移り変わりの激しいものである、という見方から、私は以下の結論に達した。いかなるときでも、**投資家が集合体としてリスクをどのように見ていて、それをもとにどのように振る舞うかが、我々を取り巻く投資環境が形成される過程で圧倒的に重要な役割を果たすのだ。**そして、その投資環境の状態が、その時点でのリスクに関して投資家がどう振る舞うかを決定するうえでカギとなる。リスクに対する投資家の姿勢が今、そのサイクルのどこに位置しているのかを評価することは、本書全体の中で最も大切な部分と言えるだろう（一三九ページ）。

好況時には、人々がより楽観的になり、警戒心を捨て去って、リスク・プレミアムが小幅でも高リスクの投資を行うようになる。さらに、悲観的な見方や恐怖心から遠ざかることで、資本市場線上のより安全な領域にある資産への関心を失いがちになる。これらの要素が重なると、高リスクの資産の価格は、より安全な資産との相対比較で見て上昇する。**したがって不況時よりも好況時に、より分別に欠ける投資が行われることは驚くに値しない。**高リスク資産の価格が上昇するということは、そうした資産について見込まれるリスク・プレミアムが、リスクに対する意識がより高い時期に比べて小幅になることを往々にして意味するが、それでも人は好況時にリスクの高い投資を行う傾向がある。そして、良くない出来事が起きると、適正なリスク・プレミアムと誤りの許容範囲を欠いていることから、分別に欠ける投資だったと判明する。

こうした流れによって、投資家がリスクは低いと感じているときに、実際のリスクは高くなる。そして、リスクが最大になっている（つまり、リスクに対する見返りが一番必要とされる）まさにそのときに、リスクに対する見返りは最も小さくなる。投資家が合理的なのかどうか、もはや議論するまでもないだろう。

これまで述べてきたことをまとめると、投資リスクの最大の源は、リスクはないという思い込みだと言える。リスクに寛容な姿勢が広がること（あるいは、リスクをとることに投資家が強い心地よさを感じるようになること）は、その後の相場下落を示唆する何よりも有力な前触れとなる。とはいえ、ほとんどの投資家は先ほど書いたような流れに従ってしまうため、この点に気づき、そして慎重になることが非常に重要なときに、実際に気づくことはまずないのだ（一五〇～一五三ページ）。

不適切なリスク回避の度合いのせいで（リスクにまったく気づかず、簡単にカネ儲けができるという見方に駆り立てられ）、値を吊り上げ、高値で買ってしまったときと同じように、状況があまり思わしくなくなると、投資家は値を押し下げ、底値で売ってしまう。不愉快な経験から（すべてが順調だったときに思っていたこととは対照的に）、投資はリスクの高い分野であり、かかわるべきではないと思い込むのである。そして、その結果、リスク回避の度合いは、不適切なレベルを通り越して過剰なレベルまで強まるのだ。

投資家は心配性になり、リスク許容度が高かったときに高値で割高な資産を買ったのと同じように、今度は行き過ぎたリスク回避の姿勢から底値で（決して買うのではなく）売るのだ（一五四〜一五五ページ）。

パニックに陥ると、人々はとにかく損失を出さずに済ませるためにすべての時間を費やす。絶好のチャンスを逃がすことのほうを心配すべきときなのにだ。

否定主義が過度に広がった時期には、行き過ぎたリスク回避の姿勢から次のような事態が起きやすくなる。もはや限界というところまで価格が下落する。それ以上、損失が生じる可能性がきわめて低くなり、したがって損失リスクは非常に小さくなる。最も安全な（そして最も投資しがいのある）買い場は、お先真っ暗だと誰もが思いつめているときにたいてい訪れる（一七九ページ）。

〜

リスクに対する姿勢が極端な状態からもう一方の極端な状態へと変化すると、利益あるいは損失の可能性も変化する。すべてが順調で資産価格が上昇しているとき、投資家は未来がバラ色だと感じ、リスクは自分の味方であって、利益も簡単にあげられると考える傾向がある。そして、誰もが同じような感覚を抱くことから、価格にリスク回避的な要素はほとんど織り込まれず、したがって危険な状態になる。リスク回避の度合いを強めるべきときに、投資家はリスクに寛容になるのだ。

そして景況が悪化すると、投資家の心理も軟化する。市場は損失を生む場所、リスクは何としても回避しなければならないもの、損失はどうしようもなく避けがたいものだと考えるようになる。行き過ぎた警戒感が優勢になると、誰もが①楽観的な要素が少しでも含まれるシナリオを受けつけなくなり、②想定の中に「そんなひどい話があるわけない」と言えるようなものがある可能性も認められなくなるのだ。

相場のピークでリスク許容度が天井知らずになるように、相場の底ではリスク許容度はゼロになる。こうした悲観的な姿勢の影響で、それ以上損失が出る可能性がきわめて低くなる水準、そして巨額の利益が生じうる水準まで価格は下落する。だが、価格（そしてリスク）がまさに底にあるときに、それまでの下落で傷を負った投資家は、リスク回避の姿勢を強め、傍観者になってしまう傾向があるのだ（一五六ページ）。

リスクへの対処について投資家がどう考えているのかを理解することは、追究すべき物事の中でおそらく最も重要なことである。簡単にまとめると、行き過ぎたリスク許容の姿勢は危険の発生を後押しする。そして、リスク回避姿勢が行き過ぎたところまで振り子が振れると、相場は下落し、絶好の買い場をもたらすのだ。

リスクに対する姿勢の変動（あるいは移ろいやすさ）は、ほかのサイクルがもたらした結果でもあれば、別のサイクルを引き起こす、あるいは増幅させる原因にもなる。そして、その変動が止まることはない。すべてが順調なときに楽観の度合いを強めてリスクに寛容になり、事態が悪化すると心配性になってリスクを避けようとする性向は、ほとんどの人の心理に生まれつき備わっているからだ。**つまり人は、一番慎重になるべきときに買いたがり、最も積極的になるべきときに買うのをためらう。**すぐれた投資家はこの点を理解しており、逆張りで動く努力をしているのだ（一八二～一八三ページ）。

資金、あるいは信用の利用可能性は、経済、企業、市場にファンダメンタルズ面でとりわけ大きな影響を及ぼす要素の一つである。信用サイクルは、本書で取り上げている大半のほかのサイクルに比べて、一般の人にはなじみの薄いものかもしれないが、私は絶大な影響力を持つ最も重要なサイクルだと考えている。

信用の窓が開いているときは資金が潤沢で簡単に調達でき、閉じているときは資金が希少で調達しにくい。そして、つねに留意しておく必要があるのは、大きく開いていた窓があっという間に閉じてしまう場合があるということだ。信用サイクルを十分に理解するために押さえておくべきことは（周期的な変動の原因や影響など）ほかにも数多くあるが、特に重要なのはこの点である（一八七～一八八ページ）。

〜

好況で融資が拡大すると、無分別な融資が行われ、巨額の損失を生み出す。すると貸し手は融資をやめ、好況に終止符が打たれる……といった流れが繰り返される（一九二ページ）。

市場が行き過ぎた状態になった原因を探すには、だいたいの場合、信用サイクルの様子を撮影したビデオを数カ月分、あるいは数年分、巻き戻す必要がある。**急騰相場の大半は、資金供給意欲の（概して分別を欠いた）急激な高まりにあおられて起きる。同様にほとんどの暴落は、特定の企業や産業、あるいはありとあらゆる借り手志願者への資金供給がすべてまとめて却下される、という状況のあとに起きる**（二〇〇ページ）。

信用サイクルに対処するうえで重要なのは、すべてが順調な状態がしばらく続いており、良いニュースが絶えず、リスク回避志向が薄く、投資家が意欲的なときに、サイクルが頂点に達するのだと認識することである。このような状況では、借り手が資金を調達しやすくなり、資金提供の機会をめぐって買い手や投資家の競争が起きる。その結果、低い貸出金利、甘い融資基準、緩い契約条件、軽率な信用供与という流れが生じる。信用の窓が大きく開かれているときに優位に立つのは、貸し手や投資家ではなく、借り手である。これらの点が発するメッセージは明らかだろう。警戒を怠らずに進め、である。

信用サイクルがもう一方の極端な状態にあるときには、これと正反対のことが起きる。物事

がうまくいっておらず、リスク回避志向が強まり、投資家が意気消沈しているときに、サイクルは底に達する。このような状況では誰も資金を提供したがらず、信用市場は凍りつき、提示された案件も行き場を失う。この場合、借り手ではなく資金提供者が優位に立つ。

借り入れを行うのが難しく、全般的に資金が不足しているため、資金とそれを手放す意欲のある者は、厳格な基準を適用し、堅実な融資構造と保護条項に固執し、高い期待リターンを要求することができる。すぐれた投資に必要とされる安全域をもたらすのは、こうした条件である。これらの条件をチェックして、すべてが整っているようであれば、投資家は攻撃的な態勢へとシフトチェンジすべきである。

すばらしい投資成果は質の高い資産を買うことではなく、契約条件が妥当であり、価格が安くて潜在リターンが大きく、リスクが限定的な資産を買うことによって達成される。このような条件は、信用市場があまり熱狂的な状態ではなく、どちらかというとサイクルの厳しい局面に位置しているときに整いやすい。おそらく信用市場の扉がぴしゃりと閉ざされた局面にあるときに、ほかのどんな状態にある場合よりも、掘り出し物は手に入りやすくなるのだ（二一六～二一七ページ）。

問題となっている資産そのものの値打ちにはあまり意味がなく、どんな場合でも事態を収拾するのに十分な力は発揮しえない。**人間の感情は、資産の価格を（実際にその資産に値打ちがあろうとなかろうと）極端で持続できない水準（めまいがするほど高い水準か、過度に悲観的な低い水準）へと、否応なしに動かすのだ。**

要するに、私が促しているように、サイクルは防ぎようがないという事実を真摯に受け止める賢明な投資家は、「絶対に〜ない」「つねに」「永遠に」「（〜ということは）起きえない」「（〜という事態には）ならない」「（〜という状況に）なる」「〜であるはずだ」といった言葉を使うのを避けなければならない（二四一ページ）。

約四五年前（一九七〇年代前半）、ある思慮深いベテランの投資家から、私はそれまでの人生の中でも指折りのすばらしいプレゼントをもらった。それは、以下に記す「強気相場《ブル・マーケット》の三段階のプロセス」という知見である。

- **まず、並外れて洞察力に富んだ一握りの人が、状況が良くなると考える。**
- **次に、多くの投資家が実際に状況が良くなっていることに気づく。**
- **最後に、すべての人が状況が永遠に良くなりつづけると思い込む。**

私はこの単純な真理と出会ったことで、極端に揺れ動く投資家心理とそれが市場に与える影響に目を向けるようになった。幾多の名言や格言と同じく、この真理にはその文字数に見合わないほどの知恵がつまっている。人々の姿勢がいかに変わりやすいか、サイクルを通じてそれがどのようなパターンをたどるのか、そしてどのようにそれが過ちにつながるのかを簡潔に表しているのだ。

第一段階では、ほとんどの投資家が状況が良くなる可能性に気づいておらず、そのような可能性があると考えることもないため、証券価格に楽観的な見方がほとんど、あるいはまったく織り込まれていない。第一段階は多くの場合、相場が暴落し、その暴落をもたらしたのと同じ下降トレンドによって心理が冷え込み、人々が市場に背を向けるようになって投資熱が冷めきったあとで起きる。

一方、第三段階では、あまりにも長い間、良い出来事が続いたために、（それが資産価格に十二分に織り込まれて、市場のムードが一段と盛り上がるなかで）投資家が状況が永遠に良くなりつづけると思い込むようになり、その楽観論を反映して価格がさらに上昇する。空に届くまで木が伸びることはまずないのに、この段階になると、投資家はそのような木があるかのように振る舞い、無限の成長性という身勝手な認識に賭けてカネをつぎ込むのだ。のちに過大評価だと判明する成長性にカネを費やすことほど、高くつく行為はほとんどない。

この三段階のプロセスからわかるのは、（ほとんどの人が楽観的になる理由を見出せていない）第一段階で投資をする人は、著しく値上がりする可能性のある資産を格安で手に入れる、

ということだ。一方、第三段階になって買う人は、市場が過熱するなかで必然的に高い代金を支払うことになり、結果として損失を出すのである（二五六～二五七ページ）。

最も留意すべき点は、同じタイミングで心理、信用の利用可能性、価格、リスクのそれぞれのサイクルが頂点に、潜在リターンのサイクルが谷底に達すること、そして、だいたいの場合、最後の買いの激流と同時にこれらが起きることである（二六九ページ）。

市場サイクルが上方に振れ、頂点に達したときと逆の状況では、同じタイミングで心理、信用の利用可能性、価格、リスクのそれぞれのサイクルが谷底に、潜在リターンのサイクルが頂点に達する。そしてこの市場サイクルの底で、最後の楽観主義者が降伏する（二七一ページ）。

二〇〇七～二〇〇八年の金融危機の谷底では、否定的な一般論が広がったことで、人間という「間違い製造機」が、それまでとは反対の方向へ動きだした。恐怖が強欲に、悲観主義が楽観主義に、リスク回避志向がリスク許容志向に取って代わった。前向き思考から後ろ向き思考になった人々は、物事をすべて肯定的ではなく否定的に受け止め、良い結果どころか悪い結果ばかりを想像するようになった（三一一ページ）。

〜

底とは何か。サイクルの中で最も価格が低くなったところである。**つまり底は、パニックに陥った資産保有者の最後の一人が資産を売った日、あるいは買い手よりも売り手が優勢だった最後の日と考えることができる。底を起点として価格は上昇する。それは、降伏し、売りに動く資産保有者がもはや存在しないから、あるいは売り手の売りたいという気持ちよりも、買い手の買いたいという気持ちがまさったから、である。**

相場が滝のような勢いで下落しているとき、投資家はしばしば「落下するナイフを掴もうとはしない」という言葉を耳にするかもしれない。別の言い方をすると、「下落トレンドが続いていて、いつ歯止めがかかるかは知りようがない。底に達したと確信できるまで買わなくてよいのではないか」である。だが、真意はこうなのではないか。「（とりわけ下げどまる前に買うこと、そして市場の状態が良くないことに）恐怖を感じるから、相場が底に達して混乱が収まり、先行き不透明感がなくなるまで待とう」。だが、これまで述べてきたことから、もうすっかりおわかりではないかと思うのだが、混乱が収まり、投資家の気持ちが落ち着いたころには、バーゲンは終わっているのだ。

欲しい資産を最大限に買うことができるのは、だいたいにおいて相場が下落しているときだ。

ナイフを掴もうとしない市場参加者が傍観している間に、降伏した売り手から買うのである。だが、ひとたび相場が底に達して下げどまると、当然のように売り手はほとんどいなくなる。そして、その後の反騰の時期には買い手が優勢となる。売り物は枯渇し、買い志望者は競争の激化に直面するのである（三一五〜三一七ページ）。

下落しはじめたあとで市場から撤退すること（したがって、反騰後の市場に参加できなくなること）は、まさしく投資における大罪なのである。サイクルが下降局面にあるときに評価損を計上すること自体は、恩恵が生じる上昇局面に転じてからも保持しつづけるかぎり、致命的ではない。本当に悲惨なのは、底値で売り、下降局面での下げを損失として確定させてしまうことである。

このように、サイクルを理解し、その変動を乗り切るために必要な精神的、金銭的強さを身につけることが、投資を成功に導くうえで欠かせない要素なのである（三一九ページ）。

もし市場が企業のファンダメンタルズだけに基づいて厳密に価値を算出する機械だったら、

証券価格が発行企業の現在の利益や将来の利益見通しよりもはるかに大きく変動することはないだろう。むしろ証券価格の変動は利益の変動よりも、おおむね小幅になるはずである。前期比での利益の変動は、長期で見た場合のならされた数字よりも幅が大きくなることが多いうえ、その企業の長期成長性が実際にどう変化したかを反映しているとは限らないからだ。

ところが、証券価格は概して利益よりもはるかに大きく変動する。その原因は、もちろん主として心理、感情などのファンダメンタルズ以外の要因にある。つまり、価格の変動はファンダメンタルズの変化を誇張している（二四九〜二五〇ページ）。

金融にかかわる事実や数字は市場行動の出発点にすぎない。投資家の合理性は例外であって、原則ではない。また、市場が冷静に金融データを評価したり、情動の影響を受けずに価格を決めたりすることは、まずない（二五三ページ）。

投資家は、将来の動向から利益が得られるように資金を投じることを目標とする。だから、相場が上がっているときには下がっているときよりも多くの資金を投じておきたい、そして値上がり幅が大きい、あるいは値下がり幅が小さい資産を増やし、その他の資産を減らしたいと考える。こうした目標に疑問をはさむ余地はない。問題は、どうやってその目標を達成するかである。

将来を見通すことができないのであれば、どうやって将来のためにポートフォリオを組めばよいのだろうか。その答えの大部分は、市場が今、サイクルのどこに位置しているのか、そしてそれが将来の動向にどう影響するのかを理解することで得られると私は考える。『投資で一番大切な20の教え』でも書いたように、「この先どうなるのかは知る由もないかもしれないが、今どこにいるかについては、よく知っておくべきだ」（二七六～二七七ページ）。

〜

カギとなるのは何か。心理の振り子と、バリュエーションのサイクルが今どの状態にあるのかを知ることだ。そして、**過度に楽観的な心理と、高すぎるバリュエーションを積極的に受け入れる姿勢から価格がピークに近い水準まで高騰しているときに、買わないこと（場合によっては売ること）である。さらに、冷え込んだ心理とバリュエーションの低下でパニックに陥った投資家が、全般的に価格が低下しているにもかかわらず売りに走り、掘り出し物を生み出しているときに、買うことだ。**ジョン・テンプルトン卿が語ったように、「周りが意気消沈して売ろうとしているときに買い、周りが高揚した気分で買おうとしているときに売るには最大限の勇気が必要だが、そうすることで最大限の利益が得られる」のである（二七九～二八〇ページ）。

ここで欠くことのできない要素が、私のお気に入りの言葉である「推論」だ。誰もがメディアの報道を通じて、日々何が起きているかを知っている。しかし、こうした日々の出来事が市場参加者の心理や投資環境にどのような影響を与えるのか、そして、それに対して自分がどう行動すべきか、理解しようとしている人は何人いるだろうか。

簡単に言えば、我々は周りで起きていることがどんな影響をもたらすのか理解するために、懸命に努力しなければならない。ほかの者が無謀なまでの自信から積極果敢に買っているときは、とても用心深くなるべきだ。そして、ほかの者が恐怖のあまり身動きがとれなくなるか、パニック売りに走っているときは、積極果敢になるべきだ。

心理的／感情的な要因は主に、従来のバリュエーションの基準がもはや当てはまらなくなったのであり、今のバリュエーションがそこから乖離してもおかしくない、と投資家に思い込ませるという形で影響を及ぼす。**飛ぶ鳥を落とす勢いで利益をあげている投資家は、標準的なバリュエーションという足枷からの解放を正当化する都合のよい理由を、いとも簡単に思いつく。**その理由の説明はいつも「今回は違う」という言葉で始まるのだ。この「自発的な不信の一時停止」（ありえないはずの話を進んで受け入れてしまうこと）という不穏な兆候を警戒する必要がある。**同様に、資産価格が暴落する背景には、必ずと言ってよいほど、過去の価値観を支えてきた要素はどれも今後においては役に立たなくなる、という仮定がある**（二八五～二八七ページ)。

「今回は違う」はビジネス界で最も危険な五文字だ。とりわけ危険なのは、よくあることだが、過去において極限と呼ばれていたところに何かが到達した際に使われる場合である。人々が「違う」と言うとき、それは往々にして過去のサイクルをもたらしてきたルールやプロセスが通用しなくなったという意味合いを持つ。だが、金融の世界における過去のサイクルの変動は、物理的あるいは科学的な法則から生じたわけではない。科学の世界では、信頼性が高く、何度も繰り返されうる因果関係が確立されており、「もしAならば、Bである」と自信を持って言うことができる。しかし、金融やビジネスの世界で何らかの原理が働いているとしても、そこから生まれる真理は科学の世界の場合とは著しく異なる。

その理由は、すでにくどいほどに繰り返してきたが、人間がかかわっていることにある。人々の決断は経済、ビジネス、市場のサイクルに多大な影響を及ぼす。実際に、経済、ビジネス、市場は人と人との間でのやりとりなしには成り立たない。そして人が科学的に意思決定を行うことはない。

人間は感情を持っており、したがって侵すべからざる法則に縛られることはない。人が経済や投資に関して下す決断には、必ず感情や弱みが反映される。**だからこそ、人はふさわしくな**

いときに気分を高揚させたり、意気消沈したりする。何もかもが順調なときには上昇余地を、うまくいっていないときには下方リスクを過大に見積もり、サイクルを過剰な状態へと導くのだ（三八五～三八七ページ）。

サイクル・ポジショニングとは、基本となるサイクルに関する判断に基づいて、ポートフォリオを組むにあたり、リスクに対してどのような姿勢をとるのかを決めるプロセスである。また資産の選別は、どの市場やセクター、個別の証券や資産をオーバーウェイトしたり、アンダーウェイトしたりするのかを決めるプロセスである。これらはポートフォリオ管理における二つの重要なツールである。簡略化しすぎかもしれないが、投資家のやることはすべて、この二つのうちのどちらかに分類されると私は思う（三三二ページ）。

サイクル・ポジショニングは基本として、アグレッシブに行くか、ディフェンシブに行くか、つまり市場との相対比較で見てリスクを高くするか、低くするか、という選択によって決まる。成功のカギとなるのは、①市場がサイクルのどこに位置しているか、周到に分析すること、

②その分析に基づいて攻撃性を高めること、③その分析が正しいと判明することである。これらの要素はサイクル・ポジショニングにおける「スキル」あるいは「アルファ」としてまとめることができる。もちろん③の要素は、特にランダム性に影響される可能性を考慮すれば、個人でコントロールできるものではない。したがって、論理的思考に秀でた熟練投資家の場合でも、③の要素がつねに実現することはない（三三六～三三八ページ）。

~

市場がサイクルの低いところに位置しているとき、利益が得られる可能性は通常より高く、損失が出る可能性は通常より低い。市場がサイクルの高いところに位置している場合は、その反対になる。サイクルの中での市場の位置づけに関する考えに基づいてポジショニングを変えるということは、要するに、将来の出来事になるべくうまく対応できるようにポートフォリオを組もうとすることである。論理上、起こるべきことと実際に起きることの関係については、つねに不運がつきまとう可能性があるが、ポジショニングにおいて正しい判断を下せば、市場の趨勢（そして好パフォーマンスの可能性）が自分に有利に働く確率を高めることができるのだ（三四一ページ）。

~

私の考えでは、市場サイクルに関する理解に基づいてポジションを変えることで、長期的な投資パフォーマンスを改善しようとするのは、完全に理にかなっている。**だが、そのために必要なスキルや、それを実行することの難しさとともに、その限界について理解しておくことは非常に大事である。**

ここで重要な点として、市場の日々の浮き沈みではなく、ある明白な事実に注目しておきたい。それは、本書で紹介したわかりやすい実例が、どれも「一生に一度の」サイクルの極端な状態（最近では、一〇年に一度のペースで起きているように感じられるが）にかかわるものだということだ。第一に、バブルとその崩壊という極端な状態と、とりわけそれらが起きる過程は、非常に明快な形でサイクルの動きと、いかにそれに対応すべきかを示している。そして第二に、最も高い確率で成功が見込めるのは、顕著な極限の状態に対処するときである。

サイクルが「割高」と「割安」の二つの極限の中間にある「適正」の領域に位置していると き、価格と本質的価値の関係は、当然のように両極に位置している場合ほど明確ではない。このため、

●価格と本質的価値の関係を事細かに、それも正確に割り出すことは難しい。

●したがって、中間領域で価格と本質的価値の関係を追求しても、極限における場合ほどの潜在的な利益は見込めないし、それを信頼しうるものとみなすこともできない。

極端な状態にあることを察知し、それに乗じるのが、我々が望みうる最良の策である。そして、分析力と洞察力と経験（あるいは歴史への造詣）を持ち合わせ、感情に左右されない投資家なら、それを信頼性をともなう形で行うことができると思う。ただしそれは、毎日、毎月、あるいは毎年のように利益をともなう結論を導き出せるわけではないことを示している。

サイクルのタイミングを計ろうとすることの妥当性は、純粋に何を期待しているかによって変わる。「明日は何が起きるのか」「来月には何が待ち受けているのか」といった感覚で、サイクルの中での今の立ち位置を頻繁に知ろうとするのなら、成功を収めるのは難しいだろう。私はそのような行為を「気が利く人ぶった振る舞い」と呼ぶ。投資成績を著しく向上させる要素のうち、頻度を高めることが重要なものと、つねに正しく見極めることが重要なものを見分けることは誰にもできない。そして、サイクル・ポジショニングの取り組みによって「起こりそう」だとみなされた市場の動きがいつ現実になるのかは、誰にもわからないのだ。

ピーター・バーンスタインが述べたように、「未来を知ることはできない。だが、ミスは避けることのできない当たり前のもの、と知っておいて損はない。ほとんどの場合、ミスはむごたらしい悲劇でもなければ、とんでもない考え違いによるものでもないし、悪運のせいですらない。**知りようのない将来に結果を左右される活動に、ミスはつきものなのである**」（三五四～三五九ページ）。

極端な行動をとる人間の性向がなくなることはないだろう。そして、そうした極端な状態はいずれ必然的に修正されるため、サイクルがなくなることもないだろう。経済も市場も過去において一本のまっすぐな線に沿って動いたことはなく、未来においてもそれは変わらないだろう。それはつまり、サイクルを理解する能力のある投資家が利益を得る機会を見出すということである（三九一ページ）。

著訳者略歴

ハワード・マークス（Howard Marks）

オークツリー・キャピタル・マネジメント共同会長兼共同創業者。1995年のオークツリー設立以来、オークツリーの根幹を成す投資哲学の一貫性維持、それに基づく戦略立案や運用プロダクト開発を念頭に、顧客との密接な関係維持を使命に経営に参画している。

ペンシルバニア大学ウォートン・スクールを成績優等で卒業（ファイナンス専攻）。シカゴ大学経営大学院にてMBAを取得（ジョージ・ヘイ・ブラウン賞受賞）。シティコープのリサーチ担当、シティコープ・インベストメント・マネジメントのバイス・プレジデント兼転換社債およびハイイールド証券担当シニア・ポートフォリオ・マネジャー、TCWグループのディストレスト・デット、ハイイールド債、転換社債の投資責任者、同社の米国債券部門の最高投資責任者などを歴任。CFA協会認定証券アナリスト。

オークツリーにおける職責のほかに、エドモンド・J・サフラ財団の運用委員、メトロポリタン美術館の理事および運用委員長、ロイヤルドローイング学校の投資委員長および評議委員会長、ペンシルバニア大学の名誉理事を務める。

貫井佳子（ぬきい・よしこ）

翻訳家。青山学院大学国際政治経済学部卒業。証券系シンクタンク、外資系証券会社に勤務後、2002年よりフリーランスで翻訳業に従事。日本証券アナリスト協会検定会員。訳書にハワード・マークス『投資で一番大切な20の教え』、ローレンス・フリードマン『戦略の世界史（上・下）』などがある。

市場サイクルを極める
——勝率を高める王道の投資哲学——

2018年10月31日　1版1刷
2025年 2 月12日　　8刷

著　者　ハワード・マークス
訳　者　貫　井　佳　子
発行者　中　川　ヒ　ロ　ミ
発　行　株式会社日経BP
日本経済新聞出版
発　売　株式会社日経BPマーケティング
〒105-8308　東京都港区虎ノ門4-3-12

装幀　山口鷹雄
本文DTP　アーティザンカンパニー
印刷・製本　中央精版印刷株式会社

Printed in Japan　ISBN978-4-532-35799-3

本書籍に関するお問い合わせ、ご連絡は下記にて承ります。
https://nkbp.jp/booksQA